Falk spir
REISE

Falk Verlag

Inhalt

Autor: Simon Calder
»Wohin zum ...?« Fred Mawer
Redaktion: Nia Williams
Design: Nautilus Design (UK) Limited
Lektorat: Colin Follett
Register: Marie Lorimer

ISBN 3-8279-0166-9

Unsere Autoren haben nach bestem Wissen recherchiert. Trotzdem schleichen sich manchmal Fehler ein, für die der Verlag keine Haftung übernehmen kann. Hinweise, Verbesserungsvorschläge und Korrekturen sind jederzeit willkommen.
Spirallo Reiseführer, Falk Verlag, Postfach 3151, D-73751 Ostfildern, E-Mail: spirallo@mairs.de

Deutsche Ausgabe: CLP • Carlo Lauer & Partner, Aschheim
Übersetzung: Dr. Eva Dempewolf, Starnberg; Beatrix Gehlhoff, Hamburg

Original English Edition 2001

Covergestaltung und Art der Bindung mit freundlicher Genehmigung von AA Publishing

Herausgegeben von AA Publishing, einem Unternehmen der Automobile Association Developments Limited, Millstream, Maidenhead Road, Windsor, Berkshire, SL4 5GD. Handelsregister Nr. 1878835.

Farbauszug: Leo Reprographics
Druck und Bindung: Leo Paper Products, China

A01747

Das Magazin

In der Familie der europäischen Hauptstädte ist Amsterdam gerade mal ein Teenager. Noch vor tausend Jahren war hier, im Mündungsgebiet der Amstel, nichts als Sumpfland …

Amsterdam: Metropole d

Anpassungsfähigkeit und Wandel lautet die Parole der Holländer, denn nur ihrer Flexibilität ist es zu verdanken, dass sie trotz aller Widrigkeiten (und davon gab es viele!) zu einer bedeutenden Handelsmacht aufstiegen und schließlich das goldene Zeitalter des 17. Jahrhunderts begründeten. Im Zentrum stand damals wie heute Amsterdam, und in vielerlei Hinsicht gleicht die Stadt noch immer jenem Fischerdorf, dessen Einwohner im Mündungsgebiet der Amstel einen Damm errichteten.

Verglichen mit anderen europäischen Hauptstädten, ist Amsterdam winzig – gerade mal eine Dreiviertelmillion Menschen drängen sich hier auf engstem Raum. Doch es ist auch die kosmopolitischste Metropole Europas – Menschen aus Indonesien, Nordafrika und dem karibischen Raum sind hier ebenso heimisch geworden wie Künstler- und Schwulengemeinden.

Amsterdams sprichwörtliche Toleranz hat dazu beigetragen, die Stadt in Hinblick auf Kunst, Architektur und Kultur ganz nach oben zu bringen – hat aber auch den unverhohlenen Handel mit Sex und Drogen ermöglicht. Selbst der bildungsbeflissenste Besucher kommt nicht umhin, Haschischhöhlen und die nur allzu offensichtliche Prostitution zu bemerken. Trotzdem ist der Charakterzug der Stadt nicht Laisser-faire, sondern eben Menschlichkeit – leben und leben lassen.

Urbane Umgestaltung

Wer im Internet www.amsterdam.nl aufruft, landet bei einer gut aufgemachten Site, die (wahlweise auf Niederländisch oder Englisch) recht unbescheiden kundtut, dass mehr als tausend ausländische Unternehmen hier einen Firmensitz haben. Außerdem erfährt man, dass jeder dritte Besucher an einer Tagung teilnimmt. Diese neue Selbstdarstellung der Stadt ist Teil einer Kampagne, die den zweifelhaften Ruf der Stadt als Hochburg von Anarchisten und Junkies ausmerzen möchte. So wird Amsterdam als sauber und effizient geschildert, als eine Stadt, die den Herausforderungen des 21. Jahrhunderts gewachsen ist.

Menschlichkeit

Die bunt gemischte Bevölkerung lebt am Ufer eines Netzwerks von Kanälen, hier Grachten genannt, deren eigenwilliger Verlauf Amsterdam vor dem Schicksal so vieler anderer Städte bewahrt hat, deren Charme architektonischen Umbaumaßnahmen zum Opfer gefallen ist. In den dunklen Wassern spiegeln sich tausend Brücken und malerische Häuser, die sich über kopfsteingepflasterte Gassen erheben. Ihre Ausstrahlung durchdringt selbst das hektische Geschäftsleben.

Eine vergleichbare Konzentration optischer Reize findet man in keiner anderen europäischen Metropole. Nimmt man die vielen Bars und Restaurants dazu, präsentiert sich hier eine Stadt, die sich ein erstaunliches Flair bewahrt hat.

Und wo, bitte, ist das Parlament?

Die Niederlande fallen insofern aus dem europäischen Rahmen, als ihre größte Stadt nicht zugleich parlamentarische Hauptstadt ist. Den Haag verdankt seine Stellung als Sitz der holländischen Regierung der Tatsache, dass Wilhelm II. hier im 13. Jahrhundert ein Schloss erbaute. Den Haags offizieller Name, 's-Gravenhage, bedeutet denn auch so viel wie »Gehege des Grafen«. Später wurde Den Haag Sitz der Statthalter von Holland. So tagt das Parlament weitab von den vielen Versuchungen Amsterdams – teils auf Grund von Tradition, teils aber auch, weil viele Holländer eine Konzentration der Macht in der Grachtenstadt fürchten, die das Land ohnehin dominiert, obwohl nur fünf Prozent der Bevölkerung dort leben.

HIGHLIGHTS auf einen Blick

Eine Auswahl vom Besten, was Amsterdam zu bieten hat:

Blick aus der Vogelperspektive: vom Turm der Beurs van Berlage (► 67) auf das mittelalterliche Herz der Stadt.

Grachtenrundfahrt: Live-Kommentare heben die Amsterdam Canal Cruises (► 84ff) von den übrigen Gesellschaften ab.

Grachtenhaus: Das Museum Amstelkring (► 64f) zählt zu den schönsten Patrizierhäusern aus dem 17. Jahrhundert. Unter dem Dach verbirgt sich eine Kapelle.

HIGHLIGHTS

Am stimmungsvollsten präsentiert sich Amsterdam vom Wasser aus

Klänge: Die Glocken der Westerkerk (► 92f) läuten zu jeder halben und vollen Stunde.

Leute beobachten (bei Regen): Ein Fensterplatz im Café Américain im American Hotel (► 101) bietet eine wunderbare Sicht über den Leidseplein.

Leute beobachten (bei trockenem Wetter): Suchen Sie sich einen Platz vor dem sehr bedenklich schiefen Café De Sluyswacht (► 72).

Moderne Architektur: Der Koloss des NEMO (► 69) – so lautet der neue Name des newMetropolis – ist bereits wichtiger Bestandteil der Amsterdamer Skyline geworden.

Straßenbahnrundfahrt: mit der Nummer 20 entgegen dem Uhrzeigersinn vom Hauptbahnhof aus.

HIGHLIGHTS

Kirche: Der sehr schöne, ruhige Innenraum der Nieuwe Kerk (➤ 61f) ist ein Genuss.

Markt: Noordermarkt (➤ 106), insbesondere der Flohmarkt am Montag.

Grünfläche (kostenlos): der Begijnhof (➤ 54f).

Grünfläche (Gebühr): Hortus Botanicus (➤ 144f).

Nur Zeit für 1 …

Kunstmuseum: das Van Gogh. Dieses wunderbare Museum (➤ 124ff) illustriert das kurze, leidvolle Leben des Malers.

Fachmuseum: Eindeutiger Sieger in Sachen Opulenz ist das schön gelegene Theatermuseum (➤ 99).

Braunes Café: Café Papeneiland (➤ 101) – klein, alt und voller Charakterköpfe.

Grand Café: Café de Jaren (➤ 70) in den hohen Räumen einer ehemaligen Bank.

Abendlokal: Café-Restaurant Amsterdam (➤ 103) im früheren Maschinenhaus der Wasserwerke; Speisekarte für alle Geldbeutel.

Hotel: Blakes (➤ 41), die jüngste Adresse unter den Nobelherbergen, ist ein im Stil eines Theaters gestaltetes Boutiquehotel. Auch wenn Sie nicht hier wohnen – werfen Sie wenigstens einen Blick hinein.

HIGHLIGHTS

Oben: Im NEMO

Unten: Teil des Stadtbildes

Der Amsterdamer Flughafen Schiphol, einer der verkehrsreichsten von ganz Europa, liegt auf dem Boden eines ehemaligen Sees

Zur menschlichen Besiedlung ungeeignet?

Aus Sicht des Piloten ist der Anflug auf Schiphol hochinteressant. Die Nordsee endet abrupt an einem Dünenkamm, der stellenweise erkennbar von Menschenhand vergrößert wurde. Wendet das Flugzeug dann über der Stadt, um die Landebahn anzufliegen, scheint Amsterdam kurz davor, von all dem umgebenden Wasser verschlungen zu werden. Wichtig ist hier ein guter Höhenmesser, der mit der irritierenden Tatsache zurechtkommt, vier Meter unter dem Meeresspiegel zu landen.

Nicht als Wohngebiet für Menschen nutzbar? Auf weite Teile Hollands trifft dies tatsächlich zu, zumindest in der Theorie. Der tiefste Punkt erreicht unmittelbar nördlich von Rotterdam sechs Meter unter dem Meeresspiegel. Ein Drittel der Niederlande, darunter auch ein nicht unbeträchtlicher Teil von Amsterdam, liegt unterhalb des heutigen Meeresspiegels und würde von der Nordsee normalerweise überflutet – gäbe es keine Dämme. 60 Prozent der Holländer zwischen Schelde-Delta und deutscher Grenze leben unterhalb des NAP – des Normaal Amsterdams Peil (Amsterdamer Normalpegel).

Das war nicht immer so. 500 v. Chr. lag der Meeresspiegel deutlich tiefer und die Küste verlief weitgehend gerade. Ende des ersten Jahrtausends dann hatte die Nordsee weite Teile der heutigen Niederlande umschlossen, riesige Mündungsdeltas wechselten mit Sumpfland. Die ersten Siedler in Amsterdam machten das Land mittels einer Methode bewohnbar, die den Holländern seither gute Dienste geleistet hat: Sie häuften das Sumpfland zu künstlichen Inseln auf, die allmählich größer wurden und schließlich zusammenwuchsen. Der Bau robuster Deiche hatte zur Folge, dass das umschlossene Gebiet, einmal trockengelegt, bebaut oder als Acker- oder Weideland genutzt werden konnte. Der Einsatz von Windmühlen als Antrieb für Spindelpumpen beschleunigte diesen Prozess.

GEZEITEN BEHERRSCHEN DIE STADT

Allerdings kam es im Laufe der Zeit wiederholt zu schlimmen Überschwemmungskatastrophen, und das Wasser, das Amsterdam zu großem Reichtum verhalf, wird deshalb auch mit großem Respekt behandelt. Seine Bedeutung und die potenzielle Bedrohung, die es darstellt, waren schon vor mehr als drei Jahrhunderten bekannt, und 1684 wurde der Amsterdamer Normalpegel eingeführt. Jener Nullpunkt, nach dem in einem Großteil Nord- und Mitteleuropas die Höhenmesser kalibriert wurden, befand sich in der Stadt, die damals in direkter Verbindung zur Nordsee stand, und markierte den durchschnittlichen Hochwasserstand der Zuidersee. Eine Kopie der ursprünglichen Eichmarke ist im Rathaus-Opern-Komplex zu besichtigen. Sie liegt ein wenig unter der heutigen Bodenlinie. Daneben stehen Wassersäulen, die das Problem bildhaft illustrieren. Eine Datenverbindung zur Nordsee zeigt den augenblicklichen Gezeitenstand bei IJmuiden (dem Amsterdam nächstgelegenen Nordseehafen) und bei Vlissingen im äußersten Südwesten des Landes. An einer dritten Säule ist der Stand abzulesen, den das Meer bei der letzten Flutkatastrophe 1953 erreichte: 4,55 Meter über

Ein Drittel der Landfläche Hollands liegt unter dem Meeresspiegel

NN stand das Wasser damals in Amsterdam.

PFÄHLE ÜBER PFÄHLE

Jedes holländische Schulkind weiß, dass der Königliche Palast auf 13 659 Holzpfählen ruht, die verhindern, dass er in dem Marschland versinkt, auf dem Amsterdam nicht gerade sehr sicher steht. Runde Holzpfähle zwölf Meter tief bis in die erste feste Sandschicht hinabzutreiben, war beim Bau der Stadt zwar die Regel, aber es gab eben auch Ausnahmen, wie eine Reihe erschreckend schräg stehender Häuser belegt. Das bekannteste ist De Sluyswacht am Südende der Oude Schans, fast direkt gegenüber vom Rembrandthuis. Es wurde 1695 errichtet, kaum zehn Jahre, nachdem die Einführung des Amsterdamer Normalpegels die Dringlichkeit des Problems sichtbar gemacht hatte.

Solange die Pfähle vollständig von Wasser umgeben sind, bleiben sie intakt. Gelangt jedoch Luft an das Holz, können sie zu faulen beginnen, und die Folgen sind, wie man sich unschwer vorstellen kann, nicht besonders erfreulich. Bei Neubauten verwendet man daher quadratische Betonpfeiler, die 40 Meter tief bis zur zweiten festen Sandschicht oder noch tiefer eingerammt werden. Einen Vorzug freilich hat die Problematik: Bis auf wenige Ausnahmen ist das Amsterdamer Stadtbild von Hochhäusern verschont geblieben.

Die typischen Amsterdamer Patrizierhäuser stehen auf tiefen Fundamenten

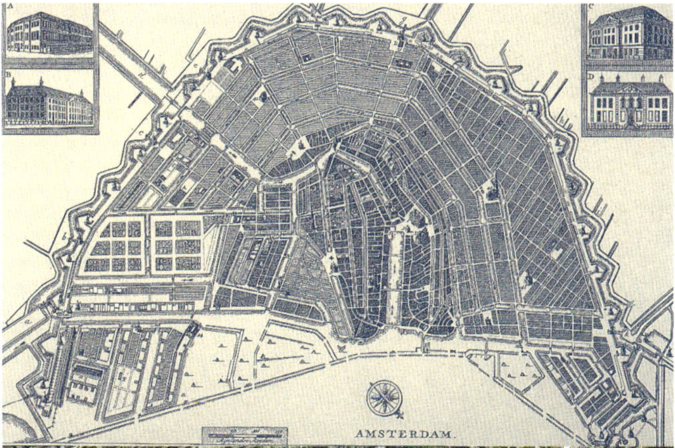

VENEDIG DES NORDENS?

Reiseschriftsteller, denen kein besseres Klischee einfällt, beschreiben Amsterdam gerne als »Venedig des Nordens«. Tatsächlich besteht eine gewisse Verwandtschaft: Beide Städte wurden auf etwa 100 Inseln erbaut, sind von etwa 150 Kanälen durchzogen und warten mit mehreren Hundert Brücken auf. Beide nutzten ihre Seefahrertradition zum Knüpfen von Kontakten, die ihnen einen wirtschaftlichen wie kulturellen Vorsprung gegenüber anderen Städten verschafften. Und beide sind heute abhängig vom Tourismus. Damit hören die Ähnlichkeiten aber auch schon auf. Venedig mag zwar langsam untergehen, aber die ersten Siedler bauten tatsächlich auf *terra firma*. Anders als die Italiener haben die Holländer viele ihrer Kanäle wieder zugeschüttet, und Venedig wird nicht von Autos geplagt, die die schmalen Straßen der niederländischen Stadt verstopfen. Trotzdem dürfte es nur eine Frage der Zeit sein, bis ein findiger Reisejournalist auf die Idee verfällt, Venedig als »Amsterdam des Südens« zu beschreiben.

Eine Luftaufnahme des heutigen Amsterdam (oben) zeigt, wie wenig sich gegenüber der Stadtanlage des 17. Jahrhunderts (ganz oben) verändert hat

Giebel-Ansichten

Amsterdam besitzt kaum spektakuläre Bauten; selbst der Königliche Palast ist nur ein umgebautes altes Rathaus. Das Sumpfland, auf dem die Stadt steht, erlaubt einfach keine Monumentalarchitektur. Das Stadtbild wird von einer Vielzahl kleinerer Schmuckstücke geprägt, die sich zu einem malerischen Ganzen fügen. Und die kunstvollen Giebel, die viele Patrizierhäuser zieren, bilden den krönenden Abschluss.

Kunstvolle Giebel

Weil es in diesem Teil Europas viel und häufig regnet, sind die Dächer sehr steil. Doch während sie anderswo ungeschmückt blieben, wurde es im Amsterdam des goldenen Zeitalters Mode, das unschöne umgekehrte V des Daches hinter einem dekorativen Giebel zu verstecken. Passend zum Charakter der Stadt, sind die Giebel individuell und eigenwillig. Dennoch lassen sich die meisten in eine von vier Kategorien einreihen: Die einfachste Version ist der Schnabelgiebel, der sich, einem umgekehrten Trichter ähnlich, eng an die Dachform anlehnt und im Regelfall recht schlicht bleibt. Viele Schnabelgiebel findet man an den Lagerhäusern im Jordaan-

Die prächtigsten Giebel findet man an den Häusern der großen Wasserstraßen wie hier der Herengracht

Viertel. Es folgt der Treppengiebel, bei dem sich zwei »Treppen« oben in der Mitte treffen. Das wohl schönste Beispiel ist das Bartolottihuis an der Herengracht (► 99). Der Hals- oder Flaschengiebel war ein erster Schritt in Richtung Klassizismus: ein hochkant stehendes Viereck mit unterschiedlich ornamentaler Randverzierung. Viele schöne Halsgiebel sind an den Häusern der Prinsen-, Keizers- und Herengracht zu bewundern.

Am aufwändigsten und augenfälligsten ist der Glockengiebel, der sich in eleganten Bögen zu einer schmalen Mitte verjüngt. Ihn trifft man überall in der Stadt an. Sämtliche Giebel sind mehr oder weniger reich verziert, und die kunstvollen und einfallsreichen Entwürfe – jeder Bauherr trachtete danach, seine Nachbarn auszustechen – zählen zum Schönsten, was Amsterdam zu bieten hat.

Gefährliche Neigung

Viele Amsterdamer Häuser sind fast Furcht einflößend schief. Lehnt sich ein Haus nach rechts oder links, hängt dies mit bautechnischen Mängeln zusammen – vermutlich sind die Holzpfähle, die in die erste feste Sandschicht hinabgetrieben wurden, mit Luft in Kontakt gekommen und haben daher angefangen zu faulen. Die Folge ist ein Absacken des Hauses.

Eine Neigung zur Straße hin ist dagegen gewöhnlich Absicht: Bevor Sanitäreinrichtungen üblich wurden, sollten die oberen Etagen etwas über die unteren hinausragen, damit von oben herabgekippte Flüssigkeiten auf die Straße (und zufällig vorbeigehende Passanten) trafen und nicht die Fassade beschmutzten. Dazu kommt ein weiterer Grund: Die Treppenaufgänge in den Grachtenhäusern sind viel zu eng für wuchtige Möbelstücke, die daher an einem Aufzugsbalken im Dachfirst mittels Flaschenzug hochgehievt und durch die großen Fenster der oberen Etagen (viele haben sogar einen herausnehmbaren Rahmen) ins Innere geholt werden. Die Kippung verringert die Gefahr, dass die Möbel an die Hauswand stoßen und dabei beschädigt werden.

Wer wohnt hier?

»Giebelsteine« heißen die oft kunstvoll gearbeiteten Tafeln, die viele alte Häuser zieren. In einer Zeit, in der viele Leute des Lesens und Schreibens nicht kundig waren, gaben sie einen Hinweis auf den Namen des Bewohners oder sein Gewerbe. Einige schöne Giebelsteine, die beim Abriss alter Häuser gerettet werden konnten, sind an einer Wand in der Südwestecke des Begijnhofs (► 54f) zu bewundern.

Oben: Mieterwechsel unter einem Glockengiebel

Unten: Giebelsteine am Zandhoek, einer Straße auf den Westelijke Eilanden (Westlichen Inseln)

Handel und Wandel

Das europäische Land mit der höchsten Bevölkerungsdichte verfügt über geringe Erdgasvorkommen, schwindende Fischbestände und eine Landwirtschaft, die nicht einmal fünf Prozent des Bruttosozialprodukts ausmacht. Trotzdem erfreuen sich die Holländer eines Wohlstands, der in keinem Verhältnis zu ihren Naturschätzen steht. Die Niederlande zählen zu den reichsten Ländern der Welt, und Amsterdam ist eine der wohlhabendsten Großstädte Europas.

Woher der holländische Reichtum kommt, ist ein offenes Geheimnis: zwischen Angebot und Nachfrage vermitteln und ein ordentliches Stück vom Kuchen für sich selbst abschneiden. Handel wird getrieben, seit es die Menschheit gibt, doch der Trick der Amsterdamer bestand darin, politisch, technisch und wirtschaftlich Neuerungen einzuführen und so zum Warenhaus der Welt zu avancieren.

Der neutrale Status der Niederlande erlaubte es frühen Kaufleuten, Deutschland und Skandinavien mit Südeuropa in Verbindung zu bringen. Preiswertes Holz aus dem Baltikum diente zum Bau riesiger Frachter, die weit mehr Ladung aufnehmen konnten als die Handelsschiffe anderer Nationen. Im Mittelalter setzte

Damrak, eine der wichtigsten Einkaufsstraßen

ein Lastkahn, der über 100 Tonnen fasste, völlig neue Maßstäbe. Und die Finanzinstitute, von Banken bis hin zur Börse, waren früh genug gegründet worden, um den Handel, der im 17. Jahrhundert einen ungeahnten Aufschwung nahm, voll zu unterstützen. So brach, wirtschaftlich wie kulturell, das goldene Zeitalter an.

In guter Gesellschaft

Amsterdam gelang es, die Weltwirtschaft auf eine Art und Weise zu dominieren, die bislang unbekannt gewesen war: Den Auftakt bildete die Ostindische Handelskompanie (VOC – Verenigde Oost-Indische Compagnie), die Anfang des 17. Jahrhunderts mit dem

Bemerkenswerte Währung

Die erste europäische Gemeinschaftswährung hat ihren Ursprung in Amsterdam: Im 17. Jahrhundert nahmen die Bankherren der Stadt jede Währung an und wechselten sie gegen »gulden florijn« (Goldene Florin). Daher heißt die niederländische Währung heute zwar einerseits Gulden, wird aber andererseits Fl abgekürzt (für Florin).

In den Sechzigerjahren revolutionierte De Nederlandsche Bank das Banknotendesign. In ausdrucksstarker, schlichter Typografie wurden kulturell bedeutsame Figuren abgebildet; einige, insbesondere der 10-Gulden-Schein mit Frans Hals, sind nach wie vor in Umlauf. Den Höhepunkt bildete der 1997er-Entwurf des 10-Gulden-Scheins: auf einer Seite elektronische Schaltkreise, auf der anderen ein Unterwasser-Meisterwerk samt Fischen und dem Gedicht *Ijsvogel* von Arie van den Berg.

Ziel gebildet wurde, Asien auszubeuten. In dieser ersten multinationalen Kooperative schlossen sich Geldgeber aus Amsterdam und anderen holländischen Städten zusammen, um die nicht unbeträchtlichen Risiken zu splitten – und die satten Gewinne einzustreichen –, die der Handel mit dem fernen Osten eintrug.

Mitgliederversammlung der Verenigde Oost-Indische Compagnie

Nach demselben Prinzip betätigte sich die Westindische Handelskompanie in der Karibik und Südamerika und spielte auch beim Sklavenhandel eine wichtige Rolle, während die Grönland-Kompanie sich der Ausbeutung des Nordens widmete. Ende des 17. Jahrhunderts waren 4000 holländische Schiffe unterwegs und trieben Handel mit mehr als 600 Häfen in aller Welt.

Schließlich setzten Protektionismus und militärische Übergriffe mächtigerer Nationen der holländischen Handelsvormacht zwar ein Ende, konnten jedoch den Unternehmungsgeist nicht trüben. So war Amsterdam der erste Geldgeber, der der jungen US-Regierung nach dem Amerikanischen Unabhängigkeitskrieg einen Kredit gewährte.

Das Profit-Prinzip

Die Prinzipien des Welthandels haben sich nicht verändert. Rotterdam ist – nach Singapur – der zweitgrößte Umschlaghafen der Welt. Die KLM transportiert jedes Jahr mehr Passagiere als die Niederlande Einwohner haben. Amsterdam beginnt das 21. Jahrhundert mit einem ambitionierten Bauprogramm rund um Schiphol, und überall schießen Bürokomplexe aus dem Boden, angemietet von Unternehmen aus aller Herren Länder, die die ungeheure Leistungsbereitschaft der hiesigen mehrsprachigen Arbeitnehmer nutzen wollen. Zwei Drittel der Volkswirtschaft liegt heute im Dienstleistungssektor. Während andere produzieren, sind die Holländer nach wie vor aufs Kaufen, Verkaufen und Geldverdienen spezialisiert.

Ein neues Jerusalem

»Einmal wird dieser schrecklicke Krieg doch vorbeigehen«, schrieb ein 15-jähriges Mädchen am 11. April 1944. »Einmal werden wir doch wieder Menschen und nicht nur Juden sein! ... Wir können niemals nur Niederländer oder nur Engländer oder was auch immer werden, wir müssen daneben immer Juden bleiben. Aber wir wollen es auch bleiben. «

DIE ERSTE JÜDISCHE GEMEINDE

Vom 16. bis ins 20. Jahrhundert bot Amsterdam Tausenden jüdischer Flüchtlinge aus Ost- und Südeuropa eine sichere neue Heimat. Sephardische Juden wurden aus Spanien und Portugal vertrieben, askenasische Juden in Polen und Deutschland verfolgt. 200 Jahre lang hatten sie selbst im liberalen Amsterdam mit Restriktionen zu kämpfen, durften kein eigenes Geschäft besitzen und waren von vielen Handwerkszweigen ausgeschlossen. Ende des 18. Jahrhunderts jedoch wurden diese Beschränkungen per Gesetz aufgehoben.

Links: Vor der Westerkirk erinnert ein Standbild an Anne Frank

FASCHISMUS UND KRIEG

Nach Hitlers Machtergreifung 1933 waren die Niederlande ein willkommenes Exil für viele deutsche Juden. So auch für den erfolgreichen Frankfurter Kaufmann Otto Frank, der sein Geschäft in Amsterdam neu eröffnete und mit seiner Familie – darunter die am 12. Juni 1929 in der Mainmetropole geborene Tochter Anne – ein relativ komfortables Leben führte. Am 1. September 1939 begann der Zweite Weltkrieg. Im darauf folgenden Mai besetzten die Nazis die Niederlande, und die Judenverfolgung begann. Im Oktober mussten alle holländischen Staatsbeamten einen Ariernachweis erbringen, Juden wurden zwangsregistriert. Die jüdische Gemeinde reagierte mit Gegengewalt. Bei einer Auseinandersetzung im Februar 1941 kam ein NSDAP-Mitglied ums Leben, und als Vergeltung nahmen die Nazis 400 Juden fest. Daraufhin riefen die holländischen Gewerkschaften zum Generalstreik auf – dem ersten und einzigen derartigen Protest gegen Judenverfolgung in einem von Deutschland besetzten Gebiet! Gedenkfeiern erinnern an den Jahrestag dieses mutigen Akts.

Vom 3. Mai 1942 an mussten alle Juden den gelben Stern

Unten: Nach der Machtergreifung Hitlers 1933 trat der Faschismus seinen Siegeszug durch Europa an

Jüdische Verbindungen

In Amsterdam gibt es noch weitere jüdische Adressen: Die Portugiesische Synagoge (➤ 151) hat die Zeiten unbeschadet überdauert, während vier andere Synagogen zum Jüdischen Historischen Museum (➤ 142f) zusammengeschlossen wurden. Eine interessante Ergänzung zum Anne Frank Huis (➤ 94ff) ist das Widerstandsmuseum (➤ 152). Das Amsterdams Historisch Museum (➤ 56ff) zeigt die Leiden und Leistungen der jüdischen Bevölkerung im Kontext eines Multikulturalismus.

tragen, jüdische Geschäfte wurden geplündert, und 1943 wurden jüdische Bürger zu Tausenden in »Arbeitslager« deportiert. Von den 140 000 Juden, die zur Zeit der Naziinvasion in den Niederlanden lebten, wurden 107 000 in Konzentrationslager gebracht. Nur wenige haben deren Horror überlebt.

IM UNTERGRUND

Die Familie Frank gehörte zu den vielen Juden, die in den Untergrund gingen, das heißt sich in einem Speicher oder Keller versteckt hielten. Ihr holländischer Name *onderduikers* bedeutet so viel wie »Taucher«, weil sie buchstäblich abtauchten. Viele Niederländer schützten sie auf heroische Weise, doch die Hälfte der 16 000, die Unterschlupf gefunden hatten, wurde verraten und in Vernichtungslager geschickt. Die meisten wurden von Informanten denunziert, die dafür ein Kopfgeld von sieben Gulden kassierten. Wie die Familie Frank aufflog, ist bis heute nicht genau bekannt, aber bei der Durchsuchung des Hauses Prinsengracht 263 (➤ 94ff) gingen die Nazis und ihre holländischen Kollaborateure zielstrebig auf das Bücherregal zu, das den Zugang zu dem Versteck im Hinterhaus verbarg. Vater Otto Frank überlebte als Einziger das Lager und veröffentlichte später Annes Tagebuch. Das Anne Frank Huis ist zu einer Mahnung an die Menschlichkeit geworden.

Oben: Das Anne Frank Huis zählt zu den meistbesuchten Sehenswürdigkeiten Amsterdams

Fahrradrückgabe

Die Abneigung der Holländer gegen Deutschland hat sich bis heute nicht völlig gelegt. Als die heutige Königin Beatrix einen Deutschen heiratete, versammelte sich vor der Westerkerk eine Menschenmenge, und viele forderten: »Mein Fahrrad zurück!« Dieser Aufruf nahm auf die letzten Kriegsmonate Bezug, als Tausende Holländer ihre Fahrräder an die deutschen Truppen abliefern mussten, die sie entweder als Altmetall nutzten – oder aber einfach zum schnelleren Rückzug.

PORTRÄT EINES ALTEN MEISTERS

Am 15. Juli 2006 wird Amsterdam den 400. Geburtstag des berühmtesten Sohnes der Stadt feiern. Doch als Rembrandt Harmenszoon van Rijn 1669 starb, war er mittellos – ausgestoßen von den wohlhabenden Amsterdamern, die er, einer der größten Künstler der Welt, zuvor selber nicht immer sehr respektvoll behandelt hatte.

Rembrandt wurde 1606 südlich von Amsterdam in Leiden geboren und verbrachte dort die ersten 25 Jahre seines Lebens. Sein Vater war ein Müller, der mit seinem Sohn Großes vorhatte. Im zarten Alter von 14 Jahren erhielt der Junge einen Studienplatz an der Universität von Leiden, zog es jedoch vor zu malen. Die Kunst stand damals ganz im Zeichen des italienischen Barocks – vor allem der Werke Caravaggios, der seinerseits von frühen flämischen Meistern beeinflusst war. Rembrandt ging bei dem Historienmaler Jacob von Swanenburch in die Lehre und studierte sechs Monate bei Pieter Lastman in Amsterdam. Unter seiner Anleitung erlernte der

Oben: Das Rembrandthuis enthält viele Schätze des Meisters

Links oben: Rembrandtstatue am Rembrandtplein

Links: Wohn- und Schlafzimmer des Malers

Künstler jene eindringliche Art der Menschendarstellung, die so viele seiner Bilder auszeichnet. Er kehrte nach Leiden zurück und begann, selbst Unterricht zu geben, entdeckte jedoch schnell, dass die Stadt seinen Ansprüchen nicht länger genügte.

1631 siedelte Rembrandt folglich nach Amsterdam über, wo, nicht zuletzt dank der Handelsbeziehungen der Ostindischen Handelskompanie (➤ 16f), die Wirtschaft boomte und wohlhabende Kaufleute zahlreiche biblische Gemälde und Porträts in Auftrag gaben. Als Pragmatiker verpflichtete Rembrandt häufig Familienmitglieder als Modell. Seine Mutter etwa hängt als *Die Prophetin Hanna* im Rijksmuseum (➤ 114ff). Ein Jahr nach seiner Ankunft in Amsterdam malte er *Die anatomische Vorlesung des Dr. Nicolaes Tulp* (jetzt im Mauritshuis in Den Haag), eine typische Darstellung eines Berufsstandes – hier der Ärzte –, die sich zu einem Gruppenbildnis zusammenfanden und dieses auch gemeinsam bezahlten. Auch auf dem Gebiet der Radierung sammelte Rembrandt Lorbeeren. Die meisten seiner ausdrucksstarken Arbeiten sind im Rembrandthaus (➤ 66) zu bewundern.

Immer auf Profit bedacht, verpflichtete Rembrandt häufig seine Familie als Modell. Hier sein Sohn Titus

RUHM UND REICHTUM

Neben seiner eigenen kreativen Arbeit, die in der Kombination von Dynamik und rationaler Zurückhaltung neue Wege beschritt, machte Rembrandt auch die Werke anderer zu Geld. So betätigte er sich

Amsterdam und die schönen Künste

Die drei wichtigsten Kunstmuseen Amsterdams sind das **Rijksmuseum** (➤ 114ff), das **Van Gogh Museum** (➤ 124ff) und das **Stedelijk Museum** (➤ 122f), die nur wenige Gehminuten voneinander entfernt im Museumsviertel liegen.

In anderen europäischen Großstädten bergen häufig auch Kirchen bedeutende Kunstschätze, doch in Amsterdam wurden beim Bildersturm die meisten kostbaren Dekorationen vernichtet. Sehenswert ist in dieser Hinsicht heute eigentlich nur die wunderschön geschmückte Orgel in der **Westerkerk** (➤ 92f).

Kunst des 21. Jahrhunderts gibt es in der **Westergasfabriek** (➤ 100) zu bestaunen, einem ehemaligen Gaswerk, wo alle möglichen zeitgenössischen Installationen ausgestellt sind. Auf alle, die nicht nur schauen, sondern auch kaufen wollen, warten viele Dutzend kleiner Galerien; die meisten befinden sich im Jordaan.

nebenbei als Kunsthändler und kassierte z. B. durch Kauf und Wiederverkauf von Rubens' *Hero und Leander* 100 Gulden. Geheiratet hat Rembrandt zweifellos aus Liebe, doch war die 1634 geschlossene Ehe mit Saskia van Uylenburgh auch wirtschaftlich nicht von Nachteil. Sie stammte aus einer wohlhabenden Familie und war die Cousine eines renommierten Kunsthändlers. Saskia saß ihm immer wieder Modell, und auch die kraftvollsten seiner Selbstbildnisse entstanden in den 1630er Jahren.

Rembrandt wurde ein gesuchter Lehrer, und seine Schüler halfen ihm dabei, die Vielzahl von Auftragsarbeiten zu bewältigen – Porträts, biblische Themen und Landschaften. Da sie seine Kunst täuschend nachahmten und er ihre Bilder signierte, wird bis heute über die Urheberschaft vieler ihm zugeschriebener Werke debattiert.

1639 erwarb Rembrandt ein großes Haus im jüdischen Viertel, das etwa das Sechsfache eines normalen Amsterdamer Wohnhauses kostete und seine Verhältnisse bei weitem überstieg.

In den 1630er Jahren gebar Saskia ihrem Gemahl drei Kinder, die alle im Kindesalter starben. 1641 kam dann der Sohn Titus zur Welt, doch ein Jahr später starb Saskia. Sie hinterließ ihr Vermögen ihrem Sohn, bestellte jedoch Rembrandt zum Treuhänder – solange er nicht wieder heiratete. Im darauf folgenden Jahr stell-

In der Waag war eine Weile die Anatomie untergebracht, Schauplatz eines der berühmtesten Gemälde Rembrandts

te Rembrandt sein berühmtestes Gemalde fertig. *Die Schützenkompagnie des Hauptmanns Frans Baning Cocq* zeigt 16 Mitglieder der Amsterdamer Bürgerwehr. Vom Alter nachgedunkelt, wurde es unter dem Titel *Nachtwache* bekannt und hängt heute im Rijksmuseum.

Rembrandt reiste nicht viel, wenngleich man sich beim Betrachten einiger seiner Landschaften durchaus vorstellen könnte, dass er weite Teile Europas und des Heiligen Landes besucht hat. In den 1640er Jahren füllte der Maler sein Heim mit einer Vielzahl von Kunstwerken und Artefakten aus Asien und Amerika, die noch heute im Rembrandthuis zu besichtigen sind.

NIEDERGANG

1649 engagierte der Künstler eine Haushälterin, Hendrickje Stoffels, die bald auch seine Geliebte wurde. Es gab viel Klatsch über Rembrandts Mätresse, aber die meisten Amsterdamer akzeptierten sein Verhältnis. In dieser Zeit entstanden weitere bedeutende Arbeiten, von denen viele wie *Nathan ermahnt David* heute in Museen in Übersee hängen.

Rembrandts extravaganter Lebensstil, seine zunehmende Eigenwilligkeit und die immer häufigere Nichteinhaltung von Terminen führten schließlich in den finanziellen Ruin. 1656 wurde er für zahlungsunfähig erklärt, seine Kunstsammlung kam unter den Hammer. Nicht unbedingt freiwillig malte er weiter. *Die Vorsteher der Tuchmacherzunft*, 1661 entstanden und heute im Rijksmuseum, zeigt, dass er nichts von seinen Fähigkeiten eingebüßt hatte. 1663 starb Hendrickje, fünf Jahre später Titus. Einsam und verarmt verschied Rembrandt am 4. Oktober 1669. Wo er begraben liegt, ist nicht bekannt, doch sein Erbe lebt fort.

Das Rembrandthuis hat vier wechselvolle Jahrhunderte überdauert

AUF DEN SPUREN DES MEISTERS

Viele Erinnerungen an Rembrandts Leben sind im Laufe der Jahrhunderte untergegangen. In der Nieuwe Doelenstraat 20 steht heute das Café De Jaren, dort, wo Rembrandt nach seiner Heirat mit Saskia lebte, und dort, wo er *Die Nachtwache* malte, befindet sich heute ein schottischer Pub: das zum Hotel Doelen gehörende Balmoral.

Das Trippenhuis, weiter nördlich am Kloveniersburgwal gelegen, war das erste Heim des Rijksmuseums, und am nördlichen Ende steht die Waag. Im Obergeschoss, wo sich damals ein Seziersaal befand, malte Rembrandt *Die anatomische Vorlesung des Dr. Nicolaes Tulp*. Wendet man sich hier südostwärts, gelangt man durch ein Neubauviertel zum gut erhaltenen Rembrandthuis, das den Kontrast zwischen Rembrandts (zumindest zeitweiligem) Wohlstand und Vincent Van Goghs Armut auf bedrückende Weise spürbar macht.

Rad fahren ist kein Muss, aber …

Amsterdam, für Zweiräder wie geschaffen

Das Fahrrad spiegelt den Charakter Amsterdams wider: Es ist nicht übertrieben groß, recht ansehnlich und im Großen und Ganzen friedfertig. Und es bietet sich als ideales Fortbewegungsmittel an. Die Stadt ist eben und recht kompakt, und angesichts der schmalen Straßen und Brücken sind Radler Autofahrern gegenüber eindeutig im Vorteil. Auf die rund 750 000 Einwohner kommen 400 000 Fahrräder – die höchste Drahteseldichte Europas!

FÜR UND WIDER

Typische Amsterdamer Fahrräder sind alt und verrostet – und damit unattraktiv für Fahrraddiebe, die sich nicht scheuen, Ketten und Schlössern in aller Öffentlichkeit mit einem Brecheisen zu Leibe zu rücken. Andererseits ist Amsterdam die ideale Radlerstadt. Fast überall gibt es eigene Radwege und natürlich auch Fahrradständer. Da das Parkplatzproblem auch in Amsterdam nicht gerade zurückgeht, lassen immer mehr Leute ihren Wagen daheim und steigen um aufs Rad.

GESETZE UND SICHERHEITSVORSCHRIFTEN

Theoretisch müssten sich Radfahrer penibel an die Straßenverkehrsordnung halten und

Vier auf einem Rad

so beispielsweise auch nach Alkohol- oder Drogengenuss das Rad stehen lassen. In der Praxis sieht das natürlich anders aus, und viele beschreiben den Radverkehr in der Stadt als »organisiertes Chaos«. Zusammenstöße zwischen Drahteseln sind häufig, weit gefährlicher aber ist es, wenn sich Fußgänger auf die Radwege verirren und einem rasch in die Pedale tretenden Zeitgenossen vor die Räder laufen.

Die größte Gefahrenquelle aber sind Trambahnschienen, in denen sich die Reifen gerne verfangen. Kreuzen Sie sie immer in einem möglichst großen Winkel, und geben Sie besonders rund um den Dam und den Hauptbahnhof Acht, wo praktisch überall Gleise verlaufen.

FREIE FAHRT FÜR ALLE

In den Sechzigerjahren gab die Stadt mehrere Hundert kostenlose »weiße Fahrräder« aus. Man konnte sie sich nehmen, an den Zielort fahren und dort einfach für den nächsten Benutzer stehen lassen. Sämtliche Räder waren innerhalb weniger Tage verschwunden! Viele fand man in den Grachten wieder, andere, dilettantisch überlackiert, im »Besitz« von Amsterdamer Bürgern. 1999 wurde die Idee in etwas abgewandelter Form wieder aufgegriffen. Heute sind 250 weiß lackierte Räder in Umlauf. Gegen eine Gebühr von einem Gulden lässt sich das elektronische Schloss öffnen. Das Problem für Touristen besteht darin, dass man nur mit einer »Smartcard« zahlen kann, die Besucher in aller Regel nicht haben.

Das Amsterdamer Durchschnittsrad ist preiswert und einfach

Fahrradverleih

Da die holländische Bahn Fahrräder aus vielen Zügen verbannt hat und gute, selbst ordnungsgemäß abgesperrte Räder sehr schnell Liebhaber finden, lassen Sie Ihren eigenen Drahtesel besser zu Hause und mieten hier einen.

Für ein ordentliches Rad muss man rund fünf Gulden Leihgebühr pro Stunde oder 25 Gulden pro Tag rechnen. Machen Sie vor der Abfahrt einen Bremstest und prüfen Sie, ob Sattel und Lenkstange fest sitzen. Die meisten Verleihfirmen verlangen Kaution, einige auch einen Ausweis.

Bike City
Bloemgracht 68–70, Jordaan 020 626 3721; www.bikecity.nl 13, 14, 17, 20 bis Rozengracht

Damstraat Rent-a-Bike
P Jacobszdwarstraat 7–13, Südostecke vom Dam 020 625 5029; www.bikes.nl 4, 9, 14, 16, 20, 24, 25 bis Damrak

Feets Bike Rentals and Tours 3e Looierdwarstraat 75, Jordaan 020 625 1855 7, 19, 17, 20

Holland Rent-a-Bike
Damrak 247 020 622 32 07 4, 9, 16, 20, 24, 25

Mac Bike
Marnixstraat 220, Südwest-Jordaan 020 626 6964; www.macbike.nl 10, 17, 20; und:
Mr Visserplein 2, Nähe Waterlooplein 020 620 0985 9, 14, 20

Links: Hier gibt's mehr als Milchkaffee

Café-Kultur

Viele Amsterdambesucher betrachten Sightseeing als etwas, mit dem man sich die Zeit zwischen den verschiedenen Cafébesuchen vertreibt. Für die Amsterdamer selbst sind die rund 1400 Cafés fast ein zweites Zuhause: Hier trifft man sich mit Freunden oder entspannt beim nachmittäglichen Zeitunglesen. Die schönsten von ihnen bieten die sprichwörtliche *gezelligheid*, was frei übersetzt gemütliche und gesellige Atmosphäre heißt, die ansteckend wirkt – gute Cafés zu besuchen, ist schon fast Teil des holländischen Nationalcharakters.

Die Holländer verwenden den Begriff Café ein bisschen anders als wir, was manche Touristen als irreführend empfinden. Ein Café ist hier nämlich weniger ein Ort, wo man zu Kaffee oder Tee ein Stückchen Torte konsumiert, sondern vielmehr ein Treff, wo Jung und Alt auf einen Drink (oder auch mehrere) zusammenkommen. Selbst Lokale, die praktisch richtige Restaurants sind, bezeichnen sich hierzulande manchmal als Café. Und um das Ganze noch etwas mehr zu verkomplizieren, sind zahlreiche Cafés eine Mischung von allem.

BRUIN CAFÉS

Die »Braunen« Cafés sind für Amsterdam besonders typisch, und die ältesten, die ihre Geschichte bis ins 17. Jahrhundert zurückverfolgen, könnten fast einem Rembrandt oder Vermeer entnommen sein. Ein bisschen erinnern sie an alte englische Pubs oder Kneipen, strahlen aber mehr Wohnlichkeit aus. »Braun« heißen sie wegen der vom Zigarettenrauch verfärbten bzw. holzgetäfelten Wände und Decken und der dunklen Fußbodendielen. Manchmal findet man kleine Orientteppiche auf den Tischen, verspielte Rüschenvorhänge, gut bestückte Zeitungsständer, flackernde Kerzen, auf Hochglanz polierte Messingzapfhähne an einer alten Theke – und bisweilen eine Katze, die auf einem bequemen Stuhl zusammengerollt schläft. Meist ist der Mann hinter dem Tresen in ein Gespräch vertieft.

Rechts unten: Braune Cafés sind ideal zum Ausruhen

Bruin Cafés bieten traditionell Zuflucht vor dem bitterkalten Amsterdamer Winter, aber viele stellen bei schönem Wetter auch ein oder zwei Tische ins Freie. Was das Essen angeht, gibt es meist einfache Sandwiches, Nüsse, Käse, hart gekochte Eier (oft in einer Glasvitrine ausgestellt) und manchmal auch Apfelkuchen.

Die besten Bruin Cafés:
Café Papeneiland (➤ 101),
Café 't Smalle (➤ 102),
't Doktertje (➤ 70),
Hoppe (➤ 71),
Oosterling (➤ 156),
In de Wildeman (➤ 72).

PROBIERSTUBEN

Einst war es üblich, dass Kunden vor dem Kauf einer Flasche oder eines Fässchens Jenever (holländischer Gin) oder Likör das ausgewählte Getränk kostenlos probieren konnten. Heute gibt es nur mehr eine kleine Zahl solcher *proeflokale*, und gratis ist selbstverständlich gar nichts. Trotzdem lohnt sich ein Besuch, denn mit ihren alten Holzfässern und Steinkrügen zählen die Probierstuben zu den stimmungsvollsten und gemütlichsten Bars der Stadt. Viele Amsterdamer kehren nach der Arbeit hier auf einen oder zwei *Jenever* ein.

Die besten Probierstuben:
De Drie Fleschjes (➤ 71),
Wynand Fockink (➤ 72).

GRAND CAFÉS

In den 1980er Jahren kam eine luftigere, hellere Alternative zu den nostalgischen Bruin Cafés

Unten: Eines der besten Braunen Cafés – Papeneiland

auf: die Grand Cafés, manchmal auch Designer Bars genannt, in denen sich die Schickeria trifft – bei trendiger Musik und umgeben von zeitgenössischer, bisweilen recht provokanter Kunst. Doch die »Nobelcafés« haben noch mehr zu bieten und locken auch Geschäftsleute, Einkaufsbummler und Studenten an. Zwar werden nicht alle ihrem Namen gerecht, aber die schönsten warten mit hohen Decken, eindrucksvollen Theken und Lesetischen auf, die sich nach bester Bibliotheksmanier unter Zeitschriftenbergen biegen und ein bisschen an die Wiener Kaffeehäuser erinnern. Fast überall stehen auf der Speisekarte neben Snacks auch volle Mahlzeiten.

Die besten Grand Cafés:
Café Américain (➤ 101),
Café de Jaren (➤ 70),
Café Luxembourg (➤ 70),
De Kroon (➤ 156).

EETCAFÉS

In diese Kategorie fallen sowohl »Braune« als auch trendige Cafés, und obwohl manche Gäste nur auf einen Drink hereinschauen, liegt der Schwerpunkt doch auf dem Essen (manche nennen sich auch *Petits Restaurants*). Früher meist auf holländische Gerichte spezialisiert, bieten viele »Esscafés« heute auch Exotischeres. Da die meisten Amsterdamer Restaurants erst abends öffnen, sind die Eetcafés empfehlenswerte Adressen zum Mittagessen.

Die besten Eetcafés:
Café de Prins (➤ 102),
Land van Walem (➤ 102),
Spanjer & Van Twist (➤ 102),
't Gasthuys (➤ 71).

TRADITIONELLE CAFÉS

Natürlich gibt es in Amsterdam auch »traditionelle« Cafés, die vorwiegend Kuchen und Gebäck zu Tee oder Kaffee anbieten. Einige gehören zu

Internet-Café

Viele Coffee Shops verfügen über ein oder zwei Internet-Terminals. Weit größer ist das Angebot bei easyEverything, Reguliersbreestraat 22, das mit 650 PCs aufwartet und damit wirbt, das größte Internet-Café der Welt zu sein.

Oben: Internetzugang auf offener Straße – in Amsterdam nichts Außergewöhnliches

Links: Die meisten Coffee Shops bieten eine bunte Speisekarte

bekannten Kaufhäusern, andere sind winzige Stuben im hinteren Teil einer Pâtisserie.

Die besten traditionellen Cafés:
Backstage (➤ 155),
Pompadour (➤ 105),
Villa Zeezicht (➤ 72).

COFFEE SHOPS

Mitte der Siebzigerjahre wurde in Holland der Verkauf und Genuss von kleinen Mengen weicher Drogen (Haschisch und Marihuana) legalisiert – mit dem Argument, die Konsumenten so von Kontakten zur kriminellen Szene fern zu halten. Andere Nationen betrachten diese Freizügigkeit eher skeptisch und behaupten, Holland fördere den Drogenkonsum und exportiere mehr Ecstasy als Käse.

Wie dem auch sei – jedenfalls können Sie sich in Amsterdam ganz problemlos in einem so genannten Coffee Shop (achten Sie auf den grün-weißen Aufkleber am Fenster) bekiffen.

Kleinere Coffee Shops verkaufen die Drogen an der Bar, bei größeren gibt es meist eine eigene Theke. Sie können den Stoff offen kaufen (Mitte der Neunzigerjahre wurde die Höchstmenge von 30 auf 5 Gramm herabgesetzt), aber auch bereits fertig gedrehte Joints. Häufig werden auch Space-Cakes angeboten, die mit Vorsicht zu genießen sind: Ihre Wirkung tritt mit Verzögerung ein, ist aber stärker als die eines Joints. Wenn Sie sich also später an Ihr Wochenende in Amsterdam erinnern wollen, halten Sie sich hier besser zurück. Nebenbei gibt es in Coffee Shops übrigens auch Kaffee.

Das Ambiente der einzelnen Coffee Shops ist höchst unterschiedlich. Die im Zentrum, etwa an der Warmoesstraat, sind oft schmutzige kleine Spelunken, die Filialen der Bulldog-Kette hingegen laut und kommerziell. Als ansprechendere Alternativen bieten sich an: Rusland (Rusland 16), der angeblich älteste der Stadt; Barney's (Haarlemmerstraat 102), wo auch Frühstück serviert wird; Tertulia (Prinsengracht 312), ein höchst unschuldig wirkendes Tagescafé; und De Rokerij (Lange Leidsedwarsstraat 41), wo bei Kerzenlicht abends richtige Partystimmung aufkommt.

Lizenzierte Coffee Shops haben eine offizielle Plakette

Schnappschüsse von AMSTERDAM

Oben rechts: Eines der vielen Glasdachboote der Sightseeing-Flotte

Links: Die Oude Kerk, eines der ältesten Gotteshäuser der Stadt

Oben links: Ein Giebel schöner als der andere

Oben: Vondel-Standbild im Vondelpark

Rechts: Stadt der Blumen

Unten: Leben auf dem Wasser

Oben: Konzentrisches Stadtbild

Unten: Brouwersgracht

Oben: Frühling im Keukenhof

Oben (oberes Bild): Die Amstel

Links: Seidel aus dem Heineken Museum

Oben (unteres Bild): Ein Picasso im Stedelijk

Hering und Heineken

Fisch und Bier haben Amsterdam zu Wohlstand verholfen. Im Mittelalter waren es holländische Fischer, die auf die Idee kamen, Heringe vor dem Einsalzen auszunehmen. So war es möglich, sie für lange Schiffsreisen haltbar zu machen. »Das Silber aus dem Meer schenkte den Holländern das goldene Zeitalter«, formulierte es der renommierte niederländische Restaurantkritiker Johannes van Dam recht poetisch.

Für eine weitere Bereicherung des Säckels der jungen Stadt sorgte der Graf von Holland, der 1323 Amsterdam als einem von nur zwei Häfen seiner Provinz die Erlaubnis erteilte, Bier aus Hamburg zu importieren, der damals bedeutendsten Bier produzierenden Stadt im nördlichen Europa. Nun war es beileibe nicht so, dass die Amsterdamer des 14. Jahrhunderts allesamt Alkoholiker gewesen wären – nur war der Gerstensaft in jenen Tagen einfach wesentlich weniger risikobehaftet als das Trinkwasser.

HOLLÄNDISCHE SUSHI

Die Niederländer sind ganz verrückt auf Hering, und die Zubereitung mutet bisweilen recht eigenwillig an: Als *maat-*

Schlemmermenü für Fischfreunde

jes haring etwa verzehren sie rohe, eingesalzene Fische direkt auf der Straße. In Amsterdam werden Heringsstückchen auf Cocktailspießen angeboten, während es in anderen Teilen der Niederlande üblich ist, den Fisch einfach am Schwanz zu halten und dann die Kehle hinabgleiten zu lassen.

Wem das nicht zusagt oder wer gar fürchtet, daran zu ersticken, kann freilich immer noch auf ein Heringsbrötchen ausweichen, bei dem zudem Zwiebeln das Salzige etwas kaschieren. Aber egal, wofür Sie sich entscheiden: Rechnen Sie damit, dass der Geschmack Sie ein paar Stunden lang begleitet.

Oben: Marinierter Hering für noch mehr Geschmack

Oben: Ein einfacher Snack – Hering und Pumpernickel

Früher wurde die Ankunft der frischesten, jüngsten Heringe groß begangen. Seit jedoch gesetzlich vorgeschrieben ist, dass ausschließlich tiefgefrorener Fisch eingelegt werden darf, ist der Geschmacksunterschied zwischen gutem *maatjes* und *groene* Hering praktisch gleich Null.

DIE HEINEKEN-STORY

Seit 1864 braut Heineken in Amsterdam Bier. Mittlerweile exportiert die (nach Anheuser-Busch) heute zweitgrößte Brauereigesellschaft der Welt ihren Gerstensaft in 170 Länder. Diesen Erfolg führt das Unternehmen nicht zuletzt auf die seit 1886 verwendete Heineken-A-Hefe zurück: Noch heute werden jeden Monat von dem in der Nähe von Amsterdam gelegenen Stammhaus Hefekulturen zu allen 100 Tochterbrauereien geflogen.

Eine weitere wichtige Zutat ist cleveres Marketing. So neigen sich die »e« im Namen leicht zurück und scheinen fast zu lächeln – ein Sympathiefaktor, dessen subtile Wirkung nicht unterschätzt werden darf. Obwohl im Amsterdamer Stammsitz seit 1988 kein Bier mehr hergestellt wird (Besichtigungen ► 141), begegnet man dem Namen in Amsterdam auf Schritt und Tritt. Pferdegespanne ziehen fässerbeladene Fuhrwerke durch die Straßen, und der Firma gehört nicht nur das berühmte Hotel De l'Europa, sondern auch das Heineken Hoek Café mitten am belebten Leidseplein (Zyniker könnten freilich auf den Gedanken verfallen, beide dienten in erster Linie der Befestigung der riesigen Werbewände: Auf dem Café etwa werden zwei Gläser mit neongelber Flüssigkeit gefüllt und dann geleert).

Wenn Sie in einem Amsterdamer Café einfach ein Bier oder Pils bestellen, werden Sie mit großer Wahrscheinlichkeit ein 25-cl-Glas Heineken serviert bekommen, mit einer gut Zwei-Zentimeter-Schaumkrone (der Mann am Zapfhahn macht meist eine große Schau daraus, den überschüssigen Schaum mit einem Kunststoffspatel abzustreifen). In Bruin Cafés bestellen Sie normalerweise an der Theke und zahlen gleich; wenn Sie etwas länger

bleiben wollen, verlangen Sie eine Rechnung.

ANDERE BIERE

Sollten Sie keine Lust haben, dem Heineken-Konzern zu noch größerem Reichtum zu verhelfen, dürfen Sie auch kein Amstel bestellen. Die am zweithäufigsten verkaufte Biermarke der Niederlande (benannt nach dem gleichnamigen Fluss) wurde 1969 von Heineken aufgekauft und wird sogar in denselben Brauereien hergestellt.

Nun gibt es für Kenner eine ganze Reihe von Cafés, die viele verschiedene Biere führen, zum Beispiel **In de Wildeman** (► 72) und das **Maximiliaan** (► 74) am Kloveniersburgwal 6–8, direkt südlich vom Nieuwmarkt, wo sich im Mittelalter eine Brauerei befand. Hier bekommen Sie übrigens auch die recht gehaltvollen Biere von t'IJ. Die beste Spirituosenhandlung Amsterdams ist, was Bier angeht, **De Bierkoning** in der Paleisstraat 125, Nähe Dam. Im Angebot sind 850 Marken, darunter Bier in Sektflaschen, belgisches Trappistenbier und echtes Pilsener aus der Tschechischen Republik.

Oben: Heineken-Pils ist das Standardgetränk der Amsterdamer Hotellerie

Unten: Auch Amstel gehört heute zum Heineken-Imperium

Erster Überblick

Ankunft

Amsterdam ist vermutlich die am vielseitigsten erreichbare Metropole Europas. Der Besucher hat die Wahl zwischen Bahn, Flugzeug und Schiff – und dem Auto.

Flughafen Schiphol

Seit dem Start der ersten Passagiermaschinen 1920 ist der Amsterdamer Flughafen kontinuierlich gewachsen und zählt heute zu den wichtigsten Europas.

- **Schiphol**, 18 Kilometer südwestlich der Stadt gelegen, gilt als der passagierfreundlichste aller Großflughäfen: Es gibt praktisch nur ein Terminal, und die Anbindung an die Stadt mit öffentlichen Verkehrsmitteln ist vorbildlich. Ein Besuch lohnt sich sogar für Nichtflieger (► 172).
- Die Touristeninformation (geöffnet 7–22 Uhr) in **Ankunftshalle 2** ist für Fragen über die gesamten Niederlande gerüstet. Wer sich »nur« über Amsterdam informieren will, tut dies freilich besser direkt in der Stadt.

Vom Flughafen in die Stadt

Mit dem Zug

- Am **schnellsten und preiswertesten** kommt man mit dem Zug nach Amsterdam; der Bahnhof ist in den Flughafen integriert.
- Zwischen 6 und 24 Uhr verkehren mindestens fünf Züge pro Stunde, in der Nacht stündlich einer. **Normalzüge** brauchen zum Hauptbahnhof (Centraal Station) 20 Minuten, Nonstop-Expresszüge sind etwas schneller.
- **Fahrscheine vor Fahrtantritt lösen**, sonst droht im Zug ein saftiges Bußgeld.
- **Achten Sie auf Ihr Gepäck**. Die Strecke Flughafen–Hauptbahnhof ist bei Dieben besonders beliebt.

Mit dem Bus

- Zwischen Flughafen und einer Reihe größerer Hotels verkehren **KLM-Airportbusse**. Die einfache Fahrt kostet 8 €, ein Rückfahrtticket 13,5 €.
- Abfahrt ist tagsüber **stündlich oder halbstündlich**.
- Von 5.20 bis 7 Uhr und von 18 bis 22 Uhr ist **Sitzplatzreservierung** nötig (Tel. 020 653 4957). Je nach Lage des Hotels und Verkehrsaufkommen dauert die Fahrt zwischen 20 und 50 Minuten.

Mit dem Taxi

- **Der Fahrpreis zur Innenstadt** liegt etwa drei- bis viermal so hoch wie bei den öffentlichen Verkehrsmitteln.
- **Am schnellsten** kommt man in aller Regel voran, wenn man vom Flughafen mit dem Zug zum Hauptbahnhof fährt und dort ein Taxi nimmt.

Centraal Station

Ob Sie nach Amsterdam fliegen und den Zug in die Stadt nehmen, gleich mit der Bahn anreisen oder sogar per Schiff über Hook van Holland – immer kommen Sie an einem Bahnhof an, dessen Gebäude schon allein einen Besuch lohnt (► 68). Die Besichtigung macht freilich mehr Spaß, wenn Sie kein Gepäck am Hals haben.

- Von den Bahnsteigen kommen Sie in die **Haupthalle**, heute fast ein Einkaufszentrum.
- Der Bahnhof ist beliebter Aufenthaltsort von **Taschendieben und anderen Gaunern**, die es vor allem auf Touristen abgesehen haben.
- Wenn Sie vor einem Fahrkartenautomaten stehen, könnte Sie jemand ansprechen, der **Ihnen eine Fahrkarte verkaufen** will. Lehnen Sie dankend ab. Im

besten Fall bekommen Sie ein bereits entwertetes oder überteuertes Ticket, im schlimmsten werden Sie um diverse Besitztümer erleichtert.

- Die **Touristeninformation** befindet sich bei **Gleis 2A**.
- Die meisten Besucher verlassen den Bahnhof über den **Hauptausgang Richtung Süden**, wo sich Taxis, Straßenbahnen, Straßenverkäufer und Hunderte von Fahrrädern drängen.
- Der **Haupt-Taxistand befindet sich rechter Hand**, ebenso die Haltestellen der Straßenbahnen 1, 2, 5, 13 und 17 (entgegen dem Uhrzeigersinn).
- Zu Ihrer Linken liegen die **Trambahnhaltestellen** der Linien 4, 9, 16 (im Uhrzeigersinn), 24 und 25 sowie der Eingang zur Metro (U-Bahn).
- Dahinter erhebt sich ein imposantes weißes Holzgebäude, der frühere Trambahnhof, der heute das **Fremdenverkehrsamt** der Stadt beherbergt. Es hat kürzere Öffnungszeiten als die Touristeninformation im Hauptbahnhof selbst.
- Rechts davon befindet sich das Büro der **GVB (Städtische Verkehrsbetriebe)**, wo Sie Fahrkarten kaufen und sich über Grachtenrundfahrten informieren können.

Touristeninformationen

- Das holländische Fremdenverkehrsamt heißt **VVV (Vereniging Voor Vreemdelingenverkeer)**. Es wird privatwirtschaftlich betrieben.
- Wenn Sie eine bestimmte Frage haben, bekommen Sie hier zwar sicher eine Antwort, aber die Schlangen sind lang und die Informationen, die Sie erhalten, knapp. Stehen zu viele Leute an, kann es sein, dass die Türen **bis zu einer halben Stunde vor der offiziellen Zeit geschlossen** werden.
- **Stationsplein** (gegenüber Centraal Station – Hauptbüro) tägl. 9–17 Uhr
- **Centraal Station** (Gleis 2A) Mo–Sa 8–20, So 9–17 Uhr
- **Leidseplein** (So–Mi 9–17 Uhr, Do–Sa 9–19 Uhr
- Darüber hinaus gibt es einen **telefonischen Auskunftsdienst** (Tel. 0900 400 4040), besetzt Mo–Fr 9–17 Uhr (Achtung: Rufnummer mit hohem Sonderpreis!)

Unterwegs in Amsterdam

Zur Orientierung

Der Grundriss der Stadt folgt im Großen und Ganzen noch immer dem 1609 vorgelegten Plan. Das Zentrum mit den wichtigsten Sehenswürdigkeiten besteht aus verschiedenen Inseln, die von Grachten durchschnitten, aber über Brücken verbunden sind. Es ist halbmondförmig angelegt, mit der Ij als Grundlinie, von der aus die drei Hauptgrachten in konzentrischen Halbkreisen verlaufen.

- Die größten Wasserstraßen sind (von innen nach außen) Herengracht, Keizergracht und Prinsengracht (**»Gracht« bedeutet Kanal**). Dazu kommen eine Vielzahl kleinerer Grachten, die vom Zentrum aus strahlenförmig angelegt sind oder andere Wasserwege in willkürlichen Winkeln kreuzen.
- Die bedeutendsten Änderungen nach 1609 waren die **Anlage der Singelgracht** (jenseits der Prinsengracht) und des **Singel**.
- Im Osten durchbricht die breite **Amstel** das Bild.

Stadtviertel

Neben den Unterteilungen dieses Buches gibt es noch einige kleinere Bezirke, die Sie kennen sollten. Von der Ij aus im Uhrzeigersinn sind dies:

- **De Wallen** – wörtlich: »die Mauern«, die den Fluss umschlossen – heute das Rotlichtviertel der Stadt.

- **De Pijp** – ein südlich vom Zentrum gelegener multikultureller Bezirk, in dem viele Einwanderer aus den ehemaligen holländischen Kolonien in Asien und Lateinamerika leben.
- **Spiegelkwartier** – ein schickes Viertel mit vielen erstklassigen (und hochpreisigen) Antiquitätengeschäften rund um die Nieuw Spiegelstraat.
- **Spuikwartier** – das belebte Viertel rund um die südliche Hälfte der Spuistraat, die in einen Spui genannten Platz mündet.
- **9 Straatjes** – das drei Häuserblocks umfassende Quadrat gleich westlich davon, wörtlich übersetzt »neun Straßen«.
- **Jordaan** – noch ein Stück weiter westlich, das derzeit trendigste Viertel von Amsterdam.

Straßen

Die wichtigsten Straßen, im Uhrzeigersinn vom Hauptbahnhof aus, sind:

- **Prinshendrikkade** – verläuft südostwärts in Richtung Hafen.
- **Zeedijk** – führt südwärts vorbei am Rotlichtviertel zum Nieuwmarket.
- **Damrak** – führt direkt Richtung Süden zum Dam, dem Hauptplatz der Stadt.
- **Nieuwendijk** – im Schatten des Damrak, etwas nach Westen versetzt und eine der größten Einkaufsstraßen von Amsterdam.
- **Nieuwzijds Voorburgwal** – eine weitere parallel zum Damrak verlaufende Straße, auf der die meisten Trambahnen verkehren. Führt zu vielen Sehenswürdigkeiten.
- **Leidsestraat** – die alte Straße nach Leiden führt parallel zur Leidsegracht von der Herengracht zum Touristentreff Leidseplein.
- **Haarlemmerstraat** – verläuft westwärts und trennt Jordaan von den Westelijke Eilanden (Westlichen Inseln).

Öffentliche Verkehrsmittel

Eine Fahrt mit der Amsterdamer Tram ist tatsächlich eine Attraktion für sich. Insgesamt verfügt die Stadt über ein ausgezeichnetes Nahverkehrssystem.

Straßenbahnen

- Alle **Linien beginnen am Hauptbahnhof**.
- **Straßenbahnhaltestellen** sind allgemein leicht erkennbar, bei den viel frequentierten gibt es zur besseren Orientierung Anzeigetafeln für die nächsten drei Züge.
- **Klingeln Sie rechtzeitig vor dem Aussteigen**, damit der Fahrer halten kann.
- Passen Sie beim Aussteigen auf! Viele Haltestellen befinden sich **in der Straßenmitte.**

Busse

- Der Busbahnhof liegt westlich des Zentrums in der **Marnixstraat** (Ecke Lauriergracht), einige Busse enden aber auch am Hauptbahnhof.
- Zwischen Mitternacht und 3 Uhr früh verkehren ab Hauptbahnhof auf den wichtigsten Strecken so genannte **Nachtlijn (Nachtlinie) Busse**.

Metro

Die Anlage eines U-Bahn-Systems ist in einer großenteils unter dem Meeresspiegel liegenden Stadt nicht einfach. Auch deshalb gibt es nicht viele Strecken.

- **Eine Linie fährt vom Hauptbahnhof südostwärts** und verzweigt sich später in ein dicht besiedeltes Wohngebiet.
- Zwei weitere Linien **führen um die Peripherie**, eine umrundet von Hauptbahnhofnähe aus praktisch die Stadt.
- Eine **neue Linie**, die 2006 fertig gestellt sein soll, wird Amsterdam Noord mit der Stadtmitte verbinden.

Einzelfahrkarten und Fahrpreise

- Ganz Holland ist in Hunderte von Zonen (eine davon ist Amsterdam Zentrum) aufgeteilt, und bei allen Unternehmen gilt derselbe Tarif. Folglich gilt auch **ein Fahrschein für sämtliche Straßenbahn-, Bus- und Metrolinien**.
- Es gibt ein **Streifenkartensystem**. Für eine einfache Fahrt innerhalb der Tarifzone brauchen Sie eine Zwei-Streifen-Karte, für ein Drei-Streifen-Ticket können Sie alle öffentlichen Verkehrsmittel eine Stunde lang benutzen.
- **Metrofahrkarten** gibt es nur an den U-Bahnhöfen, bei Bus und Trambahn können Sie auch beim Fahrer bezahlen (vorne einsteigen!). Ausnahme ist die Conductorstram, bei der man hinten einsteigt und seine Fahrkarte beim Schaffner erwirbt.

Streifenkarten, Tages- und Mehrtageskarten

- Wollen Sie die öffentlichen Verkehrsmittel häufiger benutzen, lohnt sich der Kauf einer **Nationale Strippenkaart** mit 15 Streifen. Gegenüber Einzelfahrscheinen spart man damit fast 50 Prozent. Streifenkarten sind an Bahn- und Metrobahnhöfen, beim VVV, in Zeitschriften- und Tabakläden sowie Supermärkten erhältlich – nicht aber in Straßenbahn oder Bus!
- Beim Einsteigen müssen Sie **die benötigten Streifen (im Regelfall zwei) entwerten.** Automaten stehen bereit.
- An Bahn- und U-Bahnhöfen sowie bei Tram- und Busfahrern bekommt man **Tageskarten (Dagkaart)**. Sie kostet 5,5 € für einen oder den ersten und 2,25 € für jeden weiteren Tag. Ab fünf Fahrten pro Tag rentiert sich die Sache.
- Inhaber einer **Museumjaarkaart (MJK)** können ein Jahr lang rund 400 Museen kostenlos besuchen. Sie müssen sich aber trotzdem am jeweiligen Ticketschalter anstellen, wo Sie dann eine Eintrittskarte erhalten.

Taxis

- Vielleicht gelingt es Ihnen, auf der Straße ein Taxi anzuhalten. Verlassen sollten Sie sich darauf aber nicht. **Rufen Sie lieber eines** (Tel. 020 677 7777), oder gehen Sie zu einem Taxistand.
- Am ehesten findet man freie Taxis an wichtigen Verkehrsknotenpunkten und vor den großen Hotels.
- Die meisten Fahrgäste **runden den Fahrpreis auf**, geben aber kein großartiges Trinkgeld.

Rad fahren

- Keine andere Stadt ist so **ideal zum Radfahren geeignet.** Es gibt jede Menge Radwege, keine Steigungen, und die Entfernungen sind kurz. Informationen zum Fahrradverleih ➤ 24.

Wasserfahrzeuge

Neben den regelmäßig verkehrenden Rundfahrtbooten (➤ 84ff) gibt es noch vier weitere Möglichkeiten zur Fortbewegung auf den Grachten.

- Tagestickets für den **Canalbus** sind nur geringfügig teurer als andere Tagesfahrkarten. Obwohl das Streckennetz etwas schwer zu durchschauen ist und die fahrplanmäßigen Abfahrtszeiten selten eingehalten werden, kann man so einen wunderschönen Tag auf den Grachten verbringen.
- Das **Museumsboot** (Tel. 020 530 1090) fährt am Hauptbahnhof ab und läuft fünf Sehenswürdigkeiten an: das Anne Frank Huis, das Museumsviertel, den Blumenmarkt, Waterlooplein und das Schifffahrtsmuseum. Mit einer Tageskarte können Sie es unbegrenzt nutzen – und bekommen bei vielen Museen Ermäßigung. Im Sommer verkehren die Boote alle 30, im Winter alle 45 Minuten.
- **Wassertaxis** müssen im Voraus gebucht werden (Tel. 020 622 2181) und sind teuer.

Autos

Als Fortbewegungsmittel in Amsterdam ist das Auto höchst ungeeignet. Die wenigen Parkplätze sind sehr teuer, dazu kommen die schmalen Straßen und die vielen Wasserwege.

- **Achten Sie auf Radfahrer**, von denen sich die wenigsten an die Verkehrsregeln halten, und auf Straßenbahnen, die von ihrem generellen Vorfahrtsrecht rücksichtslos Gebrauch machen.
- Sofern an einer Straße überhaupt geparkt werden darf, muss ein **Parkschein** gelöst oder eine **Parkuhr** gefüttert werden; die vielgeschossigen Parkhäuser rings um die Stadt sind aber auch nicht billiger.
- Rings um die Stadt verteilt liegen sieben **Park-and-Ride-Bahnhöfe**. Wer am Sloterdijk parkt, bekommt zwei Rückfahrkarten für die fünfminütige Fahrt zum Hauptbahnhof kostenlos.
- Während der Feierlichkeiten rund um den **Geburtstag der Königin am 30. April** sind viele Straßen für den gesamten Verkehr gesperrt.

Autovermietung

- Die größte Dichte an internationalen Autovermietungen und eine entsprechend große Auswahl erwartet Sie am **Flughafen Schiphol.**
- Besonders preiswerte Mietwagen gibt es bei **easyRentacar**. Allerdings liegt die Firma in Zaandam, 20 Zugminuten vom Hauptbahnhof entfernt, und Sie müssen im Voraus reservieren: www.easyRentacar.com.

Eintrittspreise

Die Eintrittspreise für Museen und andere im Text erwähnte Sehenswürdigkeiten sind in folgenden Kategorien angegeben:

Preiswert: unter 3 € **Mittel:** 3–7,50 € **Teuer:** über 7,50 €

Übernachten

Am schönsten wohnt man in Amsterdam am Grachtengürtel, wo die malerischen Giebelhäuser Dutzende von Hotels beherbergen. Im mittelalterlichen Stadtkern finden Sie sowohl Nobelherbergen als auch zwielichtige Absteigen, und für Kulturbeflissene bietet sich das Museumsviertel an, dessen wasserlose Straßen freilich nicht die Atmosphäre des Grachtenringes besitzen.

Hotels

- **Die meisten Grachtenhotels sind klein** und bieten nur Übernachtung mit Frühstück. Oft gibt es nur ein Frühstückszimmer und manchmal eine Bar. Rechnen Sie mit steilen Treppen (häufig ist kein Lift vorhanden). Die Zimmer sind unterschiedlich groß, bei der preisgünstigsten Kategorie können Dusche und WC auch auf dem Gang liegen.
- Gewöhnlich gibt es ein **Frühstücksbüffet mit verschiedenen Brotsorten, Obst, Wurst und Käse**. Die Stadtsteuer (5 Prozent) ist bei günstigen Hotels zumeist im Preis enthalten, wird in besseren Hotels jedoch noch aufgeschlagen.

Reservierung

Der wohl wichtigste Tipp ist, das Zimmer so früh wie nur irgend möglich zu buchen. Hotels, die auf den folgenden Seiten empfohlen werden, sind vor allem an den Wochenenden zwischen Mai und September praktisch immer voll. Selbst in der Nebensaison (November bis März, wenn die Preise rund ein Viertel tiefer liegen als normal) ist frühzeitige Reservierung angesagt.

- Sie können telefonisch über das **Amsterdam Reservation Center** (Mo–Fr 9–17 Uhr, aus dem Ausland Tel. 0031/20 2018800, aus den Niederlanden Tel. 0900 400 40 40) buchen oder online über www.hotelres.nl.
- Bei den Touristeninformationen (➤ 37) sind gegen geringe Gebühr auch **Sofortreservierungen** möglich.

Jugendhotels

Jugendhotels und Jugendherbergen sind wichtiger Bestandteil der Amsterdamer Hotelszene.

- Am empfehlenswertesten ist das **City Hostel Vondelpark** (Zandpad 5, Tel. 020 589 8996; www.njhc.org/vondelpark), das zum Jugendherbergsverband gehört und an der Ostseite des Vondelparks liegt (sehr günstig für die großen Museen und das Nachtleben rund um den Leidseplein). Es gibt eine Bar, Fahrradverleih und Zimmer mit Bad/WC sowie Schlafräume.
- Ist es ausgebucht (häufig der Fall), empfiehlt sich **Ëben Haezer** (Bloemstraat 179, Tel. 020 624 4717), ein CVJM-Haus im Jordaan. Rauchen und alkoholische Getränke sind verboten, die Gäste sollten nicht über 35 sein.
- Eine andere Möglichkeit ist **Hans Brinker** (Kerkstraat 136, Tel. 020 622 0687), spartanisch, aber in erstklassiger Lage beim Leidseplein. Zimmer für ein bis acht Personen.

Ferienwohnungen/Apartments

- **Amsterdam House** (Amstel 176a, Tel. 020 626 2577) vermittelt 20 Apartments, die meisten mit Grachtenblick, und zehn Hausboote. Mindestaufenthalt sind drei Nächte in der Nebensaison, eine Woche in der Hauptsaison.

Empfehlenswerte Hotels

Preiskategorien: Rechnen Sie pro Nacht und Doppelzimmer:
Teuer – über 270 €
Mittel – 135–270 €
Preiswert – unter 135 €

Teuer

Amstel Inter-Continental

Das teuerste, aber auch luxuriöseste Hotel der Stadt direkt an der Amstel. Hier steigen gekrönte Häupter, Politiker, Stars und Geschäftsleute mit entsprechendem Budget ab. Das 1867 eröffnete Haus wurde in den Neunzigerjahren komplett renoviert. Die hohe Lobby ist atemberaubend, zudem gibt es mehrere Restaurants, einen eindrucksvollen Wintergarten, Pool und hübsche Terrassen. Die manchmal fast protzigen Zimmer sind mit allem ausgestattet, was man sich nur wünschen kann. Abgesehen von den Preisen, die Ihnen vermutlich ebenfalls den Atem verschlagen, ist der einzige Nachteil die wenig zentrale Lage. Die meisten Sehenswürdigkeiten sind 15–30 Gehminuten entfernt.

204 neben B1 ✉ Prof. Tulpplein 1, 1018 GX ☎ 020 622 6060; Fax 020 622 5808

Blakes

In diesem herrlichen alten Haus – ursprünglich ein abgebranntes Theater, dann Bürogebäude einer katholischen Wohltätigkeitsorganisation – eröffnete 1999 das schickste kleine (nur 26 Zimmer) Boutiquehotel der Stadt. Die orientalisch inspirierte Ausstattung ist das Werk der Interieur-Designerin Anouska Hempel. Die Farbgestaltung der Räume reicht von Cremeweiß und Beige hin zu »Elefantengrau und Himbeerrot«. Siehe auch Restaurants, ➤ 103.

202 C4 ✉ Keizersgracht 384, 1016 GB ☎ 020 530 2010; Fax 020 530 2030

De l'Europe

Fin-de-siècle-Opulenz dominiert in diesem Nobelhotel aus dem späten 19. Jahrhundert. Kronleuchter und freskengeschmückte Decken gehören ebenso dazu wie üppig drapierte Stoffmassen und raumhoch mit Marmor verkleidete Bäder. Und die Lage – direkt an der Amstel und nur einen Katzensprung vom Blumenmarkt entfernt – könnte besser kaum sein. Viele Zimmer haben einen eigenen Balkon, und im Sommer lädt eine Terrasse am Fluss zum stilvollen Dinieren ein.

203 E4 Nieuwe Doelenstraat 2–8, 1012 CP 020 531 1777; Fax 020 531 1778

The Grand Amsterdam

In dem im 17. Jahrhundert für die Admiralität errichteten »barocken« Gebäude, das bis 1988 das Rathaus beherbergte, befindet sich heute das – obwohl in direkter Nachbarschaft des Rotlichtviertels gelegen – ruhigste Luxushotel der Stadt. Die luxuriösen Zimmer gehen auf zwei wunderschöne Innenhöfe und ruhige Grachten.

203 E4
Oudezijds Voorburgwal 197, 1012 EX
020 555 3111; Fax 020 555 3222

Pulitzer

Für dieses Sheraton-Hotel, das sich wohltuend von den üblichen Hotels der Kette abhebt, wurden 25 Grachtenhäuser aus dem 17. und 18. Jahrhundert über wettergeschützte Wege miteinander verbunden. Geschmackvolle moderne Einrichtung kontrastiert aufs Schönste mit der alten Bausubstanz, und in dem Café/Restaurant mit Frans-Hals-Flair fühlt man sich einfach wohl.

202 C5
Prinsengracht 315–31, 1016 GZ
020 523 5235; Fax 020 627 6753

Seven One Seven

Kees van der Valk, ein bekannter Name holländischen Mode- und Interieur-Designs, hat dieses Grachtenhaus aus dem frühen 19. Jahrhundert in eine ruhige, sehr luxuriöse Frühstückspension verwandelt, die an das Heim einer vornehmen wohlhabenden Familie erinnert. Die meisten der acht (Malern, Schriftstellern und Komponisten gewidmeten) Zimmer sind riesig, mit vielfältigen Kunstwerken ausgestattet (das Spektrum reicht von afrikanischen Masken über Muranoglas bis hin zu modernen Gemälden) und verwöhnen mit einladenden Sofas und/oder versenkten Badewannen. Afternoon Tea und Getränke sind im Preis enthalten.

203 E2 Prinsengracht 717, 1017 JW
020 427 0117; Fax 020 423 0717

Mittel

Ambassade

Plüschige Eleganz verleiht diesem Hotel, das zehn Grachtenhäuser aus dem 17. Jahrhundert umfasst, seine Aura. Kronleuchter, Orientteppiche auf dem Parkettboden und Uhrenticken bestimmen die Atmosphäre im Aufenthalts- und Frühstücksraum, die Zimmer sind im Louis-XVI-Stil möbliert. Besonders stimmungsvoll sind die Zimmer unter dem Giebel, mit Dachschräge und sichtbarem Gebälk.

203 D4 Herengracht 341, 1016 AZ
020 555 0222; Fax 020 555 0277

Canal House

Zwei hübsche Häuser aus dem 17. Jahrhundert beherbergen ein schmuckes Hotel mit noblem, aber gemütlichem Ambiente. Im Herzen liegt ein vornehmes Frühstückszimmer, das einen hübschen Garten überblickt. Antike Kommoden, Spiegel und Leuchten schmücken die Flure und die gemütlichen Zimmer. Es gibt weder Fernsehen noch Minibars, und weil auf Ruhe Wert gelegt wird, sind Kinder unter zwölf nicht gern gesehen.

201 D2 Keizersgracht 148, 1015 CX
020 622 5182; Fax 020 624 1317

Estheréa

Einladendes, zentral gelegenes Grachtenhotel mit Charakter und trotzdem vernünftigen Preisen. Auf mehrere Backsteinhäuser aus dem 17. Jahrhundert verteilt, gehört es der Familie Esselaar, die auch stets präsent ist. Im Erdgeschoss liegt der etwas dunkle, aber gemütliche Frühstücksraum. Die »De-luxe«-Zimmer sind den Aufpreis wert: Sie bieten Blick aufs Wasser.

203 D4 Singel 303–309, 1012 WJ
020 624 5146; Fax 020 623 9001

Jan Luyken

Das mittelgroße Hotel der Familie van Schaik liegt in drei Häusern aus dem 19. Jahrhundert an einer angenehmen, ruhigen Straße im Museumsviertel, nur einen Häuserblock vom Van Gogh Museum entfernt. Die Aufenthaltsräume, darunter eine säulengeschmückte Bar, die sich zu einem malerischen Innenhof öffnet, wirken recht schick. Die Zimmer haben weniger Charakter, sind aber komfortabel ausgestattet. Der Aufpreis für ein größeres Zimmer lohnt sich.

202 B1 Jan Luykenstraat 58, 1071 CS 020 573 0730; Fax 020 676 3841

Vondel

Vier Häuser an einer ruhigen Straße aus dem frühen 20. Jahrhundert, nicht weit vom Leidseplein und den großen Museen entfernt, beherbergen ein Hotel mit minimalistischem Chic: Wände, Bettüberwürfe, Vorhänge, Sofas und Sessel sind ausnahmslos weiß oder cremebeige. Auch die Lobby und Bar mit riesigen Sofas und Holzbohlenboden wirkt nobel.

202 B2 Vondelstraat 28–30, 1054 GE
020 612 0120; Fax 020 685 4321

Preiswert

Agora

Eine sehr empfehlenswerte Frühstückspension, die zentraler nicht liegen könnte: Der Blumenmarkt ist nur wenige Schritte entfernt. Obwohl das Grachtenhaus aus dem frühen 18. Jahrhundert stammt, wirkt die schlichte Fassade moderner. Die Zimmer sind nicht gerade opulent, haben aber die eine oder andere Antiquität und komfortable neue Badezimmer. Wer keinen ausgesprochen festen Schlaf hat, sollte auf den Blick auf die Amstel verzichten (im Nachbarhaus ist ein Nachtclub) und ein Zimmer nach hinten hinaus verlangen. Ein großes Plus ist der gemütliche Frühstücks-/Aufenthaltsraum, der auf einen gepflegten Garten hinausgeht.

203 E4 Singel 462, 1017 AW
020 627 2200; Fax 020 627 2202

Amsterdam Weichmann

Exzellentes Preis-Leistungs-Verhältnis bieten diese drei Grachtenhäuser am Rand des Jordaan (seit vier Jahrzehnten unter Leitung eines holländisch-amerikanischen Ehepaars). In den Gemeinschaftsräumen – voller Antiquitäten, malerischem Krimskrams und immer frischen Blumen – muss man sich einfach wohl fühlen. Besondere Atmosphäre hat das blau gekachelte Frühstückszimmer, das früher ein Café war und durch Panoramafenster den Blick über eine Grachtenkreuzung ermöglicht.

202 C5 Prinsengracht 328–32, 1016 HX 020 626 3321; Fax 020 626 8962

De Filosoof

Das freundliche kleine Hotel der Philosophin Ida Jongsma spiegelt den Beruf seiner Besitzerin wider: Wandgemälde mit Platon und Aristoteles schmücken das Entree des Hauses aus dem 19. Jahrhundert, und auf den Sets im Frühstückszimmer liest man Auszüge bedeutender philosophischer Werke. Die Zimmer sind nach berühmten Denkern benannt und enthalten statt der üblichen Bibel philosophische Werke. Zum Leidseplein läuft man 15 Minuten, der Vondelpark liegt direkt vor der Tür.

206 C3
Anna van den Vondelstraat 6, 1054 GZ
020 683 3013; Fax 020 685 3750

Prinsenhof

Einfache Unterkunft in exzellenter Lage. Das alte Grachtenhaus liegt über einer hübschen und ruhigen Wasserstraße und doch direkt neben der belebten Utrechtsestraat mit ihren vielen Restaurants; zu den Bars des Rembrandtplein geht man keine fünf Minuten. Die Treppen sind so steil, dass das Gepäck zu den Zimmern hochgewinscht wird. Nur zwei der zehn Zimmer haben ein eigenes Bad, aber alle sind ansprechend möbliert.

203 F2 Prinsengracht 810, 1017 JL
020 623 1772; Fax 020 638 3368

Rho
Im Rho mit seinen 165 Zimmern findet man eher eine Unterkunft als in den meisten anderen ordentlichen Hotels der unteren Preiskategorie. Es liegt zentral, nur 50 Meter vom Dam entfernt. Die Zimmer sind einfach und modern, die Lobby aber (früher befand sich hier ein Theater) ist ein riesiges Jugendstil-Kunstwerk.
201 E1 ✉ Nes 5–23, 1012 KC
☎ 020 602 7371; Fax 020 620 7826

Seven Bridges
Diese ungemein beliebte Frühstückspension liegt in einem alten Haus an der hübschesten Gracht der Stadt. Die Besitzer (seit 25 Jahren!) haben die zehn Zimmer mit erlesenen Stücken möbliert – Biedermeierschränkchen, Louis-XVI-Kommoden, Art-déco-Leuchten u. a. Da das Frühstück auf dem Zimmer serviert wird, lohnt sich der Mehrpreis für eines der geräumigeren.
203 E3 ✉ Reguliersgracht 31, 1017 LK
☎ 020 623 1329

Winston
Das Richtige für Partyfreaks, gleich beim Rotlichtviertel gelegen. Moderne Kunst schmückt Lobby, Flure und rund die Hälfte der 67 Zimmer. Die anderen sind einfach gehalten, und die billigsten haben zwar eine eigene Dusche, aber Toilette am Gang. Die gut besuchte Winston Kingdom Bar ist lange geöffnet, an den meisten Abenden gibt es Livemusik.
203 E1
✉ Warmoesstraat 123–9, 1012 JA
☎ 020 623 1380; Fax 020 639 2308

Essen und Trinken

Die Restaurantszene in Amsterdam hat in den letzten Jahren erheblich gewonnen. Früher hatte man nur die Wahl zwischen teuren französischen Lokalen, etwas erschwinglicheren ethnischen Restaurants und Cafés mit holländischer Küche. Natürlich gibt es dies alles nach wie vor, doch ist die Auswahl innerhalb einzelner Preiskategorien jetzt sehr viel größer.

Ethnische Küche
Die multikulturelle Bevölkerung Amsterdams spiegelt sich in den Restaurants der Grachtenstadt: Es soll mehr als 40 verschiedene Küchen geben.

- Am weitesten verbreitet sind **indonesische und chinesische Restaurants**, es gibt aber auch surinamische Cafés (insbesondere im De-Pijp-Viertel), spanische Tapas-Bars, argentinische Steakhäuser und eine wachsende Zahl von Lokalen mit Thai- oder japanischer Küche.
- **Die indonesische Küche**, die im 17. Jahrhundert mit der niederländischen Ostindienkompanie nach Holland gelangte, wird von den Holländern als Teil ihrer eigenen Esskultur angesehen. Wählt man eine *rijsttafel*, biegt sich der Tisch bald unter einer großen Schüssel Reis und 15 bis 30 verschiedenen Speisen, von denen sich jeder nach Lust und Laune bedient. Aber Vorsicht: Einige Saucen, zum Beispiel *sambal*, sind so scharf, dass es einem die Tränen in die Augen treibt und man danach nichts anderes mehr schmeckt. Wenn Sie es nicht ganz so üppig wollen: Fast überall können Sie auch à la carte bestellen.

Holländische Küche
Zwar existiert ein Trend in Richtung »neue holländische Küche« mit leichteren Gerichten, doch gibt es nach wie vor viele wunderbar altmodische Restaurants, die in passender Atmosphäre solide niederländische Kost servieren. Das Urteil darüber schwankt je nach persönlichem Geschmack: Manche finden sie gut und sättigend, andere fade und schwer. Jedenfalls wird auf Quantität mindestens genauso viel Wert gelegt wie auf Qualität.

- Als **Vorspeisen-Spezialität** gilt *erwtensoep*, eine dicke Erbsensuppe mit Speck und Gemüseeinlage.
- **Klassischer Hauptgang** ist dann ein *hutspot* genannter Eintopf, Fleisch wird in aller Regel mit *stamppot* zusammen aufgetischt, einem deftigen, mit Gemüse und weiterem Fleisch vermengten Kartoffelbrei.

Kleine Gerichte

- Was Snacks angeht, ist die holländische Küche weniger umstritten. Heringsstände verkaufen frischen Matjes (➤ 32f) und für weniger verfeinerte Gaumen Pommes frites, die man hier zu Lande stets mit Mayonnaise isst. Die besten der Stadt (außen knusprig, innen zart) bekommt man bei **Vleminckx**, Voetboogstraat 33. Lecker sind auch belgische Waffeln und Pfannkuchen, wie sie zum Beispiel die **Pancake Bakery** (➤ 104) stets frisch anbietet.
- Wer sich etwas traut (oder am Verhungern ist), kann auch warme Fleisch- oder Käsehappen aus einem der Automaten ziehen, die die Firma **Febo** überall in der Stadt aufgestellt hat.
- **Als Mittagessen** geben sich die Holländer meist mit einem *broodje* (belegten Brot) zufrieden, entweder in einem Café oder aus einer Imbissstube. In Cafés bekommen Sie auch *bitterballen* (panierte Fleisch- oder Käsebällchen), *uitsmijter* (Eier, Schinken, Käse und Brot) sowie den meist sehr leckeren *appelgebak* (gedeckter Apfelkuchen), immer mit einem Schlag *slagroom* (Sahne) serviert. Im **Winkel** (Noordermarkt 43) gibt es ganz wunderbaren, mit viel Zimt und köstlichem Mürbeteig – möglicherweise der kulinarische Höhepunkt Ihres Amsterdamaufenthalts.

Getränke

- Das neben Bier (➤ 34) **typisch holländische Getränk** ist Jenever, ein Wacholderschnaps, den es *oud* (alt, also milder und etwas getönt) oder *jong* (jung und damit scharf und klar) gibt. Jenever (oder Genever) schmeckt kräftiger als Gin, enthält aber weniger Alkohol. Er wird pur getrunken, manchmal mit Zitrone, und in bis zum Rand gefüllten Tulpengläsern serviert. Man lässt das Glas auf der Theke stehen und beugt sich zum ersten Schluck hinab. Hartgesottene bestellen einen *kopstoot* (Schlag auf den Schädel): ein Bier mit Jenever.
- **Probierstuben** (➤ 27) bieten zudem viele fruchtige Liköre mit teils phantasievollen Namen.
- Was Kaffee angeht, sind die Holländer recht eigen. **Er wird immer schwarz serviert**, meist mit einem Keks, manchmal mit einem Tütchen Milchpulver. Wenn Sie Milchkaffee möchten, müssen Sie *koffie verkeerd* (wörtlich: verkehrten Kaffee) bestellen.

Praktisches

- Die meisten Restaurants haben nur abends geöffnet. In Holland wird meist **zwischen 19 und 20 Uhr** gegessen, manche Lokale servieren nach 22 Uhr keine warmen Mahlzeiten mehr.
- **Cafés** machen im Regelfall irgendwann am Vormittag auf (auf Drinks spezialisierte oft erst am Spätnachmittag) und schließen So bis Do um 1 Uhr früh, Fr und Sa um 2 Uhr. Ab 22 oder 23 Uhr ist die Küche geschlossen.
- Häufig ist die **Speisekarte** mehrsprachig. Falls nicht, spricht fast immer jemand im Lokal Deutsch.
- In besseren Restaurants muss man, vor allem am Wochenende, **einen Tisch reservieren.**
- **Vornehme Kleidung** ist nur in den Gourmetrestaurants in den Nobelhotels nötig.
- Die Bedienung ist normalerweise freundlich, aber vergesslich und überfordert. **15 Prozent Trinkgeld** sind automatisch im Rechungsbetrag enthalten, aber es ist üblich, die Summe aufzurunden.

Einkaufen

Was Geschäfte angeht, bietet Amsterdam vielleicht nicht dieselbe Auswahl wie Paris, London oder New York, aber es gibt Dutzende ausgezeichneter kleiner Läden, die sich auf das eine oder andere spezialisiert haben – seien es Brillen, Zahnbürsten oder Olivenöl. Und dann natürlich die Märkte! Und alles ohne große, anonyme Einkaufszentren – die sucht man hier vergebens.

Die besten Einkaufsadressen

- Im Stadtzentrum findet man entlang der **Kalverstraat** (➤ 75) dicht an dicht jede Menge Geschäfte und Kaufhäuser, die gute Qualität zu moderaten Preisen bieten.
- Die **9 Straatjes** (➤ 105) am westlichen Grachtenring sind gesäumt mit kleinen, aber oft feinen Läden. Ähnliches gibt es in den nahe gelegenen Straßen des Jordaan.
- Im **Spiegelkwartier** (➤ 158f) warten mehr als 70 Kunstgalerien und Antiquitätengeschäfte auf finanzkräftige Kundschaft.
- Wer die bekannten Namen der internationalen Modebranche sucht, ist in der **PC Hooftstraat** (➤ 133) im Museumsviertel richtig.

Die besten Märkte

- **Noordermarkt** (➤ 106): an einem Tag Flohmarkt, am nächsten Lebensmittelmarkt.
- **Waterlooplein** (➤ 77): Flohmarkt.
- **Albert Cuyp Markt** (➤ 159): allgemeiner Straßenmarkt.
- **Bloemenmarkt** (➤ 159): Blumenmarkt.

Einkaufstipps

- Kunst und Antiquitäten: Im **Spiegelkwartier** (➤ 158f), **De-Looier**-Antiquitätenzentrum (➤ 107) und entlang der **Prinsengracht** (➤ 106) bekommen Sie praktisch alles: von Delfter Kacheln über alte Stadtansichten, Spielwaren und Uhren bis hin zu rostigem OP-Besteck.
- Blumenzwiebeln: Tulpen, Narzissen und Hyazinthen in Hülle und Fülle – natürlich am **Blumenmarkt** (➤ 159).
- Schokolade und Pralinés: Am besten in Geschäften mit eigener Herstellung wie **Pompadour** (➤ 105) und Holtkamp (➤ 159) kaufen.
- Käse: *jonge* (jungen) und *oude* (alten), aus der Molkerei oder vom Bauernhof, letzterer nicht pasteurisiert und als *boerenkaas* bezeichnet. In speziellen Käsegeschäften wie **De Kaaskammer** (➤ 105) können Sie probieren und Ihren Kauf vakuumverpacken lassen.
- Delfter Kacheln: Die meisten im Handel befindlichen sind billige Fabrikware; echte, handbemalte von De Porceleyne Fles werden in Geschäften wie **Rinascimento Galleria D'Arte** (➤ 106) und **Focke & Meltzer** (➤ 133) angeboten.
- Diamanten: Seit Jahrhunderten werden in der Grachtenstadt Diamanten geschliffen. Große Diamantenschleifereien wie **Coster Diamonds** (➤ 128) bieten kostenlose Führungen, um Interessenten in ihre Verkaufsräume zu locken.

Smart Shops

- Die liberale Drogenpolitik Amsterdams zeigt sich nicht nur in den Coffee Shops (➤ 29), sondern auch den vielen so genannten Smart Shops, die Smart Drugs anbieten. Ganz offen verkaufen sie frische halluzinogene *magic mushrooms* (manche bieten auch die getrocknete Version an, obwohl deren Handel kürzlich verboten wurde).

- Seriösere Läden informieren über Wirkung und Stärke der verschiedenen »Zauberpilz«-Arten. Ebenfalls erhältlich sind Sets, mit denen man Ecstasy und Kokain auf Verunreinigungen untersuchen kann, sowie weniger umstrittene Produkte wie Highenergy-Drinks und Kräuter mit (angeblich) aphrodisierender Wirkung.

Öffnungszeiten

- Die Ladenöffnungszeiten werden zwar **langsam liberalisiert**, sind im Vergleich zu anderen Großstädten aber immer noch recht beschränkt. In den großen Einkaufsstraßen im Stadtzentrum sind die Geschäfte gewöhnlich wie folgt geöffnet: Mo 11–18 Uhr, Di, Mi und Fr 9–18 Uhr, Do 9–21 Uhr, Sa 9–17 Uhr und So 12–17 Uhr. Einzelhandelsgeschäfte bleiben sonntags gewöhnlich geschlossen und machen montags manchmal erst um 14 Uhr (oder auch gar nicht) auf.

Steuer

- Die gesetzliche Mehrwertsteuer (derzeit 17,5 Prozent bei den meisten Waren) ist **in der Preisauszeichnung enthalten**. Nicht-EU-Bürger erhalten sie – ab einem Kaufbetrag von ca. 135 € – in »Tax-free«-Geschäften (weisen sich mit einer Plakette als solche aus) abzüglich einer Kommissionsgebühr beim Zoll an der EU-Außengrenze erstattet.

Einkaufen am Flughafen

- Wenn Sie lediglich typisch holländische Souvenirs suchen, können Sie sich mit dem Einkaufen bis kurz vor Ihrem Rückflug Zeit lassen. In den **Läden hinter der Passkontrolle** am Flughafen Schiphol bekommen Sie: Schokolade, Gouda und Edamer, Räucherhering und Räucheraal, aber auch Blumenzwiebeln, Holzclogs, Jenever und Diamanten. Bei Flügen innerhalb der EU gibt es keinen zollfreien Verkauf mehr!

Ausgehen

Die einfachsten Freuden sind bekanntlich oft die schönsten: ein Spaziergang an den Grachten und ein Bier, vielleicht auch zwei, in einem der vielen stimmungsvollen Cafés – besser kann man Amsterdam am Abend nicht genießen.

- Am meisten los ist in Amsterdam bei Nacht (je nach Geschmack zum Hingehen oder Einen-großen-Bogen-drum-Schlagen): **Rotlichtviertel** (► 63ff), **Spuikwartier** (► 76), **Leidseplein** (► 107) und **Rembrandtplein** (► 160). Cafés haben lange geöffnet, Fr und Sa werden bis 1 oder 2 Uhr früh Bestellungen angenommen.

Informationsquellen

- Obwohl Amsterdam praktisch eine mehrsprachige Stadt ist, existiert überraschend wenig Informationsmaterial auf Deutsch oder Englisch. Wichtig ist das Veranstaltungsmagazin *Day by Day What's On in Amsterdam.*
- Mehr und detailliertere Informationen bietet das ebenfalls monatlich veröffentlichte *Uitkrant*, aber nur in holländischer Sprache.

Kartenvorverkauf

- Beim VVV können Sie Karten für die meisten Veranstaltungen bestellen, empfehlenswerter ist jedoch ein Gang zum **AUB Ticketshop** am Leidseplein, Ecke Marxinstraat (geöffnet täglich 10–18 Uhr, Di bis 21 Uhr; Tel. 020 621

1211). Hier gibt es Karten für praktisch jedes kulturelle Ereignis, die Mitarbeiter sind kompetent und hilfsbereit, und Sie zahlen nur eine geringe Bearbeitungsgebühr.

- Über den **AUB** können Sie auch **telefonisch Karten reservieren:** täglich 9–21 Uhr (Tel. 0031 20 621 1288 aus dem Ausland, 0900 0191 innerhalb der Niederlande). Die Internetadresse lautet: www.aub.nl

Nachtclubs

- Die meisten Clubs haben Di bis So geöffnet, richtig los geht der Betrieb **ab Mitternacht**.
- Der **Eintritt ist gewöhnlich günstig** (4,5–9 €) – so man einmal am (was Kleidung angeht, oft sehr strikten) Türsteher vorbei ist.
- In manchen Clubs darf Gras geraucht werden, der **Verkauf von Drogen ist jedoch untersagt**.
- **Kritiken** über viele Clubs gibt es unter www.amsterdamhotspots.nl

Schwulenszene

Die Homosexuellenszene im ultratoleranten Amsterdam ist erwartungsgemäß eine der größten in Europa.

- Viele Schwulenbars und -clubs liegen rund um den Rembrandtplein, vor allem an der **Reguliersdwarsstraat** (► 160) und der **Warmoesstraat** (► 78).
- In zahlreichen Bars und Clubs liegen **kostenlose Infobroschüren** über Schwulen- und Lesbenveranstaltungen aus.
- Unter www.amsterdamhotspots.nl finden Sie **Kritiken der bekanntesten Schwulenbars und -clubs**.

Kino

- In Amsterdam gibt es eine ganze Reihe von Programmkinos, etwa das **Tuschinski Theater** (► 160).
- Die meisten Filme werden in **Originalsprache mit holländischen Untertiteln** gezeigt. Fragen Sie aber sicherheitshalber vorher nach.

Livemusik

- Hochburg der Musikkultur sind **Muziektheater** (► 78) und **Concertgebouw** (► 130).
- In vielen Kirchen finden regelmäßig Konzerte mit klassischer Musik, barocker Kammermusik sowie Orgelkonzerte statt. Die größte Auswahl hat die Engelskerk im **Begijnhof** (► 54f). Erwähnenswert sind auch: **Oude Kerk** (► 64; Glockenspielkonzerte gewöhnlich Sa um 16 Uhr); **Nieuwe Kerk** (► 61); **Westerkerk** (► 92f; Glockenspielkonzerte Dienstagmittag); **Amstelkerk** (► 182) und **Waalse Kerk** (Walenpleintje 157). Nähere Informationen finden Sie in den Veranstaltungsmagazinen.
- Die **Amsterdam ArenA**, das futuristische Fußballstadion von Ajax Amsterdam am Südostrand der Stadt, ist häufig Schauplatz von Rockkonzerten.
- Familiärer geht es im **Melkweg** und **Paradiso** (► 108) zu, wo junge Künstler, aber auch Megastars wie die Rolling Stones auftreten, die normalerweise nie vor so relativ kleinem Publikum spielen würden.

Unterhaltung im Sommer

- Die meisten Kulturveranstaltungen finden im Rahmen des so genannten Amsterdam Arts Adventure im Sommer statt. Die bekanntesten sind das **Holland Festival** (www.holland-festival.nl) im Juni, mit Musik, Theater und Tanz, und das **Grachtenfestival** (www.grachtenfestival.nl) im August.
- **Ende August** werben Dutzende von Firmen für ihre nächsten Shows, indem sie beim **Uitmarkt** (www.uitmarkt.nl) Kostproben ihrer Kunst geben.
- Siehe auch ► 120 zum **Open-Air-Theater im Vondelpark.**

Mittelalterliche Stadt

Erste Orientierung

Das alte Herz von Amsterdam wirkt wie zwei verschiedene Städte. Die augenfälligere umfasst jene lauten und aufdringlichen Touristenfallen, die man in jeder europäischen Metropole findet, hier noch verstärkt durch die hemmungslose Genusssucht des Rotlichtviertels. Doch gleich daneben liegen Oasen der Ruhe und Einsamkeit sowie einige wunderbare Orte zum Essen und Trinken und Einkaufen, die scheinbar nur die Einheimischen kennen.

Oben: Im Begijnhof

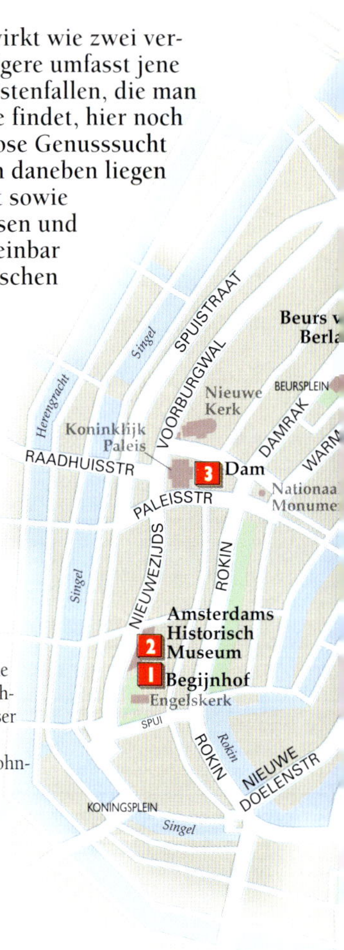

Der Dam zählt zwar gewiss nicht zu den schönsten Plätzen Europas, ist aber gut als Ausgangspunkt zur Erkundung der Umgebung geeignet. In seiner Nähe liegen sämtliche Sehenswürdigkeiten der mittelalterlichen Stadt, darunter die großen Einkaufsstraßen und das Amsterdams Historisch Museum, eine besucherfreundliche Einführung in die Geschichte dieser außergewöhnlichen Stadt. Fast direkt daneben hat der Begijnhof, ein Wohnheim für alleinstehende Damen und Studentinnen, seine hehren Prinzipien bewahrt. Selbst mitten im Rotlichtviertel (Rosse Buurt) gibt es wunderschöne geschichtsträchtige Bauwerke.

Vorhergehende Seite: *Der Dam* (Gemälde von Lingelbach)

★ Nicht verpassen!

- **1** **Begijnhof ➤ 54**
- **2** **Amsterdams Historisch Museum ➤ 56**
- **3** **Dam ➤ 60**
- **6** **Rotlichtviertel ➤ 63**

Nach Lust und Laune!

- **4** Rembrandthuis ➤ 66
- **5** Zuiderkerk ➤ 67
- **7** Beurs van Berlage ➤ 67
- **8** Centraal Station ➤ 68
- **9** Scheepvaarthuis ➤ 69
- **10** NEMO ➤ 69

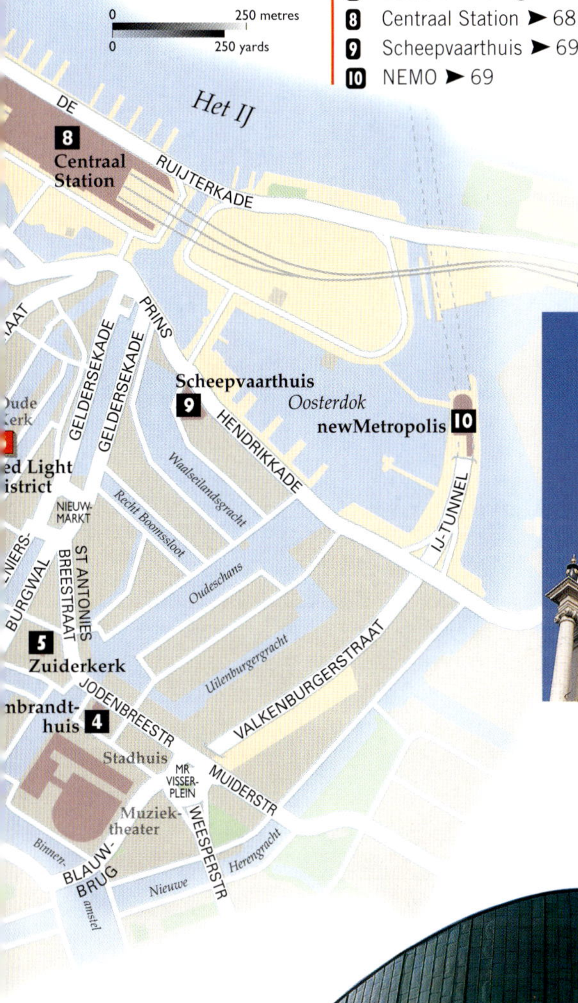

Unten: Zuiderkerk

Rechts: NEMO

Jeder Amsterdambesuch sollte dort beginnen, wo auch die Stadt ihren Anfang nahm – unter dem faszinierenden Glanz und Glamour schlägt noch immer das historische Herz der Stadt.

Mittelalterliche Stadt an einem Tag

10 Uhr

Der früheste Zeitpunkt, zu dem Sie den **Begijnhof** (rechts, ➤ 54f) besichtigen können. Kommen Sie pünktlich und dem größten Touristenansturm zuvor, und gönnen Sie sich dann einen Kaffee im prächtigen Café Luxembourg (➤ 70) am Spui, dem gleich südlich gelegenen Platz.

11.30 Uhr

Ein paar Gehminuten nördlich liegt das **Amsterdams Historisch Museum** (➤ 56ff), der richtige Platz, um sich über die Geschichte der Grachtenstadt aufklären zu lassen.

13 Uhr

Spazieren Sie ostwärts, um das Mittagessen mit Leute beobachten (im In de Waag ➤ 72, am Nieuwmarkt) oder mit einem Einkaufsbummel (im La Place ➤ 72, der Cafeteria von Vroom en Dreesman) zu verbinden.

15 Uhr

Die meisten Straßen im mittelalterlichen Herzen der Stadt führen zum **Dam** (links, ➤ 60f), wo Sie, falls eine Führung stattfindet, den Königlichen Palast (Koninklijk Paleis) besichtigen oder durch die hübschen Geschäfte abseits der großen Kaufhäuser bummeln können.

16 Uhr

Ein Spaziergang durch das Univiertel bringt Sie, vorbei am Sitz der Ostindischen Handelskompanie, zum Waterlooplein. Hier können Sie am Flohmarkt noch letzte Schnäppchen machen, im Rathaus den Besorgnjs erregenden Wasserstand inspizieren, das **Rembrandthuis** (➤ 66) besichtigen oder im »schiefen« Café De Sluyswacht (➤ 72) eine Kaffeepause einlegen.

17.30 Uhr

In Richtung Hauptbahnhof liegen einige der ältesten Teile der Stadt, etwa Oudezijs Voorburgwal. Genießen Sie die Atmosphäre, wenn die Geschäftigkeit des Tages im **Rotlichtviertel** (rechts, ➤ 63ff) allmählich den nächtlichen Aktivitäten weicht.

19 Uhr

Trinken Sie in einer Probierstube wie De Drie Fleschjes (➤ 71) oder Wynand Fockink (➤ 72) einen Jenever (holländischen Gin).

20 Uhr

Gönnen Sie sich ein exzellentes chinesisches oder thailändisches Essen zum günstigen Preis am Zeedijk (➤ 64), oder lassen Sie sich – schließlich sind Sie in einer alten Hafenstadt! – bei Lucius (➤ 74) mit Meeresspezialitäten verwöhnen. Wem der Sinn nach Außergewöhnlichem steht, geht in den Supper Club (➤ 74).

22 Uhr

Beschließen Sie den Tag dort, wo Sie ihn begonnen haben, beim Begijnhof. Im Café Gollem (➤ 70) fängt der Abend jetzt gerade erst an. Alternativ dazu können Sie zum Spui hinüberbummeln und dem legendären Hoppe (➤ 71) dazu verhelfen, weiterhin mehr Bier pro Lokalfläche auszuschenken als jedes andere Bruin Café in den Niederlanden.

Begijnhof

Im Begijnhof steht ein Schild mit der Aufschrift »Friede sei auf Erden«. Tatsächlich herrscht in diesem ansprechenden begrünten Hof, buchstäblich im Zentrum einer der pulsierendsten Städte Europas, die meiste Zeit eine wunderbar friedvolle Atmosphäre – umso bemerkenswerter, weil das weniger beschauliche Rotlichtviertel gleich um die Ecke liegt.

Lambert le Bégue begründete 1180 den Orden der Beginen für Frauen aus reichen katholischen Familien, die ihren Ehemann verloren oder nie einen gefunden hatten. Der Begijnhof war eine freiere Alternative zum Eintritt in ein Kloster: Beginen lebten in komfortabel ausgestatteten Räumlichkeiten und kümmerten sich um die Armen und Alten – eine wohltätige, religiöse Aufgabe, die jedoch kein Gelübde erforderte.

Der Begijnhof selbst wurde Mitte des 14. Jahrhunderts gegründet, doch die ursprünglichen Bauten stehen nicht mehr. Haus Nummer 34, das **Houten Huys** (Holzhaus), datiert aus dem Jahr 1475 und ist damit das älteste erhaltene Haus der Stadt. Die meisten anderen wurden im 16., 17. oder 18. Jahrhundert errichtet, einige sind sogar noch jünger. Die letzte Begine starb 1971, doch in den Häusern finden auch heute noch unverheiratete Frauen Unterkunft. Die schmucken Bauten mit den kunstvollen Giebeln gruppieren sich um gepflegte Rasenflächen.

Den südlichen Teil des Begijnhofs nimmt die Ende des 15. Jahrhunderts errichtete **Engelskerk** ein, rund 100

Unten: Houten Huys, das älteste Gebäude des Begijnhofs

Verhaltensregeln

Die Bewohner des Begijnhofs tolerieren den Tourismus, erwarten, um ihre Privatsphäre zu wahren, jedoch eine gewisse, eigentlich selbstverständliche Rücksichtnahme. So ist Fotografieren zwar erlaubt; machen Sie aber bitte keine Innenaufnahmen. Und sprechen Sie nicht zu laut.

Auch heute wohnen hier weder Männer noch verheiratete Frauen

Jahre lang Gebetsstätte der Laienschwestern. Nach der »Alteratie« (► 58) wurde sie geschlossen und erst 1607 wieder eröffnet, diesmal von englischen Presbyterianern. Heute gehört das Gotteshaus zur Church of Scotland. Die Kanzel gestaltete der junge Piet Mondriaan (1872–1944). Neben dem sonntäglichen Gottesdienst (um 10.30 Uhr) wird die Kirche vorwiegend für Konzerte genutzt.

Die **Begijnhofkapel**, die 1671 errichtete katholische Kirche, liegt nur wenige Schritte von der Engelskerk entfernt, ist aber recht unauffällig. Die Katholiken, die nicht konvertierten, wurden von den Stadtvätern zwar geduldet, durften ihrem Glauben aber nur an einem Ort nachgehen, der von der Straße aus nicht als solcher kenntlich war. So verbergen schlichte Türen den opulenten Innenraum. Beachten Sie das Buntglasfenster, das dem holländischen Nationaldichter Joost van den Vondel geweiht ist.

Begijnhof
203 D4
Begijnhof
zur Besichtigung geöffnet 10–17 Uhr, keine Gruppen; Begijnhofkapel Sa, So 9–18 Uhr, Mo 13–18.30 Uhr, Di–Fr 9–18.30 Uhr
Café in Haus Nummer 35 neben dem Houten Huys (€€)
1, 2, 5
frei

BEGIJNHOF: INSIDER-INFO

Top-Tipps: Beide Eingänge sind nicht leicht zu finden. Der Hauptzugang liegt in der **Gedempte Begijnen Sloot**, erreichbar von der Kalverstraat über eine Begijnensteeg genannte Gasse. Ein Seiteneingang ist vom Spui-Platz aus zugänglich, unter einem Bogen hindurch, der wie ein gewöhnliches Portal aussieht.
- Um die Mittagszeit ist der Begijnhof oft von Touristen überlaufen. Legen Sie Ihren Besuch deshalb in die **erste oder letzte Stunde der Öffnungszeit**.

Geheimtipp: Hinter der Ecke des Cafés/Informationszentrums in Haus Nummer 35 sind acht historische Giebelsteine von abgerissenen Häusern zu bewundern, die sämtlich biblische Motive zeigen.

Amsterdams Historisch Museum

Amsterdam ist eine in vielerlei Hinsicht außergewöhnliche Stadt, deren aufregende Geschichte dieses kürzlich komplett renovierte Museum beispielhaft dokumentiert. Intrigante Machenschaften, die der Stadt zu ihrer Macht verhalfen, werden in einem Umfeld dargestellt, das ebenso bunt zusammengewürfelt ist wie Amsterdam selbst. Nach dem Besuch werden Sie die Grachtenstadt besser verstehen und noch mehr genießen.

Allerdings müssen Sie das Amsterdams Historisch Museum dazu erst einmal finden. Es nimmt einen beträchtlichen Teil des mittelalterlichen Stadtkerns ein, versteckt sich aber zwischen den schmalen Gassen. Am besten zugänglich ist der Eingang am Nieuwezijds Voorburgwal 359, wo Sie Ihren Rundgang beginnen können.

Die Lage und die merkwürdige Anordnung der Räumlichkeiten hängt mit dem ursprünglichen Verwendungszweck des Gebäudes zusammen, das 1414 als Kloster erbaut und nach der »Alteratie« – dem Wechsel zum Protestantismus – in ein Waisenhaus verwandelt wurde. Jungen- und Mädchenunterkünfte waren durch einen tiefen Graben getrennt, der entlang des Gehwegs verlief, der heute das Museum schneidet.

Oben: Marktszene aus dem 17. Jahrhundert

Apothekersymbol aus dem 19. Jahrhundert

Einer der schwer auffindbaren Eingänge zum Museum

Rechts: Kunst und Kommerz gehen im stadtgeschichtlichen Museum Hand in Hand

Die junge Stadt

Der Rundgang folgt chronologisch der Stadtgeschichte – angefangen bei den ersten Siedlungen auf Lehmhügeln, die im Laufe der Zeit zusammenwuchsen.

Der erste Damm an der Amstel wurde 1270 gebaut und markiert einen Wendepunkt in der Geschichte der jungen Stadt: Eine unmittelbare Folge war, dass Handelsschiffe nicht mehr einfach vorbeisegeln konnten, sondern gezwungen waren, ihre Fracht hier zu löschen. Da die Güter ja weitertransportiert werden mussten, entstanden in Amsterdam neue Arbeitsplätze, und das einstige Fischerdorf wurde zu einem bedeutenden Warenumschlagplatz und Handelszentrum.

Die folgenden Jahrhunderte standen im Zeichen von Pragmatismus und Neuerungen. Der erste bekannte »Stadtplan« ist in **Saal 4** zu sehen: Cornelius Anthonisz' Ansicht aus der Vogelperspektive (1538). Hier hängt auch ein Werk von 1593, das eine Lotterie zu Gunsten eines Irrenhauses zeigt.

Die mächtige Stadt

Zusätzlich vorangetrieben durch Fortschritte auf dem Gebiet der Seefahrt, erlebte Amsterdam im 14. und 15. Jahrhundert einen raschen wirtschaftlichen Aufschwung. **Saal 5** illustriert die Anfänge des Asienhandels, der ab 1595 große Bedeutung gewann, und den 1602 erfolgten Zusammenschluss konkurrierender Unternehmen zur mächtigsten Handelsgesellschaft der Welt, der Verenigde Oost-Indische Compagnie (VOC, ➤ 16f). Im Laufe der nächsten zwei Jahrhunderte verließen knapp eine Million Menschen Holland, und nur jeder Dritte kehrte zurück. Dabei erwiesen sich die Expeditionen gen Osten als erfolgreicher denn solche in Richtung Westen: Auf dem nordamerikanischen Kontinent wurde Neu Amsterdam gegründet, das heutige New York, jedoch schon bald wieder verloren: getauscht gegen Surinam, einen kleinen sumpfigen Landstreifen in Südamerika, um den Holländern wenigstens das Gesicht zu wahren.

Oben: Im 17. Jahrhundert waren die Holländer die unumstrittenen Herren der Weltmeere

Die religiösen Unruhen, die Europa im 16. Jahrhundert erschütterten, wusste Amsterdam zu seinem Vorteil zu nutzen. Fähige und geschäftstüchtige Juden und Protestanten, die aus anderen Ländern vertrieben wurden, hieß die Stadt (mit Vorbehalt) willkommen. Natürlich war auch Amsterdam nicht gegen innere Unruhen gefeit, und der Frontenwechsel der Stadt vom katholischen Spanien Philipps II. zu den protestantischen Niederlanden – die so genannte Alteratie – fand 1578 unter großem Blutvergießen statt. **Saal 10** vermittelt einen Eindruck von den Kämpfen, birgt aber auch eine Nachbildung des Glockenspiels des Münzturms.

Unten: Amsterdam verdankt sein Stadtbild dem Seehandel

Die moderne Stadt

Die wirtschaftliche und künstlerische Hochblüte der Stadt hielt nicht an. Im 19. Jahrhundert ging es merkbar abwärts, doch fand die Grachtenstadt für jedes neu auftauchende Problem auch eine innovative Lösung. Eine der witzigsten im Museum gezeigten ist J. C. Sincks Seilwinde zur Bergung von in eine Gracht gestürzten Pferden. Die Konstruktion bestand aus einem Wagen

mit aufmontiertem Kran, an dem ein Geschirr hing, in dem das unglückliche Tier hochgehievt wurde. Eine Bergungsaktion kostete 40 Gulden – ein geringer Preis für die Rettung eines wertvollen Rosses.

Besonders interessant ist die Abteilung 20. Jahrhundert mit den Schwerpunkten Einwanderung, soziale Strukturen und, natürlich, Zweiter Weltkrieg. Im »Hungerwinter« 1944/45 starben in Amsterdam mehr als 2000 Menschen.

Als der Seehandel in den Siebziger- und Achtzigerjahren zurückging, erlebte auch die Stadt einen Niedergang: 40 000 Leute zogen jedes Jahr aus Amsterdam fort. Der Umbruch seit den Sechzigerjahren wird mit leisem Humor präsentiert: Zwischen den düsteren Grafiken zum Bevölkerungswachstum zeigt ein Diagramm die Zunahme der Coffee Shops zwischen 1980 und 1999. Am Ende des Rundgangs ist man auf dem neuesten Wissensstand: Nicht einmal einer von drei Einwohnern der Stadt ist hier geboren, die Fluktuationsrate hoch. Abschließend führt eine aktuelle Anzeige der Starts und Landungen auf dem Flughafen Schiphol die Rolle Amsterdams als Verkehrsknotenpunkt des 21. Jahrhunderts eindrucksvoll vor Augen.

Das prächtige Wappen (18. Jahrhundert) einer Kaufmannsfamilie, die ihr Vermögen auf See machte

KLEINE PAUSE

Abgesehen vom museumseigenen Café, laden viele nahe gelegene, etwa das schicke **Esprit Caffé** am Spui, zum Ausruhen ein.

Amsterdams Historisch Museum

203 D4

Nieuwezijds Voorburgwal 357, Kalverstraat 92 und Sint Luciensteeg 27

020 523 1822; www.ahm.nl

Mo–Fr 10–17 Uhr, Sa, So und Feiertage 11–17 Uhr; geschl. 1. Jan., 30. April, 25. Dez.

David en Goliath Café-Restaurant, Erdgeschoss (€€)

1, 2, 4, 5, 9, 11, 14, 16, 29, 24, 25

mittel; Museumspass gültig

AMSTERDAMS HISTORISCH MUSEUM: INSIDER-INFO

Top-Tipps: Nehmen Sie am Eingang einen **kostenlosen Plan** mit – trotz der recht guten Ausschilderung verläuft man sich nämlich leicht.

- Im **Museumsshop** gibt es viele hübsche Geschenke – warum nicht hier Ihre Mitbringsel kaufen?

Dam

Fast jeder Amsterdambesucher kommt einmal am Dam vorbei, jenem Platz, dem die Stadt ihren Namen verdankt. An dieser Stelle wurde im 13. Jahrhundert der erste Amstel-Damm erbaut (seither hat sich das Flussbett nach Osten verlagert). Der Platz wird eingerahmt vom Königlichen Palast und dem Nationaal Monument. Auf den ersten Blick enttäuschen die uncharmante Architektur und die vielen Trambahnoberleitungen, die den ganzen Platz überspannen. Aber wenn Sie sich auf Einzelheiten konzentrieren, gewinnt der Dam an Atmosphäre.

Die Friedensstatue auf dem Palastdach wacht über den Dam

Koninklijk Paleis

Die holländische Monarchie unterscheidet sich von den meisten Königshäusern – sie wurde mit allgemeiner Zustimmung vor nicht einmal zwei Jahrhunderten begründet. Auch der Königliche Palast entspricht ganz und gar nicht der Norm. Seine Massivität und die Lage am Amsterdamer Hauptplatz ließen eher auf ein Rathaus schließen, und tatsächlich wurde er ursprünglich als solches erbaut. Keine zwei Meter von seiner Südfassade entfernt, rattern die Straßenbahnen vorbei, und von ihrer »Haustür« aus hat Ihre Majestät einen hervorragenden Blick auf viele der malerischen Exzesse Amsterdams – etwa Marihuana rauchende Leute am Fuße des Nationalmonuments.

Der Palast wurde Mitte des 17. Jahrhunderts errichtet, als Amsterdam die größte Handelsmetropole der Welt war, und der Dichter Constantijn Huygens (1596–1687) pries ihn als »achtes Weltwunder«. Nach der Eroberung der Niederlande residierte Louis Napoleon anfangs in Utrecht, verlegte seinen Hof jedoch bald nach Amsterdam. Und da das einzige Gebäude dort, das seinen Platzansprüchen genügte, die Stadtverwaltung beherbergte, wurde diese eben umquartiert. Im Giebelfeld des Gebäudes befindet sich eine Allegorie von Krieg und Frieden: Statuen mit einer Waffe bzw. einem Ölzweig sowie ein vergoldetes Segelschiff, das über der Kuppel als Wetterfahne dient.

Das umstrittene Nationaldenkmal bringt noch mehr Unruhe in den architektonischen Stilmix des Platzes

Es lohnt sich, den Palast zu umrunden, schon um seine schiere Größe zu ermessen, aber auch der Atlasstatue auf der Rückseite wegen, die eine gigantische kupferne Weltkugel trägt. Sogar die vier Laternenpfähle vor der Fassade sind sehenswert: Jeder wird von einem Löwen bewacht und von einer Krone geschmückt.

Der Palast steht nur unregelmäßig zur Besichtigung offen. Im Winter oder wenn Würdenträger in der Stadt weilen, manchmal aber auch ohne ersichtlichen Grund ist kein Eintritt möglich. Nach Ansicht vieler Besucher versäumt man aber nicht viel. Die Führung beschränkt sich auf wenige Räume im Hauptgeschoss, am sehenswertesten ist der prunkvolle Bürgersaal mit schönen Einlegearbeiten im Marmorfußboden, die Karten der östlichen und westlichen Welt zeigen, und herrlichen Skulpturen, die, anders als die von Louis Napoleon ergänzten Kristalllüster, Originale sind.

Nationaal Monument

Das Nationaldenkmal erinnert an die Leiden unter der deutschen Besatzung im Zweiten Weltkrieg, eine traumatische Zeit für die Stadt wie überhaupt die gesamten Niederlande. Das von John Rödecker entworfene Mahnmal wurde unter großer öffentlicher Anteilnahme am 4. Mai 1956 enthüllt, 16 Jahre nach dem Einmarsch der deutschen Truppen. Kritiker meinen, das Ganze sei nichts anderes als ein überdimensionierter Verkehrspoller, wie sie in Amsterdam an jeder Straße stehen, und wenn man ehrlich ist, muss man ihnen Recht geben. Aus der Nähe betrachtet, erkennt man den Skulpturenschmuck, Symbole von Mutterschaft und Unterdrückung, während auf der Rückseite ein Taubenschwarm herabflattert. In den Obelisken sind zwölf Urnen eingemauert, die Erde aus den elf holländischen Provinzen und der größten Kolonie, Indonesien, enthalten.

Nieuwe Kerk

Die Nieuwe Kerk ist die Krönungskirche der holländischen Monarchen und trotz ihres Namens (»Neue« Kirche) eines der ältesten Gotteshäuser der Stadt. Besonders zauberhaft wirkt sie an einem sonnigen Morgen, wenn die Figuren auf der Sonnenuhr über dem Fenster der Südfassade wie eine goldene Halskette schimmern. Bis

Das kunstvolle Grabmal des Admirals Michiel de Ruyter (17. Jahrhundert)

Ende des 19. Jahrhunderts wurden alle Uhren der Stadt nach dieser Sonnenuhr gestellt.

Die erste »Neue Kirche« wurde 1408 gegründet, jedoch zweimal durch Brände völlig zerstört. Der heutige Entwurf datiert aus dem frühen 16. Jahrhundert. 1578 übernahm die Niederländisch-Reformierte Kirche das Gotteshaus und entfernte alle Statuen, Altäre und Gemälde. Bei Dachreparaturen fing das Gebäude 1645 durch geschmolzenes Blei Feuer und brannte bis auf das Mauerwerk aus. Dies ermöglichte andererseits eine Neuaustattung der Kirche in aller Pracht des goldenen Zeitalters.

Rechts vom Eingang erinnert ein Denkmal an Joost van den Vondel (1587–1679), Nationaldichter und Zeitgenosse Rembrandts, der hier seine letzte Ruhestätte fand. Auch viele heldenhafte Seefahrer, die im 18. und 19. Jahrhundert praktisch als Hochadel gehandelt wurden, sind in dieser Kirche beigesetzt, namentlich Michiel de Ruyter (1606–1676), Admiral der niederländischen Flotte, der im Zweiten und Dritten Englisch-Holländischen Krieg gekämpft hatte. Im Zweiten segelte er die Themse fast bis London hinauf; im Dritten Krieg fiel er. Die Schlacht, in der er sein Leben verlor, ist auf seinem Grabmal dargestellt.

KLEINE PAUSE

Schaut man vom Dam nordwärts den Nieuwendijk entlang, reiht sich ein Fastfood-Restaurant an das nächste. Und leider sind auch die übrigen Lokale nicht gerade einladend. Besser, Sie bleiben am Dam, wo das **Nieuwe Kafe** bei der Nieuwe Kirk Gelegenheit zum Leute beobachten bietet. Wer Lust auf etwas Stimmungsvolleres hat, sollte das **Wynand Fockink** aufsuchen, eine Probierstube (➤ 72) am Pijlsteeg 31, einer Querstraße hinter dem Hotel Krasnapolsky.

Palast
203 D5
020 620 4060; www.konpaleisamsterdam.nl
12.30–17 Uhr, keine bestimmten Tage
alle Straßenbahnen zum und vom Hauptbahnhof
mittel

Nieuwe Kerk
203 D5
020 638 6909 (Tonbandansage); www.nieuwe-kerk.nl
täglich 10–17 Uhr außer bei Sonderveranstaltungen
frei; bei Veranstaltungen preiswert

KÖNIGLICHER PALAST: INSIDER-INFO

Top-Tipps: Wenn Sie großen Wert darauf legen, den Palast von innen zu sehen, erfragen Sie vor Ihrer Anreise beim **Tourismusverein**, wann er geöffnet ist. Die Öffnungstage sind auch vor dem Palast angeschlagen.

- Die **Audio-Tour** lohnt den geringen Mehraufwand.

Rotlichtviertel

Amsterdams Rosse Buurt (Rotlichtbezirk) macht einen sprachlos. Leicht bekleidet sitzen die Prostituierten in grellrosa Licht, und im Fenster eines Coffee Shops hängt ein Schild: »Werte Kunden, bitte drehen Sie Ihre Joints im Geschäft. Danke.« Jede Stadt hat ihr Rotlichtviertel, wo die normalen Regeln außer Kraft gesetzt sind; aber so wie in Amsterdam ist es nirgends.

Neon-Exzesse im Amsterdamer Rotlichtviertel

Manche Besucher sind von diesem Bezirk fasziniert und rechnen ihn zu den Hauptsehenswürdigkeiten der Stadt, weil er offen Einblick in eine Lebensweise gewährt, die andernorts nur im Verborgenen blüht. Andere Touristen fühlen sich unwohl und fast abgestoßen von dem irgendwie schäbigen Dreieck zwischen Warmoesstraat, Zeedijk und der Straße, die vom Dam weg ostwärts verläuft. Trotzdem wäre es eine Schande, das Viertel völlig zu meiden.

Natürlich trifft man im Rotlichtviertel jede Menge zwielichtiger Gestalten und Elend, aber die schrägen Häuser und aufrechten Kirchen machen auch die Geschichtsträchtigkeit sichtbar, und kein Besucher sollte sich die Atmosphäre dieses Straßengewirrs entgehen lassen, das das historische Herz der Grachtenstadt bildet. Und tagsüber ist die Gegend auch sicher.

Die **Warmoesstraat** und ihre Fortsetzung **Nes** sind die ältesten Straßen Amsterdams, das ja am Ostufer der Amstel entstand. Gleichzeitig wurde der **Zeedijk** (Meeresdeich) erbaut als Schutz gegen Stürme und Sturmfluten auf der Zuidersee. Zwischen diesen beiden begann sich das heutige Labyrinth von Gassen und Gässchen zu entwickeln. Seit den Anfängen Amsterdams als Hafenstadt fanden hier Seeleute Quartier, Alkohol und weibliche Gesellschaft. Doch damals wie heute stehen zwischen Bordellen und Bars auch eine Reihe interessanter Sakralbauten.

Der Rotlichtbezirk trägt seinen Namen zu Recht

Schon um 1300 befand sich am heutigen Standort der **Oude Kerk** (Alte Kirche) eine kleine Kapelle, geweiht dem hl. Nikolaus, der die Menschen vor den Gefahren des Meeres schützen soll. Der Baukern aus dem 15. Jahrhundert macht sie zum ältesten Gebäude Amsterdams. Die »Alte Kirche« hat die Wirren der Jahrhunderte überraschend gut überstanden, wenngleich neuere Einrichtungen wie die benachbarten Pissoirs ihr doch etwas von ihrer Würde nehmen. Der Innenraum wird häufig für sehr unterschiedliche Ausstellungen genutzt, doch die schönen Buntglasfenster sowie die Denkmäler haben ihren Zauber bewahrt. Unter einem von 2500 Grabsteinen ruht Rembrandts erste Frau Saskia.

Das **Amstelkring**-Museum bietet zwei Attraktionen für das Geld von einer. Die drei unteren Geschosse geben Einblick in die Lebensweise des 17. Jahrhunderts: Die Räume sind im Stil des damaligen Eigentümers Jan Hartman erhalten. In die oberen drei Etagen jedoch ist eine prächtige katholische Kirche mit reichem Statuen- und Silberschmuck gedrängt, die den Spitznamen »Unser lieber Herrgott auf dem Speicher« trägt. Nach der Alteratie, also nach dem Übergang zum Protestantismus, verwandelten mehrere wohlhabende Katholiken Teile ihrer Häuser in Kirchen, doch ist dies die einzige, die noch aus jener Zeit erhalten geblieben ist.

Oben: Das Amstelkring-Museum birgt zahlreiche sakrale Schätze

Rechts: In einem dieser Gebäude liegt etwas versteckt eine Kirche

Oude Kerk
203 F5
Oudekerksplein 23
020 625 8284; www.oudekerk.nl
Mo–Sa 11–17 Uhr (Dez.–Ende März 13–17 Uhr), So 13–17 Uhr
4, 9, 16, 24, 25 bis Damrak
preiswert; für Inhaber der Museumskarte frei

Amstelkring
204 A4 Oudezijds Voorburgwal 40
020 624 6604
Mo–Sa 10–17 Uhr, So 13–17 Uhr; geschl. 1. Jan., 30. April und bei Sonderveranstaltungen
4, 9, 16, 24, 25 bis Damrak
preiswert; für Inhaber der Museumskarte frei

ROTLICHTVIERTEL: INSIDER-INFO

Top-Tipps: Denken Sie daran, dass das Geschäft mit der Liebe zwielichtige Gestalten anlockt und weder Freier noch Prostituierte oder Zuhälter Fotoapparate schwenkende Touristen mögen.
• Parken Sie Ihr Fahrrad außerhalb des Bezirks; die Straßen sind zu schmal und überlaufen.

Nach Lust und Laune!

In dieser Küche speiste Rembrandt mit seiner Familie und seinen Schülern

4 Rembrandthuis

Das Wohnhaus des Meisters ist ein wahres Schatzkästlein, vom Erdgeschoss bis ganz nach oben – entsprechend der auch hier üblichen Reihenfolge beim Besichtigen. Man betritt es durch das Nachbarhaus und steigt von dort hinunter in die **Küche**, wo die ersten Kastenbetten des Personals zu sehen sind – im Grunde nichts anderes als ein Schrank mit einer Matratze drin.

Am repräsentativsten ist das Erdgeschoss mit der besonders prächtigen **Eingangshalle**. Als Kunsthändler wusste Rembrandt, welche Rolle der erste Eindruck spielt. Hier hängen eine Reihe von Werken anderer, weniger berühmter Zeitgenossen. Den **Vorraum** schmückt ein scheinbar aus Marmor gefertigter Kamin, der sich bei näherem Hinschauen freilich als Holzimitation erweist – die Marmorzeichnung ist täuschend echt aufgemalt. Hinter dem Vorraum befand sich früher die Druckpresse zur Vervielfältigung seiner Radierungen. Der **Salon** diente gleichzeitig als Rembrandts Schlafzimmer.

Über eine schmale Wendeltreppe gelangt man in das **Zwischengeschoss**, das eine außergewöhnliche Sammlung von Kunstwerken beherbergt. Anders als viele seiner Zeitgenossen interessierte sich Rembrandt sehr für Artefakte und Naturschätze aus aller Welt. Es gibt eine Hängematte aus Südamerika und chinesisches Porzellan, faszinierende Schmetterlinge und einen riesigen Schildkrötenpanzer.

Größter Raum im Haus ist das **Atelier** im ersten Stock, in dem Rembrandt und seine Schüler arbeiteten. Einige seiner Radierungen stehen zum Verkauf. Picasso, demzufolge »schlechte Maler kopieren, gute Maler stehlen«, wird nachgesagt, er habe sich von vielen Radierungen Rembrandts inspirieren lassen.

Schauen Sie vom **zweiten Stock** aus an der Rückseite des Hauses hinunter – und auf das angrenzende moderne Apartmenthaus. Und beachten Sie beim Verlassen des Hauses den hübschen Torbogen links (Richtung Westen) mit neuen Reliefs.

204 A3
Jodenbreestraat 4–6
020 530 0400
Mo–Sa 10–17 Uhr, So 13–17 Uhr
Waterlooplein
9, 14
mittel; Museumspass gültig

5 Zuiderkerk

Diese schwer auffindbare Kirche lohnt einen Besuch schon wegen des Blickes von ihrem Turm sowie der interessanten Edelstahlskulptur gegenüber dem Ostportal – aber schenken Sie auch dem Inneren etwas Aufmerksamkeit.

Die nicht mehr als Gotteshaus genutzte Kirche beherbergt das Zuiderkerk Informatiecentrum, eine städtische Einrichtung, in der die Stadt über bauliche Vorhaben in Amsterdam informiert.

203 F4
Zandstraat
Turmführungen Mi–Sa um 14, 15 und 16 Uhr; Kirche Mo–Fr 12–17 Uhr, Do bis 20 Uhr
Waterlooplein
Turm: preiswert; Kirche: frei

Zuiderkerk, die »Südkirche«

7 Beurs van Berlage

Ein Gebäude ragt am Damrak besonders heraus: die wunderschöne rote Backsteinfassade der ehemaligen Börse. Der Sozialist Hendrik Petrus Berlage, der die Beurs vor 100 Jahren entwarf, glaubte an eine »höhere Bestimmung« dieser Organisation. Wenn auch Anhänger des Gewerkschaftsgedankens, war er doch bodenständig genug, den Auftrag für Amsterdams Kapitalismuszentrum nicht abzulehnen.

Dabei war Berlage nicht die erste Wahl der Juroren. Doch der eigentliche Sieger des Architekturwettbewerbs hatte, wie sich herausstellte, die Fassadengestaltung vom Rathaus der französischen Stadt Nantes abgeschaut. Mit großem Enthusiasmus machte sich Berlage 1898 daran, einen massiven Ziegelbau auf höchst unsicheren Grund zu setzen. Obwohl die neun Millionen Ziegelsteine auf fast 5000 Pfosten ruhen, zeigten sich schon bald nach der Fertigstellung im Jahr 1903 Risse im Mauerwerk. Nur umfassende Restaurierungsmaßnahmen machten es möglich, das Gebäude zusammenzuhalten. Heute beherbergt die Kaufmannsbörse Büros und wird als Veranstaltungsort für Konzerte u. Ä. benutzt.

Den besten Blick auf das **Börsenparkett** hat man von der Galerie im ersten Stock aus. Über dem Saal erhebt sich, von Backsteinsäulen getragen, eine kunstvolle Stahlkonstruktion. Zur Innenausstattung gehört ein Fries, das die Entwicklung vom nackten Wilden zum zivilisierten Börsenmakler zeigt.

Über eine schmale Holztreppe gelangt man in den **Turm** und kann aus 40 Meter Höhe einen erstklassigen Blick über die Stadt und die derzeitige Amsterdamer Börse genießen, die unmittelbar östlich am Beursplein 5 liegt.

201 F1
Beursplein 4
020 530 4141
Di–So 10–16 Uhr
Centraal Station
4, 9, 16, 24, 25
Centraal Station
mittel; Museumspass gültig

8 Centraal Station

Es ist merkwürdig und eigentlich schade, wie wenige Besucher dieses Gebäudes seine Schönheit würdigen oder es überhaupt als Sehenswürdigkeit beachten. Gerade angekommene Touristen stürmen in die Stadt, ohne sich auch nur einmal umzuschauen, und bei der Abreise sind sie viel zu beschäftigt damit, auf ihr Gepäck aufzupassen und den richtigen Bahnsteig zu finden, um die herrliche Fassade zu bestaunen, die sich 400 Meter lang auf einer künstlichen Insel zwischen Fluss und Stadt erstreckt.

Ein näherer Blick auf die Fassade offenbart Darstellungen, die den Wirtschaftszweigen der Grachtenstadt huldigen: Handwerk, Handel und Export. Das in den Siebzigerjahren recht verunstaltete Innere hat von jüngeren Renovierungsarbeiten profitiert, doch das Glanzlicht des Bahnhofs bleibt die vornehme **Wachtkammer 1e Klasse** am Bahnsteig 2. Der ehemalige Wartesaal erster Klasse ist heute in zwei Restaurants unterteilt. Löwen bewachen den ursprünglichen Eingang gemeinsam mit dem Porträt einer wehmütig dreinblickenden Holländerin. Direkt dahinter, ostwärts am selben Bahnsteig, gibt es über einem Treppenabgang ein schönes Stadtwappen.

Der Stil ist niederländische Neurenaissance; als Architekt zeichnete P. J. H. Cuypers, der auch das ähnlich anmutende Rijksmuseum (► 114ff) entwarf. Den schönsten Gesamteindruck hat man vom GVB-Kiosk aus, etwa 100 Meter hinter dem Bahnhofseingang gelegen, wenn sich die Dekorationen im Licht der Nachmittagssonne abheben.

Der Ostturm des Bahnhofs enthält die für den Reisenden unentbehrliche Uhr, während auf seinem westlichen Pendant die Windrichtung angezeigt wird.

Mehr als nur ein Bahnhof – und unbedingt einen Blick wert

204 A5
Stationplein
rund um die Uhr, zwischen 0 und 5 Uhr jedoch nur für Reisende mit Fahrschein
viele Imbissgelegenheiten im Einkaufsbereich unter den Bahnsteigen und an Bahnsteig 2
alle alle

9 Scheepvaarthuis

Der Name dieses Gebäudes lautet übersetzt ganz schlicht »Schifffahrtshaus«, es ist aber besser als »Haus der 1000 Fenster« bekannt. Ursprünglich sollte dieser Bürokomplex Reedereien beherbergen, weshalb die gesamte Fassade mit Motiven geschmückt ist, die die Seefahrt verherrlichen und in großen Worten alle Meere vom Middellandse Zee (Mittelmeer) bis zum Indische Oceaan (Indischen Ozean) preisen.

Der Entwurf stammt von Schülern P. J. H. Cuypers'; das Gebäude gilt als erstes Beispiel der Amsterdamer Schule. Manche Besucher entdecken geometrische Elemente, die vom schottischen Designer Charles Rennie Mackintosh stammen könnten, andere fühlen sich an die Kunst der südamerikanischen Mayas erinnert. Heute ist das Gebäude Sitz der städtischen Verkehrsbehörde GVB, die sich mehr mit Trambahnfahrplänen als abenteuerlichen Seereisen befasst.

204 B4
Ecke Prins Hendrikkade und Binnenkant
für Besucher nicht zugänglich, doch die Fassade kann immer bewundert werden
Centraal Station Centraal Station
Centraal Station

10 NEMO

Ob es klug war, das Oosterdok mit etwas zu bestücken, was verdächtig nach einem sinkenden Schiff aussieht, beschäftigt die Amsterdamer seit langem. Die meisten haben sich immerhin mittlerweile an den gigantischen Messing-»Bug« gewöhnt, der sich über der Einfahrt zum IJ-Straßentunnel erhebt (oder darin unterzugehen scheint – ganz nach Perspektive). Am Rand des Bauwerks entlangzuspazieren macht jedenfalls Spaß, und man wird mit einem prächtigen Blick belohnt.

Deutlich umstritten ist nach wie vor das Innere. Kaum jemand findet den satten Eintrittspreis angemessen, da die Exponate, angeblich ebenso unterhaltsam wie lehrreich, diesem Anspruch nicht gerecht werden. Auch die Bedienung im Haus lässt zu wünschen übrig. Am ehesten unterhalten sich noch Kinder zwischen zehn und zwölf.

204 C4 Oosterdok 2
0900 919 1100; www.newmet.nl
Di–Fr 10–17 Uhr, Sa, So 10–18 Uhr
Café (€€)
Centraal Station, dann zu Fuß 800 m ostwärts an der Nordseite des Oosterdok entlang und über die Fußgängerbrücke
teuer

Das NEMO hat viele Millionen Gulden verschlungen

Wohin zum ... Essen und Trinken?

Preise
Die Preisangaben gelten pro Person für ein Essen ohne Getränke.
€ unter 15 € **€€** 15–30 € **€€€** über 30 €

CAFÉS

Café Gollem €
Ein winziges, stimmungsvolles und dunkles Braunes Café in einer Nebenstraße der Spuistraat mit einer Unzahl importierter Biersorten (um die 150). Die Biere sind angeschrieben, Bierdeckel und Brauereiplakate bedecken Wände und Decke. Jazz und Blues bilden den musikalischen Hintergrund. Die Gäste sind eine Mischung aus Einheimischen und Touristen.

203 D4 Raamsteeg 4
020 626 6645
So–Do 16–1 Uhr, Fr, Sa bis 2 Uhr

Café de Jaren €–€€
Eines der schönsten Grand Cafés von Amsterdam und eines der zwanglosesten – bei Studenten (die Uni ist gleich nebenan) ebenso beliebt wie bei der Schickeria. Vor allem abends trendige Musik. Das ehemalige Bankgebäude ist groß und luftig, die Bar zieht sich über zwei Etagen. Es gibt Lesetische im Stil einer Bibliothek mit jeder Menge Zeitungen und Zeitschriften sowie Panoramafenster und Terrassen mit Blick auf die Amstel. Das Essen – Sandwiches, Suppen, Salate und Kuchen, abends auch Deftigeres wie Steaks und Pasta – ist einfach und gut.

203 E4
Nieuwe Doelenstraat 20–22
020 625 5771
So–Do 10–1 Uhr, Fr, Sa bis 2 Uhr

Café Luxembourg €–€€
Das Grand Café schlechthin, beliebt bei Amsterdams Yuppies und Medienset, hat die Aura eines schicken Pariser Cafés und sieht aus, als sei es mindestens 100 Jahre alt (was es nicht ist!). Sie haben die Wahl zwischen überdachter Terrasse mit Blick auf den Spui-Platz, Ledersitzen im Inneren, einem Hocker an der langen Marmortheke und Lesetischen mit internationaler Presse. Kommen Sie auf einen Drink, zum Frühstücken, Teetrinken oder für eine richtige Mahlzeit her. Das Essen – von Suppen und Salaten über Dim Sum bis hin zu Steaks und verführerischen Pasteten – ist ausgezeichnet. Besonderen Ruf genießen die Club-Sandwiches.

203 D4
Spui 24
020 620 6264
So–Do 9–1 Uhr, Fr, Sa bis 2 Uhr

Dantzig €–€€
Ein ideales Grand Café für einen Drink vor der Stopera oder einen Morgenbummel über den Flohmarkt am Waterlooplein. Nicht weit entfernt von beiden, hat es zudem eine große Terrasse mit Blick über die Amstel zu bieten. In dem riesigen modernen Raum hängen Kronleuchter von einer freskengeschmückten Decke, dazu kommt eine ruhige Leseecke im Bibliotheksstil. Tagsüber gibt es leckere Sandwiches und Snacks; richtige Mahlzeiten schmecken woanders aber vermutlich besser.

203 F4 Zwanenburgwal 15
020 620 9039
So–Do 9–1 Uhr, Fr, Sa bis 2 Uhr

't Doktertje €
Versteckt in einer Seitenstraße der Kalverstraat offeriert das 200 Jahre alte »Doktorchen« in einer früheren Arztpraxis jetzt Medizin anderer Art. In Amsterdams angeblich kleinstem Braunen Café, das eher an einen Trödlerladen erinnert als an eine Bar, brennen selbst an einem sonnigen Nach-

mittag Kerzen. Auf den Lampen und alten Flaschen sammelt sich der Staub, an den Wänden hängen ausrangierte Musikinstrumente, und das Telefon ist uralt, funktioniert aber merkwürdigerweise!

203 D4 Rozenboomsteeg 4
020 626 4427
Di–Sa 16–1 Uhr

De Drie Fleschjes €

Das schicke »Drei Fläschchen« ist das bekannteste Proeflokaal (Probierstube) der Stadt. Seit 1650 werden hier zwischen alten Holzfässern diverse Liköre und Jenever ausgeschenkt. Was es alles gibt, ist großen Tafeln zu entnehmen, die über der Bar hängen, auf der Dekanter mit Aromen für die verschiedenen Jenever stehen. Die Probierstube ist winzig, für Sitzgelegenheiten buchstäblich kein Platz, aber im Sommer werden auf dem malerischen Kopfsteinpflaster Tische aufgestellt.

203 E5
Gravenstraat 18
020 624 8443
Mo–Sa 12–20.30 Uhr, So 15–19 Uhr

Esprit Caffe €

Die Esprit-Modeboutique liegt Rücken an Rücken mit diesem »hippen« Lunchcafé. Das minimalistische Dekor mit frei sichtbaren Metallstützen und die riesigen Panoramafenster zum Spui sichern den Gästen, zumeist Mitte bis Ende zwanzig, sowie den durchgehend nabelfrei bekleideten Bedienungen maximale Aufmerksamkeit. Die unkomplizierte, auf der Speisekarte als »kalifornisch« bezeichnete Küche bietet vorwiegend Sandwiches, Pasta, Salate, Burger und Eis, alles in überraschend guter Qualität. Bei schönem Wetter sitzt man draußen auf dem Platz.

203 D4
Spui 10
020 622 1967
Mo–Mi, Fr, Sa 10–18 Uhr, Do 10–22 Uhr, So 12–18 Uhr

't Gasthuys €

Dieses bei Studenten beliebte Café atmet durch und durch Bodenständigkeit. Im Erdgeschoss gibt es eine lange schmale Bar und mit Banknoten dekorierte Balken. Über eine steile Treppe gelangt man in zwei weitere kleine Räume. 't Gasthuys bezeichnet sich als Eetcafé (➤ 28), und aus der winzigen Küche kommen gute, preiswerte Sandwiches, aber auch sättigende Mahlzeiten (verschiedene Fleischgerichte mit Salat und Pommes).

203 E4 Grimburgwal 7
020 624 8230
tägl. 12–1 Uhr

Grand Café Restaurant 1e Klas €–€€

Dieser prächtige neugotische Raum mit hoher Decke, Trompe-l'œil-Säulen und geradezu monumentaler geschnitzter Bar bildete einst gemeinsam mit dem angrenzenden Burger King den Erste-Klasse-Wartesaal des Bahnhofs. Er ist unbedingt sehenswert und lohnt einen Besuch, auch wenn Sie nicht auf einen Zug warten. Genießen Sie das Ambiente für den Preis eines Drinks, eines Sandwiches oder einer vollen Mahlzeit (holländische/französische Küche). Einige Tische sind für Pendler reserviert, die regelmäßig nach der Arbeit hier essen.

204 A5
Centraal Station, Bahnsteig 2B
020 625 0131
tägl. 9.30–23 Uhr

Hoppe €

Dieses gut besuchte Braune Café soll schon seit 1670 existieren und verkauft angeblich mehr Bier pro Quadratmeter Lokalfläche als irgendein anderes Café in den Niederlanden. In der älteren Hälfte, wo es keine Sitzplätze gibt, ist die Atmosphäre besonders urig (Sägemehl auf dem Fußboden, in die teils holzgetäfelten Wände sind Fässer eingelassen). Bequemer ist freilich der modernere Teil mit einer Terrasse zum Spui und Bedienung. Im Prinzip kommt man zum Trinken her, doch es gibt auch Sandwiches, Suppen und anderes. Am besten besucht ist Hoppe meist nach Ende der Bürozeit sowie montagabends, wenn es Livejazz gibt.

203 D4
Spui 18–20
020 420 4420
So–Do 8–1 Uhr, Fr, Sa bis 2 Uhr

In de Waag €–€€

Dieses Café/Restaurant befindet sich, wie der Name schon sagt, in der Waag (➤ 23), dem disneyhaft anmutenden vieltürmigen mittelalterlichen Stadttor und späteren offiziellen Wiegehaus am Nieuwmarkt. Drinnen ist es imposant und doch anheimelnd: Die schmucklosen Wände und blanken Holztische werden von 300 Kerzen erhellt. Die Sandwiches am Mittag sind empfehlenswert, Gerichte von der Abendkarte eher umstritten. An den Lesetischen befinden sich Internet-Terminals.

203 F5 Nieuwmarkt 4
020 422 7772 tägl. 10–1 Uhr

In de Wildeman €

Der 1690 als Schnapsbrennerei gegründete, im Originalzustand erhaltene »Wilde Mann« nennt sich heute offiziell Bierproeflokaal, also Bierprobierstube. Sie haben die Wahl zwischen nicht weniger als 180 Flaschenbieren und weiteren 17 Fassbieren. Die wunderschöne alte Bar und die alten Likörfässer bezaubern sogar Abstinenzler. Der ideale Ort für einen verregneten Nachmittag, und es gibt, vielleicht einzigartig in einem Amsterdamer Café, ein Nichtraucherzimmer.

201 E2 Kolksteeg 3
020 638 2348
Mo–Sa 12–1 Uhr, So 14–21 Uhr

De Ooievaar €

»Der Storch« ist die kleinste Probierstube Hollands: Das Lokal von der Größe eines kleinen Wohnzimmers wirkt schon mit zehn Gästen überfüllt. Obwohl sie in der Ecke eines uralten malerischen Hauses liegt, gekachelte und holzvertäfelte Wände für Stimmung sorgen, gibt es die Bar selbst erst seit den Neunzigerjahren. Und trotz der Lage am Eingang zum Zeedijk (➤ 64) handelt es sich um ein durch und durch seriöses Lokal mit viel Stammkundschaft.

204 A2 Sint Olofspoort 1
020 420 8004
So–Do 13–1 Uhr, Fr, Sa bis 2 Uhr

La Place €

Die belebte Selbstbedienungs-Caféteria des Kaufhauses Vroom en Dreesman ist ideal für ein schnelles, preiswertes Mittagessen. Die Auswahl an kalten und warmen Gerichten ist riesig, von Steak und Pommes über Thai und ein Salatbüffet bis hin zu Gebäck. Oder Sie machen ein Picknick an der Gracht: An der Seite zur Kalverstraat gibt es eine zum Lokal gehörende große und sehr verführerische Bäckerei, wo Sie alles dazu Nötige bekommen.

203 E4 Rokin 160
020 622 0171
Mo 11–19, Di, Mi, Fr 9.30–19, Do 9.30–21 Uhr, Sa 9.30–18 Uhr; So 12–18 Uhr

De Sluyswacht €

Ein beängstigend schiefes Haus aus dem 17. Jahrhundert beherbergt dieses Braune Café gegenüber dem Rembrandthuis. Das Innere enttäuscht zwar etwas, ist aber freundlich und gemütlich. Sie können auch auf der großen Terrasse Platz nehmen und die Oude Schans und das T-Boat beobachten, Amsterdams einzigen schwimmenden Coffee Shop.

204 A3 Jodenbreestraat 1
020 625 7611
Mo–Do 12–1 Uhr, Fr, Sa bis 2 Uhr, So bis 19 Uhr

Villa Zeezicht €

Dieses Tagescafé mit dem merkwürdigen Namen hat eine einmalige Lage zur Häuserfront an der Gracht: Von den Panoramafenstern aus überblicken Sie die Torensluis-Brücke, eine der breitesten der Stadt. Im Inneren gibt es alte Möbel, sanfte Jazzmusik erklingt im Hintergrund, und junge Bedienungen sorgen für Ihr Wohl, die das Ganze durchaus cool wirken lassen. Auf der Speisekarte stehen Quiche, Sandwiches, Croissants und ein phantastischer Apfelkuchen!

201 D1 Torensteeg 7
020 626 7433
Mo–Fr 8–20 Uhr, Sa, So 9–20 Uhr

Wynand Fockink €

In dieser kleinen Probierstube in einer versteckten Gasse hinter dem Grand Hotel Krasnapolsky scheint die Zeit stehen geblieben zu sein. Seit 1679 biegen sich die Regalbretter hinter der Bar vor Flaschen selbst gemachter Liköre (die Brennerei liegt gleich nebenan), darunter recht obskure Mixturen mit Namen wie Papageiensuppe. In der Bar selbst gibt es keine Sitzgelegenheit, aber im Café und dem Innenhof warten Tische auf alle, die Appetit auf Kaffee, ein Sandwich oder einen Salat haben.

203 E5
Pijlsteeg 31
020 639 2695
Bar tägl. 15–21 Uhr, Café tägl. 10–18 Uhr

RESTAURANTS

Bird €

Ausgezeichnete Thai-Küche zu überraschend günstigen Preisen in einer stets voll gestopfen, hektischen Snackbar. Sie können das Essen mitnehmen oder einen der wenigen Tische am Fenster ergattern und das Kommen und Gehen auf Amsterdams berühmt-berüchtigtster Straße verfolgen. Die Huhn-Kokosnuss-Suppe ist eine volle Mahlzeit. Im Bird-Restaurant gegenüber bekommt man Ähnliches in komfortablerem, aber weniger stimmungsvollem Ambiente geboten.

204 A4
Zeedijk 77
020 420 6289
tägl. 15–22 Uhr

Café Roux €€–€€€

Die schicke, aber nicht übertrieben formelle Art-déco-Brasserie im Hotel Grand Amsterdam (► 42) diente früher als Rathauskantine. Die sehr feine Cuisine steht ganz im Zeichen des französischen Küchenchefs Albert Roux. À la carte zu essen hat seinen Preis, aber das Tagesmenü, etwa Gänseleberpastete, eingelegtes Entenklein und Blaubeerdessert, zu dem eine halbe Flasche Wein serviert wird, ist überraschend günstig.

203 E4
Oudezijds Voorburgwal 197
020 555 3560
tägl. 12–23 Uhr

Centra Spaans Restaurant €–€€

Was auf den ersten Blick wie eine Spelunke im Rotlichtviertel anmutet, ist in Wahrheit ein echter Geheimtipp. Viele Amsterdamer kommen häufig in dieses spanische Lokal, wo es leckere Tapas mit Tortilla, Chorizo, Oliven und Käse, aber auch traditionelle Gerichte wie Paella gibt. Stammgäste teilen die langen Tische gerne mit Erstbesuchern, und zu vorgerückter Stunde wird die Unterhaltung immer lebhafter. Wie das Essen ist auch der Hauswein nicht überteuert. Heben Sie sich etwas Hunger für den Nachtisch auf.

201 F1 **Lange Niezel 29**
020 622 3050
tägl. 13–23 Uhr

Dorrius €€

Eine der besten Adressen in Amsterdam, wenn Sie traditionelle holländische Gerichte wie Räucheraal, Erbsensuppe und deftige *hutspot*-Eintöpfe kosten wollen. Das 1890 gegründete Lokal in zwei altersschwachen Grachtenhäusern wirkt mit holzgetäfelten Wänden, Balken und schwarz-weißem Marmorboden durch und durch typisch. Und obwohl es heute zur Crowne-Plaza-Kette gehört und die meisten Gäste Ausländer sind, hat es sich seinen altmodischen Charme bewahrt. Der Service ist untadelig.

201 F2 **Nieuwezijds Voorburgwal 5**
020 420 2224
tägl. 17–23 Uhr

Het Karbeel €–€€

Tagsüber beherbergt dieses Haus (16. Jahrhundert) im Herzen des Rotlichtviertels einen gut besuchten Sandwich-Shop. Ab 18 Uhr dann verwandelt es sich in ein Bistro, das auf phantastische Fondues spezialisiert ist – z. B. Roquefort- oder Champignon-, aber natürlich auch »normales« Käse- oder Fleischfondue. Dazu immer ein *fondue du jour*. Außerdem stehen Suppen und Salate sowie sündhafte Desserts auf der Karte. Viele der guten Weine gibt es glasweise, und der Service ist ebenso freundlich wie schnell – in Amsterdam heute beileibe keine Selbstverständlichkeit.

201 F1 **Warmoesstraat 58**
020 627 4995
tägl. 9.30–18 Uhr Sandwiches und Drinks; 18–22 Uhr Abendessen

Kantjil & de Tijger €–€€

Anders als die meisten indonesischen Lokale der Stadt ist das »Antilope und der Tiger« ein großes, modernes Restaurant mit entsprechender Geräuschkulisse. Offeriert wird mit die beste indonesische Küche Amsterdams, und die Speisekarte ist mehrsprachig, mit ausführlichen Beschreibungen auf Englisch. Außer drei Arten von *rijsttafel* können Sie eine preiswerte *minirijsttafel* bestellen, bei der alle Gerichte auf einer Platte kommen.

203 D4 ✉ Spuistraat 291–293
☎ 020 620 0994
tägl. 16.30–23 Uhr

Kinderkookkafe €

In diesem einzigartigen Lokal bereiten mit Kochmützen ausstaffierte Kinder das Essen zu (unter Aufsicht, natürlich), servieren die Drinks und bedienen auch. Eltern geben hier ihre Kinder ab (zum samstäglichen Dinner müssen sie über acht, zum sonntäglichen Tee über fünf sein) und kommen später wieder, um das vom Nachwuchs Gekochte – vorwiegend belgische und italienische Gerichte, oder Kekse und Baiser – zu verzehren (die Kinder essen selbstverständlich mit). Reservierung nötig!

203 E4
✉ Oudezijds Achterburgwal 193
☎ 020 625 3257
Sa Kochen ab 15.30 Uhr, Essen um 18 Uhr; So Backen ab 14.30 Uhr, Tee um 17 Uhr

Lucius €€–€€€

Riesige Deckenventilatoren sorgen dafür, dass es in diesem langen, schmalen und immer vollen holländisch-französischen Fischlokal nicht zu heiß wird. Während die Ober geschäftig zwischen den kachelgeschmückten Wänden, den Marmortischen und einem Aquarium hin und her eilen, können Sie sich dem Studium der großen Tafeln widmen, auf denen das täglich frische Angebot an *fruits de mer*, Muscheln und einheimischen Austern angeschrieben steht. Weitere Spezialitäten sind Blauhai, Räucheraal und Hering mit altem Jenever. Wer auf seinen Geldbeutel schauen muss, wählt am besten ein Tagesgericht. Die Weinkarte ist lang, eindrucksvoll und bietet teure Tropfen, der Service ist nicht ganz so makellos wie die auf Hochglanz polierten Tische, aber das Essen ist immer hervorragend.

203 D4 ✉ Spuistraat 247
☎ 020 624 1831 17–24 Uhr

Maximiliaan Cafe-Restaurant €–€€

Zu diesem freundlichen Lokal, nicht weit von der Waag und dem etwas zwielichtigen Zeedijk-Viertel, gehört eine eigene Brauerei, die man manchmal tagsüber auch besichtigen kann. Mindestens vier Arten selbst gebrauten Biers gibt es vom Fass (je nach Jahreszeit), dazu kommen viele andere Flaschenbiere. Wer Hunger hat, kann nachmittags Sandwiches oder andere Snacks bestellen, abends stehen einfache, aber sehr lecker zubereitete volle Mahlzeiten (Fisch, Geflügel, Rind) auf der Karte.

203 F5 ✉ Kloveniersburgwal 6–8
☎ 020 626 6280
Di, Mi, So 15–1 Uhr, Do 12–1 Uhr, Fr, Sa 12–3 Uhr

Nam Kee €

Ein Restaurantführer hat diesem einfachen chinesischen Lokal unter 450 Amsterdamer Gaststätten den ersten Preis für Qualität und Preis-Leistungs-Verhältnis verliehen. Es könnte sein, dass Sie in den zwei schlicht weiß gekachelten, immer überfüllten Gaststuben den Tisch mit anderen teilen müssen. Auf der Speisekarte stehen riesige Portionen leckerer gebratener Nudeln sowie jede Menge Süß-Sauer-Gerichte. Der Service ist leider nicht besonders zuvorkommend.

204 A4 ✉ Zeedijk 111
☎ 020 624 3470
tägl. 11.30–24 Uhr

Supper Club €€€

In diesem fensterlosen lagerhallenartigen weißen Raum speist man auf den Knien – entlang der Wände stehen lange Reihen einladender Matratzen, auf denen man sich dazu bequem zurücklehnen kann. Untermalt von leiser Musik, werden auf eine Wand Filme von Raketenstarts oder nackten Schwimmern projiziert; manchmal gibt es auch Livemusik und Tanz, und wer mag, kann sich zwischen den Gängen mit einer Massage verwöhnen lassen. Was hier besticht, ist das sinnliche Gesamterlebnis, nicht allein die eher mittelmäßige internationale Küche. Alle essen dasselbe, und die Gerichte werden von attraktiven jungen Bedienungen (männlich und weiblich) serviert. Rechnen Sie für ein Abendessen mindestens vier Stunden.

203 D5 ✉ Jonge Roelensteeg 21
☎ 020 638 0513 ⏲ tägl. 20–1 Uhr

Vermeer €€€

Mit seinen malerischen Balkendecken, Messingleuchtern und Marmorfußböden liegt das Vermeer in einem stimmungsvollen Haus aus dem 17. Jahrhundert. Hier speist man so formell wie kaum irgendwo sonst in Amsterdam. Das edle Ambiente spiegelt sich in Edwin Kats moderner französischer Cuisine wider. Neben der umfangreichen Karte gibt es erschwinglichere Menüs wie Spargelkuchen mit Froschschenkeln und Saubohnenragout, dann pochierte Taube und Crêpes gefüllt mit Gänseleberpastete. Wer mag, kann zu jedem Gang ein anderes Glas Wein bekommen.

204 A5 ✉ Prins Hendrikkade 59
☎ 020 556 4885
⏲ Mo–Fr 12–15 und 18–22 Uhr, Sa 18–22 Uhr

d'Vijff Vlieghen €€€

Mit neun Speisesälen in fünf Grachtenhäusern aus dem 17. Jahrhundert bietet das »Fünf Fliegen« jede Menge Romantik. Vielleicht haben Sie das Glück, unter einer Originalradierung von Rembrandt zu sitzen oder auf einem Stuhl, den schon Elvis Presley oder John Wayne benutzten (jeder trägt eine kleine Plakette mit dem Namen berühmter Be-Sitzer). Die neue holländische Küche mit Räucheraal oder Hasenrücken mit Sauerkraut ist höchst einfallsreich, alle Gerichte sind wunderschön präsentiert, und beim Menü hält sich auch der Preis in bezahlbaren Grenzen. Der Service ist tadellos.

203 D4 ✉ Spuistraat 294–302
☎ 020 624 8369
⏲ tägl. 17.30–23 Uhr

Wohin zum … Einkaufen?

Im Großen und Ganzen macht Shopping im Stadtzentrum weniger Spaß als in anderen Teilen Amsterdams. Kalverstraat und Nieuwndijk, die Haupteinkaufsstraßen, sind (vor allem am Wochenende) überlaufen und im Prinzip langweilig, obwohl man hier natürlich die breiteste Auswahl alltäglicher Läden findet. Hinter diesen Straßen aber warten so wunderbare Überraschungen wie das grandiose Magna-Plaza-Einkaufszentrum, und zwischen den plakativen Sexshops des Rotlichtviertels stößt man immer wieder auf witzige und teilweise sehr, sehr alte Geschäfte.

Kalverstraat und Rokin

Die Kalverstraat, benannt nach einem im 15. Jahrhundert hier abgehaltenen Kälbermarkt und heute Fußgängerzone, wird von Filialen wenig bemerkenswerter Bekleidungsgeschäfte gesäumt. Mit etwas Glück begegnet man immerhin einem Drehorgelmann, der ein bisschen Stimmung ins Bild bringt. Am südlichen Ende (Muntplein) wird es dann stilvoller. Einen Besuch wert sind die Kaufhäuser **Maison de Bonneterie** (»Hoflieferant« mit nobler Kundschaft, Lüstern unter der Kuppel und schickem Café) und **Vroom & Dreesman** (weniger exklusiv, zu einer landesweiten Kette gehörend, aber mit dem ausgezeichneten Café La Place, ➤ 72).

Auf der anderen Straßenseite steht das neu eröffnete, ansonsten wenig bemerkenswerte Einkaufszentrum **Kalvertoren**, zu dem jedoch ein Café mit herrlichem Panoramablick über die Grachten gehört. Liebhaber englischsprachiger Literatur kommen bei **Waterstone's** (Nr. 152) und im **American Book Center** (Nr. 185) auf ihre Kosten. Beide bieten auch eine Menge Bücher über Amsterdam und alles Holländische.

Besuchen Sie am Muntplein unbedingt die **Gallery de Munt** im alten Stadttor (➤ 58): 1890 gegründet, hat sich dieses Geschäft auf echtes Porzellan aus Delft etc. spezialisiert (lassen Sie sich auch die Stücke im Obergeschoss zeigen).

Durch die parallel zur Kalverstraat verlaufende **Rokin** fahren viele Trambahnen; obwohl sie also nicht sonderlich zum Bummeln einlädt, gibt es hier einige schöne altmodische Antiquitätengeschäfte wie etwa **Premsela & Hamburger** (Nr. 120). Die berühmteste Adresse ist jedoch der Tabakwarenhändler **PGC Hajenius** (Nr. 92–96), dessen marmornes Art-déco-Interieur noch genauso aussieht wie bei der Eröffnung 1915 und das mit einer Sammlung handgefertigter Tonpfeifen, einer ganzen Wand (mietbarer) Humidor-Schließfächer, einer Bar, einer Bibliothek zum Thema Rauchen und Zigarren-Proben aufwartet.

Rund um den Dam

De Bijenkorf (Dam 1), zu Deutsch »Bienenkorb«, ist wohl das berühmteste Kaufhaus Hollands und bietet neben der obligaten Parfümerieabteilung im Erdgeschoss, mittelpreisiger Damen- und Herrenmode und einem schönen Aussichtscafé (mit Blick über den Damrak) auch schicken Clubdress und eine trendige Chill-out-Collection.

Auf der anderen Seite des Platzes befindet sich das **Amsterdam Diamond Center** (Rokin 1–5), wo Sie den Diamantenschleifern bei der Arbeit zusehen sowie Uhren und Diamanten kaufen können. Die Geschäfte gleich um die Ecke an der Damstraat offerieren typisch holländische Souvenirs wie Käse, Holzschuhe und Grachtenhaus-Magnetsticker.

Unmittelbar westlich des Platzes steht hinter dem Königlichen Palast am Nieuwezijds Voorburgwal das Einkaufszentrum **Magna Plaza**, ein prachtvolles neugotisches Gebäude, das früher das Hauptpostamt der Stadt beherbergte und in dem man heute vorwiegend schicke Modeboutiquen findet. Biertrinker sollten unbedingt **De Bierkoning** (➤ 34) gleich um die Ecke in der Paleisstraat 125 einen Besuch abstatten.

Nieuwendijk

Nur wenige der großenteils billigen Geschäfte in dem wenig ansprechenden Fußgängerbereich zwischen Dam und Hauptbahnhof sind einen zweiten Blick wert. Eine Ausnahme könnte höchstens **Oud Amsterdam** (Nr. 75) bilden, ein auf Liköre spezialisiertes Fachgeschäft mit beeindruckender Miniaturensammlung (bei der letzten Zählung waren es 14 852 – angeblich Weltrekord!).

Spuikwartier

Dieser eher für seine Cafés und Restaurants bekannte Bezirk bietet auch eine Reihe von Buchhandlungen und Antiquariaten sowie einen Büchermarkt (➤ 77). Bei **Dom** (Spuistraat 283) finden Sie Ausgefallenes für Ihr Heim, zum Beispiel aufblasbare Sofas, während der Smart Shop (➤ 46) **Magic Mushroom Gallery** (Nr. 249) wie ein Garten angelegt ist, mit Kunstrasen und pilzförmigen Schränkchen. Weniger kontroverse Genüsse wie hausgemachtes Eis und unendlich leckere Apfeltörtchen gibt es bei **Lanskroon** (Singel 385, direkt am Spui), einer Pâtisserie mit angeschlossenem kleinem Café.

Rund um Nieuwmarkt und das Rotlichtviertel

Zwischen den zwielichtigen Coffee Shops und Smart Shops an der Warmoesstraat liegen einige deutlich distinguiertere Geschäfte. Der Hoflieferant **Wijs & Zonen** (Nr. 102) etwa ist seit 1828 ein Paradies für Tee- und Kaffeeliebhaber, während sich **Himalaya** (Nr. 56) auf New-Age-Bücher, Windspiele und Trancemusik spezialisiert hat (im rückwärtigen Teil gibt es ein hübsches Café).

Condomerie Het Gulden Vlies (Nr. 14), das weltweit erste Fachgeschäft für Kondome, bringt Lust und Laune in das Geschäft mit der Empfängnisverhütung. Hier können Sie als Lutscher getarnte Kondome kaufen, aber auch in Walnüsse verpackte, oder eine schmucke Schatulle aus Sterlingsilber zum Aufbewahren der Gummis. Direkt südlich vom Nieuwmarkt liegt am Kloveniersburgwal 12 **Jacob Hooy.** In der 1743 gegründeten Apotheke mit wunderschönen alten Apothekerschränken und irdenen Gefäßen, deren Beschriftungen Heilkräuter und Gewürze nennen, ist man auch auf Aromatherapie und Reformkost spezialisiert. Ein Stückchen weiter den Kloveniersburgwal hinunter, im Haus Nummer 39, finden Sie den **Head Shop**, praktisch eine Institution für alles rund ums Haschischrauchen. Die kleine Nieuwe Hoogstraat ist von lustigen Geschenkboutiquen gesäumt. **Knuffels** (Haus Nr. 11) bietet Spielwaren, Mobiles und und die typischen Klompenschuhe, **De Hoed Van Tijn** (Nr. 15) ist ein elegantes Hutgeschäft, und **Joe's Vliegerwinkel** (Nr. 19) verkauft Drachen (auch Sonderanfertigungen) und anderes Fluggerät wie Frisbees und Bumerangs. Von hier ist es nicht mehr weit zum **Rembrandthuis** (➤ 66), dessen Museumsshop gute Reproduktionen von den Radierungen des Meisters hat.

MÄRKTE

Nieuwmarkt (Mai–Sept. So 9–17 Uhr): Antiquitäten.

Oudemanhuispoort (Mo–Sa 10–16 Uhr): Unter den Arkaden dieses Durchgangs im Unibezirk werden antiquarische Bücher gehandelt.

Spui (Fr 10–18 Uhr): antiquarische Bücher und Drucke (März–Dez. So 10–18 Uhr). Daneben gibt es außerdem einige Stände mit guter moderner Kunst.

Waterlooplein (Mo–Sa 9–17 Uhr): der beste und meistbesuchte Flohmarkt der Stadt, der vor dem Bau des neuen Rathaus-Opern-Komplexes in den Achtzigerjahren – heute ein moderner Platz mit wenig Charme – sogar noch weitläufiger und bunter war. Ideal für die Suche nach Lederjacken, Second-Hand-Schallplatten, Filmplakaten und Fahrradketten. Viele Besucher bummeln einfach nur so durch, wühlen hier und dort in einem Kleiderberg oder holen sich eine Portion Pommes frites mit Mayonnaise.

Wohin zum … Ausgehen?

Ein Abend im Stadtzentrum kann zwielichtig ausfallen, aber auch höchst kulturbeflissen – es liegt ganz bei Ihnen, ob Sie sich lieber im Rotlichtviertel vergnügen, die Oper besuchen oder Modern Jazz anhören.

Rotlichtviertel und Umgebung

Nach Einbruch der Dunkelheit erhellt violettes (nicht rotes!) Neonlicht die Straßen zwischen Zeedijk, Warmoesstraat und der ungefähren Geraden zwischen Dam und Nieuwmarkt. Es beleuchtet die Prostituierten, die sich in Schaufenstern präsentieren und abwechselnd verführerisch lächeln und zu Tode gelangweilt dreinschauen. Natürlich gibt es jede Menge Freier, aber die meisten Passanten sind lediglich neugierige Touristen, und dass jemand, Frau oder Mann, tatsächlich belästigt wird, ist wirklich die Ausnahme. Dank der Vielzahl von Schaulustigen und entsprechendem Polizeiaufgebot sind die meisten größeren Straßen durchaus sicher. Die Nebenstraßen, vor allem am Südende des Zeedijk, sollten Sie jedoch meiden. Wenn Sie eine Sex-Show sehen wollen, lohnt das **Theatre Casa Rosso** (Oudezijds Achterburgwal 106–108) einen Besuch. Vorsicht: Es öffnen immer mehr Nachahmer mit ähnlichem Namen!

Der Zeedijk, früher absolut indiskutabel, wurde in den letzten Jahren ziemlich aufpoliert, obwohl noch immer viele Junkies und Obdachlose herumhängen. Sein nördliches (besseres) Ende wartet mit Restaurants und nostalgischen Cafés wie **De Ooievaar** (➤ 72) und **In t'Aepjen** (gleich gegenüber, Haus Nummer 1) auf. Das alte Fachwerkhaus »In den Affen« war früher ein Obdachlosenheim.

Auch der von weiteren Cafés gesäumte Nieuwmarkt ist heute weit präsentabler als früher. Das interessanteste Lokal ist **In de Waag** (➤ 72). Und wer ein charakteristisches einfaches Braunes Café sucht, dürfte im **'t Loosje** (Nieuwmarkt 32) auf seine Kosten kommen. Zum **Maximiliaan**, gleich südlich am Kloveniersburgwal 6–8 gelegen, gehört eine ausgezeichnete eigene kleine Brauerei (➤ 74).

An der schmuddeligen Warmoesstraat liegen mit Sicherheit mehr Coffee Shops als an irgendeiner anderen Amsterdamer Straße. Dazwischen finden sich Schwulenlokale wie das extreme **Cockring** (Nr. 96) und das **Getto** (Nr. 51), eine kitschige Cocktailbar mit DJ, die zu den einladenderen Etablissements hier zählt. Laute Live-Rockmusik ist an den meisten Abenden die Hauptattraktion im **Winston Kingdom** (Nr. 123).

Spuikwartier

Die Gegend um die Spuistraat südlich der Raadhuisstraat ist dicht bestückt mit Restaurants, Cafés und Bars für jeden Geschmack und Geldbeutel, auch liegen hier einige der schönsten Braunen und Grand Cafés und die trendigsten Bars der Stadt. Die meisten findet man am südlichen Ende der Spuistraat und am Spui. Neben den auf den Seiten 70ff empfohlenen verdient das **Café Dante** (Spuistraat 320) Erwähnung, dessen junge Gäste in aller Regel kaum weniger attraktiv sind als die Kunstwerke. Trendigere Bars scharen sich am Nieuwezijds Voorburgwal südlich vom Dam. Eine davon, die **Seymour Likely Lounge** (Haus Nr. 250 – da, wo ein Schild »It's a bar« über dem Fenster hängt), wechselt immer wieder die Ausstattung; zuletzt war es der Stil der Sechziger-Flowerpower. Das Aquarium scheint jedoch alle Trends zu überdauern.

Musik und Theater

Amsterdams Oper, das **Muziektheater** (Amstel 1–3, Tel. 020 625 5455), befindet sich in einem Gebäudekomplex mit dem Stadhuis oder Rathaus. Der in den Achtzigerjahren entstandene Bau am Waterlooplein, im Herzen des altjüdischen Viertels, war sehr umstritten, und der Aufschrei der Gegner lebt bis heute in dem Spitznamen »Stopera« fort. Der eindrucksvolle Bau aus Marmor, Backstein und Glas ist Sitz der Holländischen Oper und des Nationalballetts. Von September bis Mai finden dienstags um 12.30 Uhr im **Boekmanzaal** kostenlose halbstündige Konzerte statt, und wer einen Blick hinter die Kulissen werfen möchte, kann dies jeden Samstag um 15 Uhr tun (Reservierung über 020 551 8054). Karten für ausverkaufte Vorstellungen bekommt man möglicherweise, wenn man sich eine Stunde vor Vorstellungsbeginn am Schalter eine Nummer geben lässt. Mit etwas Glück holt jemand seine vorbestellte Karte nicht ab …

Das 1903 fertig gestellte Börsengebäude **Beurs van Berlage** (Damrak 213, Tel. 020 627 0466; www.orkest.nl) des Architekten Hendrik Berlage zählt zu den bekanntesten Beispielen der Amsterdamer Schule. Gehandelt wird hier schon lange nicht mehr; stattdessen dient die Börse als Veranstaltungsort für Ausstellungen und Konzerte der Niederländischen Philharmoniker und des Kammerorchesters. Die »Bühne« in einem der beiden ausgezeichneten Konzertsäle besteht aus einem riesigen frei stehenden Glaswürfel.

Seit 1974 ist das **Bimhuis** (Oudeschans 73–77, Tel. 020 623 1361; www.bimhuis.nl) Amsterdams erste Adresse für Jazz. Aufmerksam lauscht das Publikum (vorwiegend modernem) Jazz, Konzertabende sind gewöhnlich Donnerstag bis Samstag, dienstags kann man kostenlos Freestyle-Workshops besuchen. Dazu kommt eine ansprechende Bar mit Grachtenblick.

Das **Amsterdam Marionette Theatre** (Nieuwe Jonkerstraat 8, Tel. 020 620 8027; www.marionettentheater.nl) ist der klassischen europäischen Tradition verpflichtet. Besonders sehenswert sind die Opern. Das Gebäude war einst eine Schmiede.

Westlicher Grachtengürtel

Erste Orientierung

Die malerischsten Fotos von Amsterdam sind im westlichen Teil der Stadt aufgenommen, wo die Seele der Grachtenstadt liegt. Wunderschöne Wasserstraßen und ruhige Innenhöfe findet man hier, aber auch die trendigsten Einwohner. An praktisch jeder Straße erwartet Sie zumindest eine Überraschung: ein zauberhaftes altes Haus mit pittoreskem Giebel, ein faszinierendes Geschäft oder Café, oder ein Grachtenblick, der einen augenblicklich zur Kamera greifen lässt.

Am besten lernt man dieses Areal kennen, wenn man zuerst eine Grachtenrundfahrt macht und dann zu Fuß loszieht, die malerischen Straßen zu erkunden. Das einstige Arbeiterviertel hat sich in jüngster Zeit zum schicksten (und entsprechend teuren) Wohngebiet der Stadt entwickelt. Einige der neu Zugezogenen leben in den eleganten alten *hofjes*, von denen es hier viele gibt und die manchmal auch Besuchern Einlass gewähren. Zwischen dem Jordaan und dem Stadtzentrum liegen die »Neun Straßen«, ein anderer aufstrebender Bezirk mit schönen Cafés und Restaurants – wie der Name schon sagt, alles in einem säuberlichen Drei-mal-drei-Raster. Und noch ein Stück weiter westlich hat die Schickeria ein ehemaliges Gaswerk annektiert.

Die meisten Besucher weichen nur selten von dem Streifen ab, der vom Anne Frank Huis über die Westerkerk zum Leidseplein führt, obwohl es sich lohnt, die Touristenpfade zu verlassen und sich ganz dem Zauber der Stadt hinzugeben.

Von Grachtenbrücken aus bieten sich herrliche Fotomotive

Vorhergehende Seite: Der Jordaan im Licht der Dämmerung

★ Nicht verpassen!

Nach Lust und Laune!

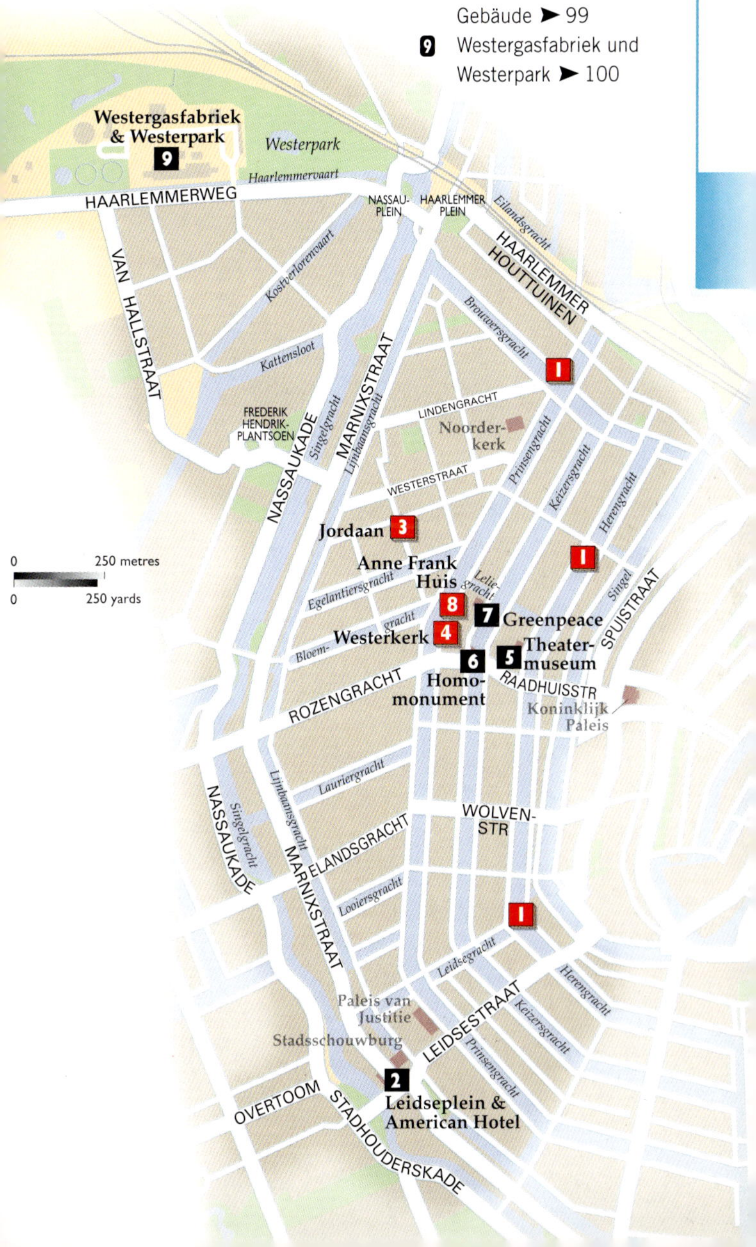

Ein Tag in dieser wunderschönen grünen Gegend erlaubt Einblicke ins goldene Zeitalter genauso wie ins 21. Jahrhundert, und das Spektrum an Sehenswürdigkeiten ist beeindruckend.

Westlicher Grachtengürtel an einem Tag

9 Uhr

Frühes Aufstehen lohnt sich: Das erste Boot ist deutlich weniger voll als die nachfolgenden. Bei der **Grachtenrundfahrt** (➤ 84ff) umrunden Sie die ganze Stadt, aber der hübscheste Teil liegt am westlichen Grachtengürtel.

10 Uhr

Spazieren Sie zum **Leidseplein** (➤ 98), bevor er von Bier trinkenden, Dope rauchenden Touristen heimgesucht wird. Setzen Sie sich in ein Straßencafé, oder wärmen Sie sich – bei kühlerer Witterung – im opulenten Ambiente des Café Américain im **American Hotel** (➤ 98) auf.

11 Uhr

Gehen Sie weiter Richtung Norden, und holen Sie sich bei einem langen Spaziergang durch den **Jordaan** (➤ 88ff) Appetit aufs Mittagessen. Lassen Sie das Flair des Stadtteils auf sich wirken, und besichtigen Sie ein oder zwei *hofjes*.

13 Uhr

Vom Jordaan ist es nicht weit zum Mittagessen in einem der hübschen Cafés in den schicken 9 Straatjes (»Neun Straßen«,➤ 105). Oder Sie legen einen Schaufensterbummel ein – in dieser Gegend locken einige der ausgefallensten Läden von ganz Amsterdam.

14.30 Uhr

An der Nordwestecke der Neun Straßen steht die **Westerkerk** (➤ 92f), die traditionelle Hochzeitskirche des Königshauses und einst die letzte Ruhestätte Rembrandts. Steigen Sie zur vollen Stunde auf den Kirchturm hinauf, oder besichtigen Sie das ganz in der Nähe in einem wunderschönen Grachtenhaus untergebrachte **Theatermuseum** (➤ 99). Besuchen Sie anschließend das **Homomonument** (➤ 99) und das Jugendstilhaus, in dem heute die Umweltschutzorganisation **Greenpeace** ihren Sitz hat (➤ 99).

16 Uhr

Stärken Sie sich bei einem Kaffee, vielleicht im bizarren Café Chris (➤ 101) an der Bloemstraat oder, bei schönem Wetter, in einem Grachtencafé.

17.30 Uhr

Nutzen Sie die verlängerten Öffnungszeiten für einen Besuch im **Anne Frank Huis** (links, ➤ 94ff). Um diese Zeit ist es nicht mehr ganz so überlaufen.

19.30 Uhr

Wenn Sie einen Aperitif wollen, haben Sie die Wahl zwischen vielen Bruin Cafés. Alternativ können Sie am Leidseplein ein Pils trinken und Passanten beobachten.

20 Uhr

Ein Abendessen bei Jazzmusik im De Doffer (➤ 102) oder im theatralischen Ambiente von Blakes (➤ 103) bildet einen guten Abschluss für den Tag – es sei denn, Sie möchten sich noch ins Nachtleben stürzen.

22 Uhr

Verspielen Sie Ihr letztes Urlaubsgeld, oder gewinnen Sie ein Vermögen im Holland Casino (➤ 107). Oder lassen Sie sich überraschen, welche Musik im Melkweg oder im Paradiso (➤ 108) geboten ist, zwei bekannten Nachtclubs.

Grachtenrundfahrt

Zweieinhalb Millionen Touristen begeben sich jedes Jahr an Bord eines der rund 100 Sightseeing-Boote. Amsterdam ist wie dazu geschaffen, vom Wasser aus betrachtet zu werden. Von dem langsam tuckernden Schiff lässt sich die Schönheit der Grachtenhäuser, das üppige Grün und der Reiz der Uferpromenaden in Ruhe genießen.

Welche Tour?

Jeder Veranstalter hat seine eigene Anlegestelle und Tour. Lebhafte Konkurrenz sorgt für niedrige Preise und hohes Niveau. Bei den meisten Touren spielt ein Tonband die Kommentare zu den Sehenswürdigkeiten ab; der einzige Veranstalter mit »lebendem« Führer, der darüber hinaus auch eine interessante Route bietet, ist Amsterdam Canal Cruises, gleich gegenüber der Heineken Brouwerij.

Unten links: Die Heineken-Brauerei hinter der Anlegestelle der Amsterdam Canal Cruises

Oben: Den schönsten Blick genießt man von einem Boot mit geöffnetem (Glas-) Dach

Stadtrundfahrt

Unsere Rundfahrt folgt der Route der Amsterdam Canal Cruises (► 87). Wie die meisten Touren führt sie im Uhrzeigersinn rings um Amsterdam und schließt auch die Amstel mit ein, jene natürliche Wasserstraße, der die Stadt ihre Existenz überhaupt erst verdankt (einige Veranstalter fahren entgegen dem Uhrzeigersinn und lassen die Amstel völlig aus).

Erste Höhepunkte sind die **Schleusentore**, das eindrucksvolle **Theater Carré** und die **Magere Brug** (► 150f). Das Ostufer zwischen Keizersgracht und Herengracht wird vom schönen **Amstelhof** dominiert.

Leben mit dem Wasser

Der Wasserspiegel in Amsterdam wird dank eines ausgefeilten Schleusensystems konstant gehalten. Den Einheimischen zufolge entsprechen drei Meter Wassertiefe in Wahrheit einem Meter Wasser, einem Meter Fahrräder und einem Meter Schlamm. Die Fahrräder werden regelmäßig gehoben – zusammen mit Massen an Sperrmüll.

Die bevorzugte Wasserstraße des Gürtels ist die **Herengracht**, und die Tour der Amsterdam Canal Cruises präsentiert sie in voller Länge. An der Kreuzung mit der für ihre sieben Brücken bekannten **Reguliersgracht** verlangsamt das Boot seine Fahrt, damit jeder die malerischen Steinbögen bewundern kann.

Weiter geht es durch die **Brouwersgracht**, einen der hübschesten Abschnitte, dann nach einem abenteuerlichen Wendemanöver in den Singel und von dort unter einer Reihe von Brücken hindurch zum IJ. Das Gefühl, aus der Stadt herauszukommen, kann erfrischend und befreiend sein, begegnet man hier jedoch einem mächtigen Kreuzfahrtschiff, wird man sich in dem kleinen Touristenboot doch der Kleinheit der eigenen Existenz bewusst.

Unten rechts: Bei einigen Brücken wird die Durchfahrt für die Sightseeing-Boote eng

Rechts: Die »Gracht der sieben Brücken«, ein Muss für jeden Fotografen

Hausboote

Die Unterkünfte aller Größen und Formen, die am Ufer der Grachten vertäut liegen, sind eine relativ junge Bereicherung des Stadtbilds. Sich eine dauerhafte Bleibe auf dem Wasser zu suchen, kam nach dem Zweiten Weltkrieg auf, als der Wohnraum in der Stadt knapp wurde. Heute gibt es rund 4000 Hausboote, die meisten legal, mit offizieller Postadresse, Strom- und Wasseranschluss, rund 1500 aber auch »illegal«. Viele bestehen aus dem Stahlrumpf ehemaliger Frachter und müssen alle paar Jahre in eine Werft. Immer häufiger werden jedoch Betonwannen verwendet. Sie sind wartungsfrei und bieten auch mehr Wohnfläche – es sind sogar Unterwasseretagen möglich (Merkmal: schmale Fenster dicht über der Wasseroberfläche). Auf dem Betonfundament haben sich manche Leute richtige Ziegelhäuser gebaut, oft mit Garten oder Terrasse. Selbst die amtlich registrierten Hausboote entsorgen ihr Abwasser in die Grachten. Deshalb müssen die Wasserstraßen häufig durchgespült werden, ein kompliziertes Verfahren, bei dem Wasser aus der Amstel herübergepumpt wird.

Wenn Sie wissen wollen, wie es sich auf einem Hausboot lebt, besuchen Sie das **Hausbootmuseum** (Woonboot Museum – Tel. 020 427 0750, geöffnet Di–So 10–17 Uhr, preiswert) am Westufer der Prinsengracht direkt südlich der Berenstraat.

Das Leben auf einem Hausboot scheint frei von Hektik zu sein

Die Fahrt durch das offene »Meer« ist rund einen Kilometer lang, führt vorbei an der wenig attraktiven Rückseite der **Centraal Station** (► 68) und bietet die Möglichkeit, einen Blick auf **Amsterdam Noord** zu werfen, wo sich u. a. der Firmensitz des Ölmultis Royal Dutch Shell befindet. Unter zwei Drehbrücken biegt das Boot nach Süden ab zum **Oosterdok**, wo vor dem Bau des Bahnhofs der Hafen von Amsterdam lag. Vor Ihnen ragt jetzt der kupferne »Rumpf« des **NEMO** (► 69) auf. Dahinter wartet ein weiteres Highlight der Tour: die Chance, den originalgetreuen Nachbau des Ostindienfahrers *De Amsterdam* (► 148) aus der Nähe zu sehen.

Während die meisten Veranstalter hier umkehren, bringt Amsterdam Canal Cruises Sie weiter um die **Nieuwe Herengracht** herum wieder zur Amstel und von dort zurück zur Singelgracht.

Grachtenrundfahrten

✉ die meisten Veranstalter: am oder beim Damrak-Becken, gegenüber vom Hauptbahnhof; Kooij: vor dem Allard-Pierson-Museum an der Binnen-Amstel

Amsterdam Canal Cruises

✉ Nordufer der Singelgracht, direkt gegenüber der Heineken-Brauerei
🕒 die ersten Boote fahren gewöhnlich gegen 9 Uhr ab, die letzten je nach Jahreszeit gegen 16, 17 oder 18 Uhr; dazu kommen Sonderfahrten am Abend; die (unverbindliche!) Abfahrtszeit des nächsten Bootes ist auf einem Zifferblatt am Kiosk des Veranstalters angezeigt

Auf den Grachten herrscht reger Verkehr

GRACHTENRUNDFAHRT: INSIDER-INFO

Top-Tipps: Die Konkurrenz ist so groß, dass viele Veranstalter **Rabatt** gewähren, wenn man die Karten im Voraus kauft. Preiswerte Hotels und Jugendunterkünfte werben manchmal mit Preisnachlässen von über 30 Prozent.

- Stärken Sie sich vor der Abfahrt: **Nur wenige Boote haben Erfrischungen an Bord.** Ausgenommen sind natürlich die Dinnercruises am Abend.
- **Canal Bike** (Tel. 020 626 5574, geöffnet ca. 10–18 Uhr) vermietet **Tretboote** für zwei Personen. Sie können die »Grachtenfahrräder« an jeder beliebigen von vier Anlegestellen abholen und abgeben: Drei liegen am westlichen Grachtenring – an der Nordseite des Leidseplein, Keizersgracht Ecke Leidsestraat und vor dem Anne Frank Huis. Die vierte (der Firmensitz) befindet sich am Weteringschans, unweit vom Haupteingang des Rijksmuseums.

Umgehen Sie die Menschenmassen: Im Sommer sind häufig mehr als 80 Grachtenboote unterwegs, dazu kommen jede Menge kleinere Wasserfahrzeuge und viele Dutzend unberechenbarer Tretboote. Folglich sind Staus an der Tagesordnung, was zu gravierenden Verspätungen führen kann. Manche Rundfahrten sind zudem schon von Gruppen ausgebucht. Versuchen Sie gleich **bei einer der ersten Rundfahrten um 9 Uhr dabei zu sein.** Der »Stoßverkehr« beginnt ab 10 Uhr und hält bis 17 oder 18 Uhr unvermindert an.

Jordaan

Nirgends ist Amsterdam ursprünglicher als in diesem ehemaligen Arbeiterviertel, wo Sie eine Mischung aus stimmungsvoller Architektur, verführerischen Geschäften, malerisch-verträumten Ansichten und dörflichem Ambiente erwartet. Der unten beschriebene Rundgang soll lediglich ein Gerüst darstellen: Weichen Sie ruhig davon ab, und schlendern Sie in idyllische Gassen, spähen in jene verborgenen Innenhöfe, denen der Stadtteil so viel von seinem Charme verdankt.

Im Jordaan gibt es jede Menge schrullige Geschäfte

Das goldene Zeitalter im 17. Jahrhundert wurde von einer wahren Bevölkerungsexplosion begleitet, da Handwerker, Künstler und Abenteurer aus ganz Europa nach Amsterdam strömten. Während die Reichen sich Grundstücke am neuen Grachtengürtel sicherten, entstand dahinter, wo noch kurz zuvor Ackerland gewesen war, ein eng besiedeltes Viertel. Der Name »Jordaan« leitet sich vom französischen *jardin* her, obwohl bei der Bebauungsdichte eigentlich nicht viel an einen Garten erinnert. Das Viertel liegt, flankiert von der Prinsengracht im Osten und der Lijnbaansgracht im Westen, im westlichen Teil des Grachtengürtels. Die Nordgrenze bildet die Brouwersgracht, die Südgrenze die Looiersgracht, wo unser Rundgang auch beginnt.

Das ganz eigene Flair des Jordaan wird schon am **Rommelmarkt** (➤ 107) offenbar. Auf den ersten Blick wirkt dieser überdachte Markt vielleicht wie ein gewöhnlicher Flohmarkt, aber zwischen jeder Menge Ramsch (so die deutsche Übersetzung von »Rommel«) gibt es hier tatsächlich echte Antiquitäten zu entdecken.

Ein Stück nordostwärts an der **Looiersgracht** liegt einer von vielen wunderschönen Aussichtspunkten: Von der Mitte der Brücke aus bietet sich ein herrlicher Blick über die Wasserstraße (in beide Richtungen!). Schlendern Sie anschließend durch die schicken Geschäfte an der **Looiersdwarsstraat** und deren Fortsetzung, **Hazenstraat**, wo Sie garantiert das Olivenöl finden, das Sie schon immer gesucht haben (➤ 106). Kurz darauf könnte allerdings ein rüdes Erwachen aus der romantischen Träumerei folgen, wenn Sie die einzige große Verkehrsader im Joordan queren müssen, **Rozengracht**, wo vier Trambahnlinien und jede Menge Autos durch eine Straße drängen, die so gar nicht in das malerische Bild des Viertels passen will.

Haben Sie sie glücklich überquert, kommen Sie auf die **Bloemstraat** (erwarten Sie hier, wie überhaupt im Jordaan, aber bitte nicht besonders viele Blumen) und gehen dann auf den unverkennbaren Turm der **Westerkerk** (➤ 92f) zu. Vorher biegen Sie aber links in die **2e Leliedwarsstraat** ein, die Sie zu verschiedenen *hofjes* (➤ 90) bringt. Bummeln Sie anschließend zur **Westerstraat**, versäumen aber auf gar keinen Fall die **1e Leliedwarsstraat**-Brücke über die **Egelantiersgracht**, wo der vielleicht schönste Grachtenblick Amsterdams auf Sie wartet. Die Westerstraat ist zwar die Hauptstraße des Viertels, verliert aber durch die vielen geparkten Autos sehr an Charme. Biegen Sie in der Mitte der **Lindengracht** nach Norden ab, und Sie sind binnen fünf Minuten am nördlichsten Punkt des Jordaan.

Von hier aus können Sie Rundgang 1 (➤ 174ff) oder Rundgang 3 (➤ 181ff) machen, westwärts in Richtung **Westergasfabriek** und **Westerpark** (➤ 100) spazieren oder einfach über einen anderen Weg wieder zurückgehen und weitere malerische Ecken dieses vielgesichtigen Stadtteils entdecken.

Egelantiersgracht, eine der meistfotografierten Wasserstraßen Amsterdams

Die *hofjes* im Jordaan

Das ehemalige Arbeiterviertel weiß seine Schätze zu verbergen. Hinter einer Reihe unscheinbarer Pforten versteckt, liegen um Innenhöfe (*hofjes*) herum gebaute Wohnkomplexe, errichtet von den Reichen und Mächtigen für die vom Schicksal weniger Begünstigten. Sie boten – und bieten teils heute noch – Not leidenden und alten Menschen bestimmter Glaubensrichtungen Unterkunft. Einige dieser Armenhäuser, wie *hofjes* bisweilen übersetzt wird, wirken in der Tat ärmlich, während andere wunderschöne Anlagen mit prachtvollen Gärten sind.

Hofjes gibt es in ganz Amsterdam, aber nirgendwo ist die Dichte so hoch wie im Jordaan.

Wenn Sie Zeit für nur einen *hofje* haben, sollten Sie den **Karthuizerhof** besuchen: Der Huyz-Zitten Weduwen Hofje (benannt nach den Gründern) besteht aus einem großen Innenhof mit zwei kunstvoll verzierten Wasserpumpen. Die Gebäude sind streng symmetrisch angeordnet, wie es im 17. Jahrhundert, als dieser *hofje* entstand, Mode war. An der Wand des oberen Stockwerks ist dort, wo ein Fenster sein sollte, ein Platz frei gelassen – wohl, um die Ausdehnung des *hofjes* hervorzuheben.

Claes Claesz Hofje, Egelantiersstraat 34–54, zählt zu den am einfachsten zugänglichen *hofjes* (rund um die Uhr geöffnet). Er liegt in einer dicht bebauten Gegend des Jordaan zwischen Egelantiersstraat, Tuinstraat und Eerste Egelantiersdwarstraat, wo sich auch der Haupteingang befindet. Claes Claesz war ein mennonitischer Tuchhändler, der die Anlage 1626 begründete. Sie umfasst drei miteinander verbundene grün verwilderte Höfe und beherbergt heute ein Wohnheim für Musikstudenten. Bei schlechtem Wetter finden hier gelegentlich auch Haschraucher Unterschlupf.

Um die Ecke gibt es einen zweiten Eingang, direkt neben einer Taverne, die in einen der Höfe hineinragt. Wenn Sie durch dieses Tor hinausgehen und über den Eingang zur Taverne

Buntes Markttreiben im Jordaan

Rechts: Karthuizerhof, der größte *hofje* im Jordaan

Hinter jedem Torbogen im Jordaan verbirgt sich etwas Sehenswertes

schauen, sehen Sie eine besonders schöne Tafel mit dem Wappen von Anslo, wie das norwegische Oslo früher auf Holländisch hieß.

Größer als zwischen dem Claes Claesz Hofje und dem **St. Andrieshofje**, Egelantiersstraat 107–114, zum Ende der Straße hin gelegen, könnte der Kontrast kaum sein. In diesem Bilderbuchhofje mit seinem gepflegten Garten und den hübschen Häuschen sind Besucher nur zwischen 9 und 18 Uhr willkommen.

Den Zugang zum **Zevenkeurvorstenhofje**, Tuinstraat 187–221, zu finden, bedarf längerer Suche. Als Belohnung winkt allerdings eine Insel der Stille, die das städtische Leben vollständig ausschließt. Entsprechend lang ist die Warteliste für die Wohnungen.

Das Attraktivste am **Bosschehofje**, Palmgracht 20–26, ist der Blick von der Straße auf den Haupteingang. Hoch über dem Tor prangt eine große Tafel, darunter ein Bullauge und ein Schlussstein über einem dekorativen Backsteinbogen.

Dahinter findet ganz alltägliches Leben statt: Kinder toben herum, Wäsche flattert zum Trocknen an der Leine. Über die rückwärtige Mauer hat man einen guten Blick auf die rückseitigen Fassaden einiger schöner Häuser.

Jordaan
☒ 202 B2

JORDAAN: INSIDER-INFO

Top-Tipps: Wegen der Lage der Straßen und Grachten im Jordaan ist **das beste Licht zum Fotografieren** gewöhnlich am Spätnachmittag.
- Wenn Sie um den **Geburtstag der Königin am 30. April** in Amsterdam sind, sollten Sie in diesem Stadtteil mitfeiern.

Geheimtipp: Wer das Leben auf einem Hausboot kennen lernen möchte, besucht das **Hausbootmuseum** (► 86), das auf Höhe Johnny Jordaan Plein in der Prinsengracht vertäut liegt.

Westerkerk

Von all den schönen Kirchen Amsterdams ist dies die zentralste, dem pulsierenden Leben der Stadt ganz nah und auch eng verbunden. Der Turm – angesichts des nachgiebigen Untergrunds ein wahres Meisterwerk an Baukunst und Statik – beherrscht den westlichen Teil der Grachtenstadt, und Amsterdamer, die in Hörweite der Glocken der Westerkerk geboren sind, betrachten sich als vom Schicksal besonders begünstigt.

Die Westerkerk, eine der ersten protestantischen Kirchen Amsterdams, wurde von Hendrick de Keyser (1565–1621) entworfen und am Pfingstsonntag 1631 eingeweiht. Der Turm, der erst sieben Jahre später fertig gestellt wurde, ist über 85 Meter hoch und trägt die schwerste Glocke der Stadt.

Blick von der Keizersgracht auf die Westerkerk

Der Innenraum ist auffallend schlicht gehalten, in bewusstem Gegensatz zu dem oft überladenen Prunk katholischer Kirchen. Die prächtigsten Stücke sind die »Logen« der reichen Familien, die sich darin vom gemeinen Volk abgrenzten. Die große, reich geschmückte Orgel über dem Westportal kam erst mehr als 50 Jahre nach Vollendung der Kirche hinzu – so lange dauerte die Debatte darüber, ob musikalische Begleitung dem Gottesdienst überhaupt angemessen sei. Sie ruht, unterstützt von ein oder zwei Putti, auf Marmorsäulen und ist so das extravaganteste Stück der Kirche. Besonders kunstvoll sind die Jalousien gearbeitet.

Die berühmteste Persönlichkeit, die in der Westerkerk ihre letzte Ruhe fand, ist de facto heute nicht mehr auffindbar: Rembrandt wurde hier in einem gemieteten Grab beigesetzt, seine sterblichen Überreste wurden aber 20 Jahre später entfernt, um anderen Verstorbenen Platz zu machen. Dennoch behauptet ein Denkmal an der Nordseite der Kirche: »Hier ruht R. Harmensz Van Ryn, geb. 15. Juli 1606, gest. 4. Oktober 1669.«

Der Aufstieg auf den Turm wird mit einem prächtigen Panorama belohnt, angeblich »der schönste Blick über die Stadt«. Im 17. Jahrhundert diente der Turm nicht nur der Ehre Gottes, sondern zugleich als Wachturm: Hier hielt man Ausschau nach Bränden oder Dammbrüchen. Der untere Teil des Turms ist ge-

Lohn des mühevollen Aufstiegs: ein spektakulärer Blick über Amsterdam

mauert, doch ab der ersten Etage ist das Bauwerk aus Gewichtsgründen aus Holz, mit Sandstein- oder Bleiverkleidung. Der mittlere Teil der heute geschlossenen ersten Etage war einst offen, um Baumaterial und die Glocken nach oben zu ziehen. In der vierten Etage sieht man die Balken, die die Schwingungen der sieben Tonnen schweren Glocke auffangen – ohne sie würde der Turm wahrscheinlich irgendwann einstürzen.

KLEINE PAUSE

Rund um die Westerkerk gibt es viele Möglichkeiten: **Van Puffelen** (► 104) direkt südlich hat mittags allerdings nur am Wochenende geöffnet. Ein Stück nordwärts an der Prinsengracht entlang liegt die **Pancake Bakery** (► 104).

Westerkerk

202 C5 Prinsengracht 281

020 624 7766

die Öffnungszeiten schwanken! Kirche 10. April–15. Sept. Mo–Fr 11–15 Uhr; Juni–Aug. Sa 11–15 Uhr; Sonntagsgottesdienste sind auf Holländisch und dauern ca. 1½ Stunden; Turmführungen April–Sept. täglich 10–17 Uhr, jeweils zur vollen Stunde

13, 14, 17, 20

Kirche: frei; Turm: preiswert

WESTERKERK: INSIDER-INFO

Top-Tipp: Der Aufstieg auf den Turm ist für normal gehfähige Personen kein Problem, wenngleich **die steilen Treppen im oberen Teil besondere Aufmerksamkeit verlangen.** Für alle, die nicht schwindelfrei sind: Die Sicherung rings um die oberste Plattform ist ausreichend hoch!

Anne Frank Huis

Ein idyllischerer Ort ist schwerlich vorstellbar: Im Schatten der Westerkerk steht an einer der schönsten Wasserstraßen Amsterdams ein stattliches Kaufmannshaus, erbaut 1635. Hinter der gefälligen Fassade aber liegen ein Gefängnis und ein Ort der Denunziation. Heute erinnert es an die Opfer des Zweiten Weltkriegs, insbesondere jedoch an ein junges Mädchen, dessen man sich noch im 21. Jahrhundert entsinnt.

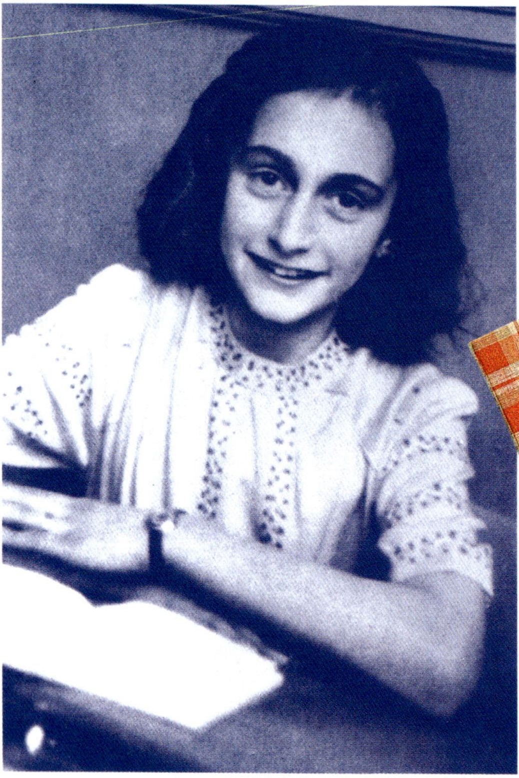

Unten: Annes Tagebuch fand man nach der Verhaftung der Familie auf dem Fußboden

Links: Die von den Nazis verschleppte Anne Frank

25 lange Monate lebten die Familien Frank und van Pels im Anbau des Hauses Prinsengracht 263 in ständiger Furcht vor Entdeckung und Deportation. Kurz vor Kriegsende wurden sie dann tatsächlich denunziert und abtransportiert. Als Einziger überlebte Annes Vater Otto Frank das KZ. Als er später in das Haus zurückkehrte, gab ihm einer der Helfer der Familie Annes Tagebücher, die er dann veröffentlichte.

Oben: Prinsengracht 263 im Jahr 1940

Ganz oben: Das Haus ist heute ein Museum

Das Haus, in dem sie sich versteckt gehalten hatten, stand jahrelang leer. Ende der Fünfzigerjahre sollte es abgerissen werden, woraufhin engagierte Bürger die Anne-Frank-Stiftung ins Leben riefen. Ursprünglich ging es dabei allein um die Erhaltung des Hauses, doch betrachtet die Stiftung es zunehmend als ihre Aufgabe, vor den Gefahren des Rassismus allgemein zu warnen.

Der Rundgang durch die Räume macht mit Annes Geschichte bekannt. Es gibt keine Führer: Jeder Besucher kann sich so viel Zeit lassen, wie er möchte. Der Eingang liegt in der Prinsengracht 267, es folgen einige Exponate in Hausnummer 265. Das eigentliche Anne-Frank-Haus betritt man im Erdgeschoss durch die einstigen Lagerräume, wo auch Gewürze gemahlen wurden.

Otto Frank war nach der Machtergreifung Hitlers 1933 mit seiner Familie von Frankfurt nach Amsterdam gezogen und hatte dort zwei Geschäfte gegründet: Opekta, die das bekannte Geliermittel herstellt, und eine Gewürzfirma namens Gies & Co. Die Kräuter und Gewürze eigneten sich ideal als Erklärung, warum die Fenster im rückwärtigen Anbau des Hauses geschwärzt waren: Was dahinter lag, blieb besser im Dunkeln.

Im Mai 1940 marschierten die Nazis in Amsterdam ein und nahmen der jüdischen Bevölkerung nach und nach sämtliche Rechte. Otto Frank, seine Frau Edith und ihre Töchter Anne und Margot hielten sich ab dem 6. Juli 1942 versteckt – nachdem Margot die Einweisung in ein Arbeitslager erhalten hatte. In einem Video **im ersten Stock** erzählt Miep Gies – Mitglied der Familie, die Anne und ihre Angehörigen versteckt hielten –, wie die Franks im Hinterhaus lebten. Es kam noch eine zweite Familie dazu, Otto Franks Geschäftspartner Hermann van Pels, seine Frau Auguste und ihr Sohn Peter. Und ab November lebte zudem Fritz Pfeffer hier, der mit seiner nichtjüdischen Verlobten aus Deutschland geflohen war.

Eine wichtige Rolle bei dem ganzen Unternehmen spielte Victor Kugler, ein Angestellter der Firma. Auch sein Büro ist zu besichtigen. Manchmal wagten sich die Verfolgten abends aus ih-

rem Versteck und lauschten dort dem »feindlichen« britischen Sender. Mit Kuglers Hilfe führte Otto Frank sogar weiterhin seine Geschäfte.

Oben: Annes Zimmer

Ganz oben: Das drehbare Bücherregal vor dem Zugang zum Versteck

In der **zweiten Etage** liegt das Büro dreier weiterer Mitarbeiter: Johannes Kleimann, Miep Gies und Bep Voskuijl. Samstagnachmittags wurde der vordere Teil zum Badezimmer für die beiden Mädchen umfunktioniert. »Wir schrubben uns in der Dunkelheit«, schrieb Anne. »Während sich die eine wäscht, späht die andere zwischen den Vorhängen hindurch nach draußen.« Im Warenlager ist die Geschichte der Judenverfolgung dokumentiert. Von hier gelangt man in das **Hinterhaus**, wo auf zwei Stockwerken acht Menschen lebten, zu ständigem Stillsein verurteilt, um nur ja keine Aufmerksamkeit auf sich zu lenken. Der Zugang war hinter einem Bücherregal verborgen, hinter dem eine schmale Treppe in den Anbau hinaufführt.

Jede Woche brachte Victor Kugler Anne eine Kino- und Theaterzeitschrift mit, aus der sie Bilder ihrer Idole ausschnitt und an die Wand heftete. Anne führte seit ihrem 13. Geburtstag am 12. Juni 1942 Tagebuch, wenige Wochen bevor die Familie untertauchte. »Ich hoffe, ich kann Dir alles anvertrauen«, notierte sie. Der letzte Eintrag stammt vom 1. August 1944, als sie schreibt: »Etwas in mir schluchzt.«

Vom Hinterhaus gelangt man in einen modernen **Ausstellungsraum**, wo man das weitere Schicksal der acht Menschen erfährt. Am 4. August 1944 kam die SS – holländische Kollaborateure hatten die Untergetauchten verraten. Alle acht wurden verhaftet, ins Übergangslager Westerbork und von dort mit einem der letzten Judentransporte nach Auschwitz gebracht.

Auch ihre Helfer Victor Kugler und Johannes Kleimann wurden festgenommen, aber später wieder freigelassen. Hermann van Pels wurde kurz nach der Ankunft im KZ vergast, seine Frau und sein Sohn von Lager zu Lager verschoben; sie starben sechs Monate später. Auch Fritz Pfeffer überlebte die Strapazen nicht. Otto und Edith Frank entgingen der Gaskammer, doch Edith starb im Januar 1945 an Unterernährung. Anne und Margot landeten schließlich im Lager Bergen-Belsen, wo sie im März Opfer einer Typhus-Epidemie wurden.

Nach dem Krieg entschloss sich Otto Frank, dem Wunsch seiner Tochter nachzukommen und ihr Tagebuch zu veröffentlichen. Es erschien erstmals 1947 auf Holländisch, wurde aber sehr bald übersetzt und liegt heute in über 60 Sprachen vor.

KLEINE PAUSE

An der Südseite des Museums befindet sich ein hübsches Café mit Blick auf die Westerkerk.

Anne Frank Huis

200 C1
Prinsengracht 263 (Eingang Hausnummer 267)
020 556 7100; www.annefrank.nl
Sept.–März 9–19 Uhr; April–Aug. 9–21 Uhr, täglich außer Jom Kippur
13, 14, 17, 28
mittel

Unten: Der Speicher, wo Anne und ihre Familie sich über zwei Jahre lang verborgen hielten

ANNE FRANK HUIS: INSIDER-INFO

Top-Tipps: Am Ende des Rundgangs können Besucher an einigen **interaktiven Monitorständen** Näheres erfahren. Die Systeme sind aber langsam und ständig umlagert. Gehen Sie lieber in das Café, in dem jede Menge Literatur über Anne Frank ausliegt (in verschiedenen Sprachen).

- Viele Menschen nimmt der Besuch des Anne-Frank-Hauses emotional stark mit. Planen Sie so viel Zeit ein, dass Sie das Gesehene verdaut haben, bevor Sie die nächste Sehenswürdigkeit in Angriff nehmen.

Nach Lust und Laune!

2 Leidseplein und American Hotel

Wie bei so vielem in Amsterdam ist auch hier das A und O der richtige Zeitpunkt. Besuchen Sie den Knotenpunkt der vielen Touristenpfade möglichst früh, wenn er sich frisch geputzt präsentiert und das American Hotel im Glanz der Morgensonne liegt. Das Hotel (➤ 101), die eigenwillige Jugendstilinterpretation einer schottischen Burg, ist die Hauptattraktion des Platzes und verdient, wie auch das Innere, nähere Erkundung.

Beginnen Sie an der Nordwestecke, wo unter einem Bogenfenster schön gestaltete Störche und Eichhörnchen zu bewundern sind. Der Giebel wird von einem stilisierten Sonnenstrahl erhellt. Die Südostfassade des Hotels schmückt sich mit einem Fischbrunnen, interessanter jedoch ist links vom Eingang zum Café ein Relief des Hotels. An der Südecke zeigt sich auf den Kacheln eine Venus in Begleitung zweier Eulen, einiger Schlangen und einer böse dreinblickenden Fledermaus. Bei genauerem Hinsehen lassen sich aus einem Mosaik die Worte »American Hotel« herauslesen.

Am Abend erwacht der Leidseplein zum Leben

Auch der Rest des ungleichmäßig geformten Platzes ist nicht ohne Reiz. Das eindrucksvolle klassizistische Hirsch & Cie an der Südseite beher-

bergt wie mittlerweile so viele andere schmucke Gebäude in Amsterdam eine Bank. An der **Marnixstraat**, und zwar an der Nordostseite des American Hotel, befindet sich eine attraktive Häuserzeile, die inzwischen zu Hotels umgewandelt worden ist.

Beim **AUB Ticketshop** (► 47) in der Stadsschouwberg gibt es Eintrittskarten für Veranstaltungen am gleichen Tag zum Sonderpreis.

Die meisten Menschen kommen allerdings aus prosaischeren Gründen zum Leidseplein, wie die riesige Werbetafel über dem Café bildhaft zeigt: zwei fünf Meter große Gläser Heineken-Bier, die schäumend miteinander anstoßen.

Das faszinierende Theatermuseum

5 Theatermuseum

Auch wenn Sie sich nicht fürs Theater interessieren, wird Ihnen dieses Museum sicherlich gefallen. Es liegt in einem der schönsten Herrschaftshäuser seiner Zeit, das 1638 an Stelle einer ehemaligen Bäckerei entstand. Einige neue Elemente kamen im Laufe der Jahrhunderte hinzu, fügen sich aber wunderbar in das Gesamtbild. Der Eingang befindet sich im benachbarten **Bartolotti-Haus**, einem sogar noch prächtigeren Gebäude aus dem 17. Jahrhundert.

Die Sammlung selbst gleicht eher einem Theaterbesuch als einem trockenen Museum. Lassen Sie sich mit einem Kopfhörer ausstaffieren, und begeben Sie sich auf eine labyrinthische Tour durch das herrliche alte Grachtenhaus.

Der dazugehörige Garten zählt zu den verborgenen Schätzen Amsterdams und entführt Sie in ein Reich zauberhafter Ruhe und Besinnung. Vogelgezwitscher erfüllt den Raum zwischen den Häusern zur Keizersgracht, und jenseits des Zaunes präsentieren sich im Garten des Bartolotti-Hauses eine Reihe eleganter Statuen.

201 D1 ✉ Herengracht 168
020 551 3300
Di–Fr 11–17 Uhr, Sa, So 13–17 Uhr
Café mit schöner Terrasse (€)
13, 14, 17
mittel; für Inhaber des Museumspasses frei (außer Sonderausstellungen)

6 Homomonument

Die Toleranz der Stadt zeigt sich auch im Standort – direkt neben der Westerkerk – dieses Denkmals für all die Männer und Frauen, die wegen ihrer Homosexualität verfolgt wurden. Form und Farbe des dreieckigen rosafarbenen Granitblocks, der in die Keizersgracht hineinragt, basieren auf dem rosa Dreieck, das Schwule und Lesben während der deutschen Besatzung tragen mussten. Fast ist es eine Art Mahnmal geworden, und viele Leute legen hier Blumen nieder.

202 C5 ✉ Westermarkt
immer zugänglich
13, 14, 17

7 Greenpeace-Gebäude

Nicht weit von der Westerkerk und dem Anne Frank Huis stehen zwei vollkommen verschiedene, aber gleichermaßen faszinierende Sehenswürdigkeiten, beide aus dem 20. Jahrhundert: das Homomonument (► oben) und das Greenpeace-Gebäude. Letzteres, europäischer Sitz der internationalen Umweltschutzorganisation, liegt in angemessen grüner Umgebung an der Ecke zur Keizersgracht. Das Haus

Entspannen im Westerpark

selbst ist leider nicht öffentlich zugänglich, aber auch von außen sehenswert. Es entstand 1905 als Bürogebäude einer Versicherung. Ihr Name, Eerste Hollandsche Levensverzekeringsbank, erscheint immer noch auf der Fassade, neben einem Engel, der einer jungen Mutter eine Versicherungspolice verkauft.

201 D1 **Keizersgracht 174–176**
nicht öffentlich zugänglich
13, 14, 17 – zwei Häuserblocks südlich

9 Westergasfabriek und Westerpark

Das westliche Ende der Stadt, insbesondere nördlich vom Haarlemmerweg, lag lange im Abseits, was auch erklärt, warum die westlichen Inseln so wunderbar unberührt geblieben sind. Zwischen einer Wasserstraße und den Bahngleisen findet man in diesem Dreieck heute einen Park und ein ehemaliges Gaswerk, das seit einiger Zeit ein avantgardistisches Kunstzentrum (➤ 108) beherbergt. Die Westergasfabriek besteht aus mehreren Gebäuden an der Nordseite der Haarlemmervaart-Gracht, in einer ansonsten recht heruntergekommenen Gegend. Die Haupt»straße«, die diese quert, wird von mehreren ansehnlichen Gebäuden gesäumt, die sich für experimentelle Kunst geradezu anbieten. Im Osten geht die Westergasfabriek in den Westerpark über. Beachten Sie die Skulpturengruppe am Osteingang.

200 A4
10 endet an der Van Hallstraat, von wo man ein kurzes Stück nordwärts zum Haarlemmerweg und über den Kanal zur Westergasfabriek läuft (geöffnet 8–23.30 Uhr); die Trambahnlinie 3 fährt zum Haarlemmerplein am östlichen Ende des Westerparks
frei

Wohin zum ... Essen und Trinken?

Preise
Die Preisangaben gelten pro Person für ein Essen ohne Getränke.
€ unter 15 € **€€** 15–30 € **€€€** über 30 €

CAFÉS

De Admiraal €– €€
Dieses Proeflokaal (➤ 27) in einem ehemaligen Lagerhaus bietet 20 alte Jenever und 60 Liköre (manche mit so herrlichen Namen wie Perfect-Happiness oder Lift-up-your-Shirt) aus der eigenen Brennerei. Alte Eichenfässer, riesige Schnapsflaschen aus Steingut und kupferne Destillierkessel zieren die große Bar. Anders als in den meisten Probierstuben gibt es hier auch leckere Snacks wie Hering und Räucheraal sowie richtige Mahlzeiten. Einziger Nachteil ist, dass bisweilen Touristenscharen einfallen.

203 E3 **Herengracht 319**
020 625 4334
Mo–Sa 17–24 Uhr

Café Américain €–€€€
Das Jugendstil-Interieur dieses Grand Cafés im American Hotel (➤ 98) steht praktisch unter Denkmalschutz. Über den Steinbögen gibt es herrliche Buntglasdekorationen und wunderschöne, ausgefallene Leuchten. Genauso gut können Sie durch die großen Panoramafenster aber auch das Treiben auf dem Leidseplein beobachten. Snacks, volle Mahlzeiten für jeden Geschmack und verführerische Kuchen warten auf Gäste. Wer sparen will oder muss, kann das Ambiente aber schon für den Preis von einem Kaffee oder Bier genießen. Zum Sonntagsbrunch spielt eine Jazzband.

202 B3
Leidsekade 97
020 624 5322
tägl. 7–1 Uhr

Café Chris €
Eine gute Wahl, wenn Sie ein traditionelles Braunes Café im Jordaan suchen, das nicht von Touristen überlaufen ist (es liegt nicht an einer Gracht). Möglicherweise mit Recht behauptet das Chris, das älteste Café Amsterdams zu sein. Es wurde 1624 gegründet, als die Arbeiter an der Westerkerk hier ihren Lohn erhielten (und vermutlich auch zumindest zum Teil gleich wieder ausgaben). Skurrile Charakteristika sind ein aufgehängtes Fahrrad, eine Toilette, die von innerhalb der Bar gespült wird, und Opernarien am Sonntag.

202 B5 **Bloemstraat 42**
020 624 5942
So–Do 12–1 Uhr, Fr, Sa bis 2 Uhr

Café Dulac €–€€
Dieses Café in einem ehemaligen Bankgebäude aus den Zwanzigerjahren wartet sicher mit einem der auffälligsten Interieurs aller Grand Cafés auf. Postmoderner Kitsch prägt das Bild, dazu kommen von der Decke hängende Trompeten und Schiffsmodelle sowie Wasserspeier und nackte Frauenleiber an den Wänden. In einer Ecke steht ein Baum mit Metallzweigen, in einer anderen eine von Engeln flankierte Kanzel. Freitag und Samstag lockt ein DJ junges trendiges Publikum an. Auf der Karte stehen u. a. Salate, Steaks und Pasta.

201 E3 **Haarlemmerstraat 118**
020 624 4265
So–Do 16–1 Uhr, Fr, Sa bis 2 Uhr

Café Papeneiland €
Das winzige »Papstinselchen« ist eines der ältesten Braunen Cafés in Amsterdam. Seit dem frühen 17. Jahrhundert wird hier Bier ausgeschenkt – Haupterwerb des damaligen Besitzers war freilich das Sargezimmern. Holztäfelung, Delfter Kacheln, an Balken

hängende Bierseidel, ein riesiger alter Herd und nach traditionellem Brauch auf der Bar präsentierte gekochte Eier und Apfelstrudel – das Café atmet ganz einfach Atmosphäre. Trotz erstklassiger Lage (gleich beim Noordermarkt Ecke Brouwersgracht) kommen hauptsächlich einheimische Stammkunden.

- 201 D3
- Prinsengracht 2
- 020 624 1989
- Mo–Do 10–1 Uhr, Fr, Sa 10–2 Uhr, So 12–1 Uhr

Café de Prins €–€€

Ein Braunes Eetcafé (beachten Sie die alte Bar, die typischen Holztische und die halbhohe Wandtäfelung), immer gut besucht von Gästen, die teils hier speisen, teils nur zum Trinken kommen. Pluspunkte sind die Lage am Wasser (bei schönem Wetter kann man draußen sitzen), die Nähe zum Anne Frank Huis und die gute, preiswerte holländisch-französische Küche. Besonders lecker sind das Käsefondue, die Quiches mit Gemüsefüllung sowie mittags das exzellente *uitsmijter* (Spiegeleier auf Brot).

- 200 C2
- Prinsengracht 124
- 020 624 9382
- So–Do 10–1 Uhr, Fr, Sa bis 2 Uhr

Café 't Smalle €

Idyllischer als dieses winzige Eckhaus kann ein Bruin Café kaum sein. Lage an einer Gracht, Kerzen auf der Bar, Holztäfelung an den Wänden und Buntglas aus dem späten 18. Jahrhundert sorgen dafür, dass es meist voll ist – aber immer auch stilvoll. Eine gute Auswahl an Jenever und Snacks tun ein Übriges. Wenn das Wetter mitspielt, kann man direkt am Wasser sitzen.

- 200 C2
- Egelantiersgracht 12
- 020 623 9617
- So–Do 10–1 Uhr, Fr, Sa bis 2 Uhr

De Doffer €–€€

Ein großzügiges Braunes Eetcafé (mit einer weiteren Bar gleich nebenan), wo einfach alles stimmt (auch der Jazz im Hintergrund passt irgendwie): Holzboden, Wandtäfelung, Kerzenlicht und ausgesprochen leckere Gerichte wie Wildpilzsuppe und geräucherte Taubenbrüstchen. Das etwas noblere Ambiente spiegelt sich in der Klientel.

- 202 C4
- Runstraat 12–14
- 020 622 6686
- So–Do 11–2 Uhr, Fr, Sa bis 3 Uhr

Land van Walem €–€€

Eine der so genannten »Designer Bars« – daher ganz in Schwarz gekleidete Bedienungen, überlebensgroße Fotos an den Wänden und reichlich Grünpflanzen. Trotzdem fühlt man sich im Walem wohl. Hauptgrund für seine Beliebtheit dürfte nicht zuletzt die ausgezeichnete (einsehbare) Küche sein. Mittags gibt es etwa *croque madame* (Toast mit Spiegelei belegt). Und wie klingt beispielsweise geschmortes Kaninchen mit in Riesling gekochtem Sauerkraut? Bei schönem Wetter können Sie am Wasser oder im Garten sitzen.

- 202 C3
- Keizersgracht 449
- 020 625 3544
- So–Do 10–1 Uhr, Fr, Sa bis 3 Uhr

Metz & Co €

Im obersten Stock des schicken Kaufhauses (► 106) verdient dieses freundliche Café allein schon der Aussicht wegen einen Besuch: In alle vier Himmelsrichtungen schaut man auf die malerischen steilen Dächer hinab. Service und Küche – Suppen, Eierspeisen, Sandwiches, englischer Tee – sind weniger berühmt.

- 202 C3
- Keizersgracht 455
- 020 520 7020
- Mo 11–18 Uhr, Di, Mi, Fr, Sa 10–18 Uhr, Do 10–19 Uhr, So 12–17 Uhr

Spanjer & Van Twist €–€€

In diesem modernen Eetcafé gibt es mit das beste Café-Essen von ganz Amsterdam – zu Mittag phantastische Omeletts und interessante Sandwiches, abends dann Gehaltvolleres wie gedünsteten Fisch oder Hasenpfeffer. Das Grachtencafé ist gemütlich, hinter der Bar zieht ein Spiegel im Mondrianstil die Blicke auf sich.

201 D1
Leliegracht 60
020 639 0109
tägl. 10–24 Uhr

De Tuin €

»Der Garten« zählt zu den Bruin-Café-Klassikern des Jordaan. Es gibt nichts besonders Bemerkenswertes, aber alles stimmt: eine zauberhafte alte Bar, Kerzenlicht, blanke Holztische, zigarettengebräunte Wände und alte Werbeplakate für holländisches Bier. Die jungen Leute des Viertels kommen gerne her (daher die Popmusikuntermalung, aber in nicht störender Lautstärke), doch auch andere Gäste fühlen sich wohl.

200 C2
2e Tuindwarsstraat 13
020 624 4559
Mo–Do 10–1 Uhr, Fr, Sa 10–2 Uhr, So 11–1 Uhr

RESTAURANTS

De Belhamel €€

Ein ruhiges, romantisches Restaurant mit zauberhaftem Blick über die Brouwersgracht und die Herengracht. Bitten Sie bei der Reservierung um einen Tisch am Fenster. Das Lokal wie auch die grottenartige Bar sind authentischer Jugendstil, die französische Küche recht gut. Was hielten Sie z. B. von Krabbenmousse, gefolgt von gedünsteter Kalbszunge und Birnentorte?

201 E3 Brouwersgracht 60
020 622 1095
Mo–Fr 12–15 und 18–22 Uhr, Sa, So 18–22 Uhr

Blakes €€€

In den malerischen Räumen der alten Bäckerei des exklusiven gleichnamigen Hotels (➤ 41) wird das wohl kreativste (und teuerste) Essen von ganz Amsterdam serviert. Die Küche schwankt zwischen Japanisch/Thailändisch (etwa Thunfisch-Sushi mit Kaviar und eingelegtem Ingwer) und Französisch/Italienisch (etwa Tortellini mit *foie gras*). Jedes Gericht wird grandios präsentiert, so kommt beispielsweise der Kaffee mit waberndem Trockeneis. Ein echtes Erlebnis, Augenschmaus und Gaumenfreude in einem.

202 C4 Keizersgracht 384
020 530 2010
Mo–Fr 12–14 und 18.30–22.30 Uhr, Sa 18.30–22.30 Uhr, So 12–15 Uhr

De Blauwe Hollander €

Bodenständige holländische Kost steht in diesem winzigen schlichten Restaurant in der Nähe des Leidseplein auf der Karte. Es gibt ein halbes Dutzend Holztische, an denen man mit anderen Gästen zusammensitzt. Die Portionen sind riesig, ein Hauptgericht ist immer sättigend. Trotzdem sollten Sie auch die Erbsensuppe probieren und sich ein bisschen Appetit für einen typisch niederländischen Nachtisch wie *vlaflip* (Vanillepudding mit Orangensirup) aufheben.

202 C2
Leidsekruisstraat 28
020 623 3014
tägl. 17–22 Uhr

Bordewijk €€€

Eines der schicksten Restaurants der Stadt (unbedingt reservieren, auch unter der Woche), jedoch mit wunderbar legerer Atmosphäre. Vom sparsam eingerichteten modernen Raum mit kräftigen Farbfeldern an den Wänden überblickt man durch große Fenster den hübschen Noordermarkt. Die faszinierende Speisekarte schöpft teils aus der italienischen, teils aus der französischen Küche. Mit einem Tagesmenü ist man auch preislich gut beraten; die Atmosphäre ist zwangloser als in den anderen Top-Restaurants der Stadt.

201 D3 Noordermarkt 7
020 624 3899
Di–So 18.30–22.30 Uhr

Café-Restaurant Amsterdam €€

Die zehnminütige Trambahnfahrt vom Stadtzentrum aus (Endstation der Linie 10) lohnt sich allein schon der Räumlichkeiten wegen: Das Lokal befindet sich im ehemaligen Maschinenhaus des Wasserwerks, in dem leicht zehn Grachtenhäuser Platz fänden. Die vorwiegend französische Küche wird gerne mit holländischen Zutaten garniert; alle Gerichte sind einfach zubereitet, schmackhaft und preiswert. Amsterdamer aller Altersgruppen lieben das Lokal. Wer nicht reserviert hat, muss möglicherweise mit Wartezeit rechnen, bevor ein Tisch frei wird.

200 neben A4
Watertorenplein 6
020 682 2666
So–Do 11–24 Uhr, Fr, Sa bis 1 Uhr

Christophe €€€

Dieses elegante gediegene Restaurant mit prachtvollem Blumenschmuck und moderner Kunst trägt seit über zehn Jahren einen Michelin-Stern. Die kreative Küche konzentriert sich auf den Südwesten Frankreichs, wo der Küchenchef/Besitzer Jean Christophe Royer aufgewachsen ist.

Allerdings sind bisweilen auch nordafrikanische Einflüsse spürbar; Gerichte wie Wachtelrisotto mit Artischocken und Shiitake-Pilzen wiederum stellen raffinierte Kombinationen verschiedener Küchen dar. Außer à la carte können Sie auch das Menü wählen, das deutlich preisgünstiger ausfällt.

201 D1
Leliegracht 46
020 625 0807
Di–Sa 18.30–22.30 Uhr

Grekas Griekse Traiteurie €

Dieses ausgezeichnete griechische Lokal (man kann das Essen auch mitnehmen) hat sich in den letzten Jahren zu einer beliebten Taverne entwickelt – ein Hauch von Griechenland mit Grachtenblick. Die Beleuchtung ist ein bisschen hell, und die Tische stehen zu eng beisammen, aber die Musik ist ebenso authentisch wie Nicos Küche. Eine Auswahl der herrlichen Vorspeisen gäbe praktisch eine volle Mahlzeit ab – wären da nicht das Hähnchen in Zitronensauce oder das Gemüse-Moussaka, die einfach zu lecker sind …

203 D4
Singel 311
020 620 3590
Di–So 16–22 Uhr

The Pancake Bakery €

Für Kinder aller Altersstufen: Mehr als 50 Pfannkuchen werden hier im Erdgeschoss eines alten Grachtenhauses angeboten, mit Füllungen von Lamm mit Paprika bis hin zu Kirschen mit Schlagsahne. Auf jedem Tisch stehen zusätzlich Marmelade, Sirup und Puderzucker. Die Pfannkuchen sind zwar nicht gerade preiswert, dafür aber sehr groß.

201 D2
Prinsengracht 191
020 625 1333
tägl. 12–21.30 Uhr

D'Theeboom €€€

Dieses elegante Bistro am Singel befindet sich in einem ehemaligen Käsereilager. Obwohl der Eigentümer Georges Thubert aus Frankreich kommt, erinnert das Ambiente eher an Griechenland oder Portugal – an den Wänden wachsen Keramikbäume aus warmen Grüntönen und Schwarz. Die Speisekarte spiegelt eine Vorliebe für frische Zutaten, die ohne große Umstände einfach zubereitet werden.

Die jungen Bedienungen scheinen manchmal etwas überfordert, aber die Gerichte lohnen die Wartezeit. Die Weinkarte ist ausschließlich französisch. Bei schönem Wetter kann man auf der Terrasse speisen.

203 D5
Singel 210
020 623 8420
Mo 18–22 Uhr, Di–Fr 12–14 und 18–22 Uhr, Sa 18–22 Uhr

Van Puffelen €€

Ein freundliches Lokal am Wasser, das gleichzeitig als Braunes Café und vollwertiges Restaurant firmiert. Schwere Samtvorhänge trennen das Café von dem geräumigen, wunderschön getäfelten Speiseraum, der gleichzeitig fröhlich und romantisch wirkt. Die herzhaften Gerichte sind vorwiegend französisch, mit Abstechern in ethnische Küchen – ein Beispiel wäre Straußenfilet in Ziegenkäsesauce.

202 C5 Prinsengracht 375–377 020 624 6270 Café Mo–Do 15–1 Uhr, Fr 15–2 Uhr, Sa 12–2 Uhr, So 12–1 Uhr; Restaurant tägl. ab 18 Uhr

Zest! €€€

Dieses moderne, auffällig möblierte Restaurant gehört denselben Besitzerinnen wie das Zabars (► 133) und das Le Zinc … et les Dames (► 158). Anders als in den meisten hochpreisigen Lokalen im legeren Amsterdam werfen sich die Gäste für einen Besuch hier gewöhnlich in Schale. Die Küche ist international, mit ungewöhnlichen Kombinationen wie Lachssteak in Soja-Limetten-Marinade, frittierten Austern mit Kartoffeln und Rüben.

Der aufmerksame Service verdient ein extra Lob.

201 D2
Prinsenstraat 10
020 428 2455
Mo–Sa 18–23.30 Uhr

Wohin zum … Einkaufen?

Am westlichen Grachtengürtel und im Jordaan findet man die besten Einkaufsmöglichkeiten von ganz Amsterdam. Entlang der Grachten und in den kleinen Nebenstraßen gibt es Dutzende wunderbarer, einzigartiger kleiner Läden, dazu Galerien, Antiquitäten- und Blumengeschäfte. Individualismus ist Trumpf und hat hier eindeutig den Vorrang vor Kommerz. Am besten, Sie gehen auf eigene Faust Schaufensterbummeln und besuchen die überdachten Märkte des Jordaan. Denken Sie daran, dass viele Geschäfte hier montags geschlossen bleiben.

9 Straatjes

Die »Neun Straßen« sind ein tatsächlich autofreies Quadrat zwischen Singel und Prinsengracht, Leidsegracht und Raadhuisstraat. Die schlichten Häuser, einst Quartier der Dienstboten, deren Herrschaften am Wasser residierten, beherbergen heute eine Vielzahl mitunter skurriler Läden.

Von Norden nach Süden finden Sie am Gasthuismolensteeg 7 **Brillenwinkel**, wo es im Erdgeschoss alte Operngläser und Lorgnons gibt, während eine Treppe höher das **Brilmuseum** untergebracht ist – mit ebenso vergnüglichen wie witzigen Exponaten, darunter Kneifer, Schutzbrillen aus dem 19. Jahrhundert und Brillen, die wie Fernsehgeräte geformt sind. (Laden und Museum geöffnet nur Mi–Fr 12–17.30, Sa 12–17 Uhr). Gegenüber hat sich im Haus Nummer 12 **Antonia by Yvette** auf pfiffige Schuhe spezialisiert. In der Hartenstraat 28 lohnt **BLGK** einen Besuch: Der hier gezeigte Schmuck ist ungleich ausgefallener als alles, was Sie in den Diamantenschleifereien der Stadt entdecken werden.

Knopen Winkel in der Wolfenstraat 14 hat eine unglaubliche Auswahl an Knöpfen, während man bei **Laura Dols** (Haus Nummer 7) Kleidung aus den Vierziger- und Fünfzigerjahren findet. Wunderschöne moderne Plastiken gibt es bei **De Beeldenwinkel** (Berenstraat 35) zu bewundern.

Zeit für eine Verschnaufpause: Verwöhnen Sie sich im Louis-XVI-Teesalon von **Pompadour** (Huidenstraat 12) mit wunderbarer heißer Schokolade und sündhaft gutem Kuchen. Ebenfalls an der Huidenstraat (Haus Nummer 13) liegt **Fifties-Sixties** mit allem Möglichen und Unmöglichen aus den Fünfzigern und Sechzigern – bis hin zu Toastern und Staubsaugern.

De Witte Tandenwinkel, eines der eigenwilligsten Geschäfte Amsterdams, wartet in der Runstraat 5 seit über 20 Jahren mit Zahnbürsten und anderen Mundhygiene-Accessoires auf (schauen Sie auf die Zahnbürsten-Menschen im Schaufenster). Gleich nebenan (Nr. 7) liegt **De Kaaskamer**, die über 200 verschiedene Käsesorten führt.

Jordaan

An den winzigen Gässchen südlich der Westerstraat, deren Namen fast so lange sind wie sie selber, locken jede Menge schrullige kleine Läden, in denen man wunderbar nach alten Schallplatten, Filmplakaten und Secondhand-Kleidung stöbern kann. Die Rozengracht ist zwar die reizloseste Straße des Viertels, doch liegen hier das 1884 gegründete **Wegewijs** (Nr. 32 – wunderbarer Käse) und **1001 Kralen** (Nr. 54), das nach Farben sortierte Perlen anbietet.

Südlich davon verkauft **Olivaria** in der Hazenstraat 2a Olivenprodukte – und sonst nichts. Die Öle sind nach Ländern aufgereiht und können probiert werden. Ein Stück weiter im Haus Nummer 26 liegt **Cats & Things**, wo Sie alles finden, was im weitesten Sinn mit Katzen zu tun hat: Kleine Leckereien für Ihre Katze und Spielkarten mit Katzenmotiv ebenso wie knuddelige Plüschkatzen (leicht zu verwechseln mit der hier ansässigen Hauskatze, die aber defintiv nicht zu verkaufen ist!).

Prinsengracht und Haarlemmerstraat

Das Spektrum der Geschäfte an diesem wunderschönen Abschnitt der Prinsengracht reicht von edlen Antiquitäten bis hin zu Geschenkshops. Vom Noordermarkt aus südwärts, auf der Westseite der Gracht, ist **Rinascimento Gallerie d'Arte** (Nr. 170) ein Muss für alle Liebhaber echten Delfter Porzellans. Ein Stück weiter (Nr. 180) verkauft **Simon Levelt** seit 1839 Tee und Kaffee, aber auch Schoko-Poller. Bei **Nieuws** (Nr. 297) finden Sie Geschenke für Leute, die schon alles haben: essbare Unterwäsche, einen Stuhl in Handform, rückwärts gehende Uhren. Hochwertigeres gibt es bei **Van Hier tot Tokio** (Nr. 262), spezialisiert auf edle japanische Antiquitäten, und **Steensma & Van der Plas** (Nr. 272), die mit alten Globen und Uhren (beispielsweise alten Bahnhofsuhren) handeln.

Wenn Sie noch etwas Zeit haben, sollten Sie nördlich der Brouwersgracht zur Haarlemmerstraat spazieren, wo zwischen diversen Coffee Shops einige gute Delikatessengeschäfte und besuchenswerte Galerien liegen.

Leidsestraat und Umgebung

Der ständige Tram- und Fahrradverkehr nimmt einem die Lust an einem Schaufensterbummel in der Leidsestraat mit ihren ohnehin eher durchschnittlichen Mode- und Geschenkboutiquen. Allerdings verdient **Metz & Co** (➤ 102) in der Keizersgracht einen Besuch: Das kleine, aber exklusive Kaufhaus offeriert im 1891 erbauten und damals höchsten Gebäude Amsterdams Designermode und hochwertige Haushaltswaren. Schöne, nicht kitschige Postkarten zu finden, ist auch in der Grachtenstadt schwierig. **Art Unlimited** (Keizersgracht 510) wartet mit einer großen Auswahl auf – sortiert nach Künstlern, Fotografen und Motiven. In einem zauberhaften Grachtenhaus an der Prinsengracht (Haus Nummer 440, Nähe Leidsestraat) verkauft **Heinen** modernes Delfter Porzellan und im Delfter Stil bemalte Keramiken.

MÄRKTE

Noordermarkt (Mo 8–13 Uhr): Flohmarkt mit jeder Menge Kleidung, Schallplatten und Büchern sowie obskureren Dingen wie Flaggen, rostigem Werkzeug und klassischen Statuen. Nicht so groß und bunt sortiert wie der Flohmarkt am Waterlooplein (➤ 77), aber angesichts der Kulisse der Grachtenhäuser weit malerischer.

Samstag zwischen 9 und 16 Uhr wird hier der **Boerenmarkt** abgehalten, spezialisiert auf Vollwertkost und mit herrlich verführerischen Ständen. Zu einem Besuch des Noordermarkt gehört traditionsgemäß eine Einkehr im Café Winkel, Noordermarkt 43, wo ein phantastischer Zimt-Apfelkuchen lockt.

Lapjesmarkt (Mo 8–13 Uhr): vom Noordermarkt die Westerstraat entlang; ein großer, viel besuchter Markt für Stoffe und billige Kleidung.

De Looier Kunst en Antiekcentrum (Elandsgracht 109, Sa–Do 11–17 Uhr): labyrinthischer, aber kultivierter überdachter Antiquitäten- und Kuriositätenmarkt, dessen über 80 Stände Porzellan, Glaskunst, Teleskope, Militaria und Spielzeugautos anbieten. Unterhaltsam ist der »Tischmarkt«, wo jedermann einen Tisch mieten und dort seine Siebensachen verkaufen kann.

Rommelmarkt (Looiersgracht 38, tägl. 11–17 Uhr): ein echter Trödelmarkt unter Dach, wo jeder versucht, sämtlichen Ramsch loszuwerden, der sich im Laufe der Jahre so ansammelt. Das Sortiment reicht von alten Toastern über Schreibmaschinen bis hin zu religiösem Kitsch.

Wohin zum ... Ausgehen?

Mit Dutzenden von Restaurants, Cafés, Nachtclubs, Kinos und Theatern stehen der Leidseplein und die umliegenden Straßen im Zentrum des Amsterdamer Nachtlebens. Wer es lieber ruhiger und romantischer mag, sollte durch den Jordaan spazieren und die Prinsengracht entlanglaufen, die hübsch beleuchteten Brücken bewundern und in einem oder zwei Bruin Cafés einkehren. Nördlich vom Jordaan wartet mit der Westergasfabriek das jüngste und faszinierendste Kulturzentrum der Grachtenstadt.

Leidseplein und Umgebung

Der Leidseplein ist nicht schön und sicher nichts für einen stimmungsvollen Abend, aber das bunte Treiben hier hat auch seinen Reiz. Cafés voller Touristen säumen den Platz, im Sommer sitzt alles draußen, und Straßenmusikanten sorgen für Unterhaltung.

Wenn Sie Spaß daran haben, Leute zu beobachten, suchen Sie sich einen Platz im **Café Américain** (➤ 101). Als das traditionsreichste Braune Café am Platze gilt **Reynders** (Leidseplein 6). Andere interessante Lokale in der Nachbarschaft sind **Schaakcafé Het Hok** (Lange Leidsewarsstraat 134), ein »Schachcafé«, das sich aber auch bei Backgammonspielern großer Beliebtheit erfreut, und **Lux** (Marxinstraat 403), eine trendige Nachtbar mit riesigen Aktfotos und einem eigenen DJ an den meisten Abenden.

Verschiedene Bars bieten allabendlich Livejazz. Erkundigen Sie sich nach dem Programm im **Café Alto** (Korte Leidsewarsstraat 115) und im **Bourbon Street** (Leidsekruisstraat 6): Bei beiden ist der Eintritt preiswert oder sogar kostenlos.

Steht Ihnen der Sinn nach einem Joint, ist der Coffee Shop **Bulldog** (dazu gehören auch eine Bar und ein Souvenirgeschäft) direkt am Leidseplein die nächstliegende Wahl. Mehr Atmosphäre bietet freilich **De Rokerij** (Lange Leidsedwarsstraat 41 ➤ 29).

Im **Boom Chicago** (Leidseplein 12, Tel. 020 423 0101; www.boomchicago.nl) veranstalten »Exil«-Amerikaner improvisierte Comedy-Shows.

Das Amsterdamer Spielcasino, **Holland Casino** (Max Euweplein 62, Tel. 020 521 1111, tägl. 13.30–3 Uhr), ist ein Erlebnis für sich. Neben den üblichen Roulettes und Kartenspielen wird Sic Bo geboten. Gäste müssen eine geringe Eintrittsgebühr zahlen, über 18 sein und einen Ausweis dabei haben; besonders elegante Kleidung ist jedoch kein Muss.

In direkter Nachbarschaft des Leidseplein liegen das **Melkweg** (Lijnbaansgracht 234a, Tel. 020 531 8181; www.melkweg. nlto) im Südwesten und das **Paradiso** (Weteringschans

6–8, Tel. 020 626 4521; www.paradiso.nlto) im Südosten; ersteres ist eine ehemalige Molkerei (und heißt übersetzt »Milchstraße«), letzteres ein früheres Gotteshaus. In der Hippiezeit der Stadt in den Sechziger- und Siebzigerjahren standen beide ganz im Zeichen von Love, Peace und Haschisch. Heute hat sich das **Melkweg** zum Multimedia-Kulturzentrum entwickelt. Hauptanliegen ist, jungen holländischen Bands ein Forum zu bieten und in den zwei freundlichen Konzertsälen auch große Namen der internationalen Rock- und Popszene zu präsentieren. Unter der Woche findet in beiden gewöhnlicher Nachtclubbetrieb statt. Das Zentrum umfasst zudem ein Kino, ein Theater, eine Galerie, ein Café und einen Chill-out-Room. Überall herrscht betont lockere Atmosphäre (inklusive Dopesmoking).

Am Wochenende strömt die Jugend ins **Paradiso**, um sich in dem wunderschönen großen Raum Techno, Funk, Disco oder Soul hinzugeben. Im »Tempel der Rockmusik«, wie die umgemodelte Kirche auch genannt wird, treten oft Rockgruppen und Jazzbands auf, bisweilen gibt es auch Konzerte mit klassischer Musik.

Das **Odeon** (Singel 460, Tel. 020 624 9711), ein Grachtenhaus aus dem 17. Jahrhundert, eine Querstraße vom Blumenmarkt entfernt, hat im Gegensatz zu den meisten Amsterdamer Nachtclubs jeden Abend geöffnet. Die geringe Eintrittsgebühr sollte es allein wert sein, das fabelhafte Interieur zu bestaunen. Am Wochenende werden in verschiedenen Etagen verschiedene Musikstile geboten.

Jordaan

Neben den traditionellen Braunen Cafés (➤ 26f) gibt es im Jordaan zwei Cafés/Bars, in denen außer Trinken auch Gesang angesagt ist. Im wunderbar kitschigen **Café Nol** (Westerstraat 109) singen Einheimische lautstark zu holländischer Volksmusik vom Band. Im kleineren, etwas zwielichtigen **Twee Zwaantjes** (Prinsengracht 114, bei der Egelantiersgracht) finden sich oft bereits angeheiterte Amsterdamer ein, um zur Akkordeonmusik zu grölen. Beide Bars sind bis in den frühen Morgen geöffnet (vor 23 Uhr braucht man gar nicht hinzukommen); am meisten ist an den Wochenenden los. Viel Spaß, wenn auch nicht gerade authentisch niederländisch, hat man gewöhnlich im **Rum Runners** (Prinsengracht 277, bei der Westerkerk), einer »karibischen« Bar/Restaurant mit Palmen und Papageien, wo sonntags Livemusik das Karibikfeeling unterstreicht.

Westergasfabriek

Mitte der Neunzigerjahre wurde das ehemalige Gaswerk der Stadt, die **Westergasfabriek** (Haarlemmerweg 8–10, Tel. 020 681 3068; www.westergasfabriek.nl), zum Schauplatz illegaler Rave-Partys; inzwischen steht das Ganze unter der Ägide der Stadt und ist ganz legaler Schauplatz von Großveranstaltungen wie Rockkonzerten, Opern und Balletts – und manchmal sogar Konferenzzentrum. In anderen Gebäuden sind Theater und Filmstudios untergebracht, ein Kino (das **Ketelhuis**, das vorwiegend holländische Filme zeigt) und ein **Club de Ville** genannter Nachtclub; die frühere Kantine beherbergt das **Café West Pacific** (Tel. 020 597 4458), ein ausgeflipptes Restaurant: Nach dem Essen werden die Tische auf die Seite gerückt, und das Ganze verwandelt sich in einen Nightclub. An den Wochenenden ist es proppevoll, und es könnte sein, dass Sie den (saftigen) Mitgliedsbeitrag für ein volles Jahr zahlen müssen, um überhaupt reinzukommen. Das Café West Pacific hat jeden Abend geöffnet und ist der einzige Teil des Westergaskomplexes, wo Sie auf gut Glück hinkönnen. Bei allen anderen Lokalitäten sollten Sie sich vorher nach dem Programm erkundigen. Verbinden Sie die Fahrt hier heraus mit einem Besuch im wirklich empfehlenswerten **Café-Restaurant Amsterdam** (➤ 103). Ein Taxi von der Stadtmitte kostet rund 20 Gulden; wem dies zu teuer ist, der macht von der Endstation der Trambahnlinie 10 (Van Limburg Stirumplein) einen kurzen Spaziergang.

Das Museums-viertel

Erste Orientierung

In anderen Städten gehen die Viertel außerhalb des Zentrums gewöhnlich rasch in anonyme Vorstädte über. Nicht so in Amsterdam: Diese Stadt erreicht ihren Höhepunkt in einem Distrikt abseits des Stadtkerns, südlich der Singelgracht.

In Amsterdam findet sich eine Ansammlung herausragender Kunst. Als 1885 das Rijksmuseum für die staatliche Sammlung gebaut wurde, erhielt es einen Standort am Rande der Stadt. Seine ersten Jahre verbrachte das Museum in Abgeschiedenheit. Ein Jahrzehnt später öffnete das Stedelijk Museum für moderne Kunst, und 83 Jahre nach seinem Tod 1890 wurde Vincent van Gogh durch ein Museum geehrt, das seinen Namen trägt. Die Museen drängen sich am Museumplein, und der nahe gelegene Vondelpark, die größte Freifläche im Zentrum von Amsterdam, umstanden von hübschen Häusern und übersät mit eklektischem Zierrat, sorgt für frische Luft, während Sie die Kultur genießen.

In den letzten Jahren haben sich die Möglichkeiten zum guten Essen und Trinken im Museumsviertel vervielfacht; einige der besten Cafés und Restaurants der Stadt sind hier zu finden. Das Viertel gewinnt zudem zunehmend einen eigenen Charakter, seit Studenten und Menschen unterschiedlicher Nationalität die Vorzüge dieser preiswerten Wohngegend entdeckt haben.

Vorhergehende Seite: *Ein Engländer in Moskau* (1913/14) von Kasimir Malewitsch im Stedelijk Museum (unten)

★ Nicht verpassen!

2 **Rijksmuseum** ➤ 114
4 **Vondelpark** ➤ 118
7 **Stedelijk Museum** ➤ 122
8 **Van Gogh Museum** ➤ 124

Nach Lust und Laune!

1 Coster Diamonds ➤ 128
3 Museumplein ➤ 129
5 Hollandse Manege ➤ 129
6 Hilton Hotel ➤ 130
9 Concertgebouw ➤ 130

Die Kunst ist natürlich der Hauptanziehungspunkt, aber es gibt auch noch genug andere Attraktionen, um hier mindestens einen Tag lang zu verweilen.

Das Museumsviertel an einem Tag

9 Uhr

Seien Sie bei **Coster Diamonds** (➤ 128), bevor die Reisebusse eintreffen, und sinnen Sie über den Wert nach, der den kleinen Steinen beigemessen wird.

10 Uhr

Nur wenige Schritte entfernt, können Sie ins **Rijksmuseum** (➤ 114ff) schlüpfen – durch den Südeingang, einen wenig genutzten Weg in die großartige Sammlung, die das goldene Zeitalter widerspiegelt.

12.30 Uhr

Umgehen Sie die langweiligen Museumscafés, und testen Sie stattdessen das Restaurant Cobra in der Mitte des **Museumplein** (➤ 129) – oder machen Sie bei schönem Wetter ein Picknick im **Vondelpark** (rechts, ➤ 118ff).

14 Uhr

Machen Sie einen Schaufensterbummel an den Designer-Läden, die die P.C. Hooftstraat säumen; besuchen Sie die Stallungen der **Hollandse Manege** (links, ➤ 129), oder bummeln Sie zum **Hilton Hotel** (➤ 130). Alles ist von den wichtigsten Museen aus leicht zu erreichen.

15 Uhr

Zurück am Museumplein wird das **Stedelijk Museum** (➤ 122f; unten: Gemälde von Picasso) Ihre Zeit nicht allzu lange in Anspruch nehmen. Das dortige Museumscafé ist ein angenehmer Platz für eine Nachmittagspause.

16 Uhr

Etwas weiter die Straße entlang schwinden allmählich die Besuchermassen vor dem großartigen **Van Gogh Museum** (links, ➤ 124ff). Es ist also die optimale Zeit, um sich in Licht- und Schattenseiten des Genius aus dem 19. Jahrhundert zu vertiefen.

18 Uhr

Folgen Sie dem Strom der Kulturbeflissenen bis zur Van Baerlestraat, und entspannen Sie sich bei einem Glas Bier bei Welling, oder gönnen Sie sich bei Zabar's (➤ 133) ein frühes Abendessen in mediterraner Atmosphäre.

20 Uhr

Genießen Sie eine Aufführung im **Concertgebouw** (➤ 130) oder einen Film im Niederländischen Film-Museum im **Vondelpark**.

Rijksmuseum

Das Rijksmuseum beherbergt einige Schätze der europäischen Kunst. Passenderweise ist auch das Gebäude, welches das neue Selbstbewusstsein Amsterdams am Ende des 19. Jahrhunderts repräsentierte, außergewöhnlich: Als eindrucksvoller Blickfang erhebt es sich aus dem Stadtbild.

Das Backsteingebäude des Rijksmuseums dominiert den südwestlichen Bezirk von Amsterdam. Auch zwischen neueren und höheren Gebäuden bewahrt es seine majestätische Ausstrahlung. Der Architekt P. J.H. Cuyper schuf einen düsteren und strengen neogotischen Bau und belebte ihn mit Renaissance-Elementen. Das Ensemble ist unübersehbar holländisch, obgleich manche Elemente von einer deutschen oder französischen Kathedrale sein könnten.

Neid war das Hauptmotiv für die Gründung der staatlichen Sammlung. Prinz Wilhelm V. hatte etwa 2000 Gemälde zusammengetragen, die er mit nach London nahm, als er 1795 vor der französischen Revolutionsarmee flüchtete. In den folgenden Jahren beschlagnahmten Abgesandte der holländischen Regierung die Werke, und sie wurden zunächst in Den Haag untergebracht. 1808 wurde Louis Napoleon (der Brwuder des französischen Kaisers) zum König der Niederlande gekrönt. Er setzte alles daran, in seinem Herrschaftsbereich mit der Galerie seines Bruders im Louvre gleichzuziehen. Die Sammlung wurde zunächst

Das Amsterdamer Rijksmuseum hat weit mehr zu bieten als Gemälde. Dieses Puppenhaus stammt aus dem 17. Jahrhundert (unten)

Vermeers *Küchenmagd* (um 1660)

im Königspalast, später im Trippenhuis untergebracht, das sich für die rasch wachsende Zahl von Gemälden, Radierungen und Skulpturen bald als zu klein erwies.

Ein Wettbewerb für ein neues Museum am Rand der Stadt wurde ausgeschrieben, ein Deutscher gewann; da man dies als

Straße zur Kunst

Das Rijksmuseum wurde über eine Hauptstraße hinweg gebaut. Das Museum öffnete 1885. Geplant war die Schaffung einer großen Achse, die mit denen in Paris und Berlin wetteifern sollte – ein Projekt, das sich mit Amsterdams Stadtanlage kaum vereinbaren ließ. Dafür wurde der Verlauf der geradesten Linie im Straßengewirr der Innenstadt, Achterburgwal, in der Nieuwe Spiegelstraat weitergeführt, die direkt auf die Mitte des Rijksmuseums zielt. Nach der Überquerung der Singelgracht trägt die Achse den Namen Museumstraat; sie wird mittels eines großen düsteren Tunnels unter dem Rijksmuseum hindurch geführt. Dieser Tunnel war weit bis ins 20. Jahrhundert hinein eine der wichtigsten Zufahrten ins Zentrum von Amsterdam, Autos und Busse wurden allerdings später westlich um das Rijksmuseum herumgeleitet. Erst in den letzten Jahren des Jahrhunderts wurde die Autostraße gesperrt, sodass die gewaltige Südwestfront des Museums nun wieder frei steht.

unpassend empfand, wurde Cuypers auserwählt, für Ersatz zu sorgen. Sein Entwurf hat sich seither als dauerhaft erwiesen, auch wenn das Museum Ende des 20. Jahrhunderts für eine gründliche Renovierung geschlossen wurde.

Das Rijksmuseum besichtigen

Wenn Sie Zeit haben, beginnen Sie bei den mittelalterlichen Wurzeln der niederländischen Kunst – bemerkenswert ist das ausgezeichnete (anonyme) Altarbild von der Überschwemmung an St. Katharinen im Erdgeschoss in der ansonsten langweiligen Abteilung **Niederländische Geschichte**. Eine Treppe höher sind dann Museumspläne sowie eine Audio-Führung erhältlich.

Die meisten Besucher streben der **Niederländischen Malerei des 17. Jahrhunderts** im ersten Stock zu, angefangen bei Saal 207 (auf der Ostseite) bis Saal 236 (an das Foyer angrenzend). Dieser Saal markiert außerdem das eine Ende der **Ehrengalerie**, in der die schönsten Bilder der Sammlung zu finden sind, allen voran *Die Nachtwache*. Das Werk von Frans Hals kann man ausführlich in Haarlem bewundern (► 166), doch auch das Rijksmuseum besitzt einige seiner bekanntesten Gemälde, darunter das *Hochzeitsporträt* eines aristokratischen Paares und *Der fröhliche Zecher* mit seiner Differenziertheit und dem genauen Erfassen der individuellen Züge. Jan Steen nimmt bei seiner *Fröhlichen Familie* eine strengere moralische Haltung ein: Er zeigt den Zerfall, den der Alkohol verursacht. Von Jan Vermeer sind sehr wenige Werke erhalten; das bekannteste ist hier *Die Küchenmagd*.

Rembrandts *Nachtwache*, deren Leinwand über die Jahrhunderte stark nachdunkelte, fasziniert nach wie vor die Besucher des Rijksmuseums

Die weltweit schönste Rembrandt-Sammlung ist der stärkste Trumpf des Rijksmuseums. Von den 17 Gemälden verdienen einige besondere Aufmerksamkeit. Das erste ist ein Selbstporträt des Künstlers als junger Mann; in starkem Kontrast dazu steht das Selbstbildnis, das er 1661, im Alter von 55 Jahren, malte und auf dem er als Apostel Paulus gekleidet ist. Sein Talent, Gefühle sichtbar werden zu lassen, zeigt sich in der *Judenbraut*, das die Leidenschaft zwischen Isaak und Rebekka enthüllt. Rembrandts Bildnis von dem alternden protestantischen Geistlichen *Johannes Uyttenbogaert* zeigt die Weisheit des Alters ebenso wie die Falten. *Die Vorsteher der Tuchmachergilde* waren eine heiklere Angelegenheit:

Das Rijksmuseum, ein majestätischer Bau aus rotem Backstein

Die Kunden verlangten, dass sie alle auf gleicher Höhe abgebildet werden sollten. Um dennoch seine Vorstellung von Komposition umzusetzen und dem Bild Spannung zu verleihen, lässt Rembrandt einen der Abgebildeten sich gerade erheben; die Augen der Porträtierten sind alle auf den Betrachter gerichtet. Sein gefeiertstes Werk, *Die Nachtwache*, wurde von der Amsterdamer Bürgerwehr in Auftrag gegeben. Im 17. Jahrhundert war es üblich, dass Angehörige einer Berufsgruppe sich gemeinsam malen und damit verewigen ließen. Das Standardporträt war formal und steif, aber Rembrandt brach mit dieser Tradition und flößte seinem Bild Dramatik, Lebhaftigkeit und Freude ein, die mit dem ernsten Anliegen der Schützen im Widerstreit lagen. Im 18. Jahrhundert wurde das Bild an beiden Seiten beschnitten, um es im Amsterdamer Rathaus zwischen zwei Türen einzupassen; zwei der Bürgerwächter fehlen deshalb. Dieser Rembrand ist eine Leihgabe der Stadt Amsterdam.

KLEINE PAUSE

Die indonesische Küche im **Sama Sebo**, vom Südeingang rechts etwa 150 Meter die Hobbemastraat hinunter, ist dem Museumscafé bei weitem vorzuziehen.

Rijksmuseum

202 C2 Stadhouderskade 42

020 674 7000; www.rijksmuseum.nl

tägl. 10–17 Uhr; geschl. Neujahr. Ab Dezember 2003 wird das Reichsmuseum renoviert und vergrößert. Einzelne Abteilungen des Museums können während dieser Zeit geschlossen sein.

Cuypers' Café: (€€) 2, 5

mittel; Museumspass gültig (außer Sonderausstellungen)

RIJKSMUSEUM: INSIDER-INFO

Eingang: Die meisten Besucher stellen sich an der Stadhouderskade an einem der beiden Eingänge an der vorderen Halle an, die nach Nordosten (auf das Stadtzentrum hin) ausgerichtet ist. Ein **dritter Eingang** liegt versteckt auf der Rückseite des Südflügels, in der Hobbemastraat 19. Die Schlange ist dort gewöhnlich viel kürzer, allerdings bekommt man nicht immer Karten für Sonderausstellungen.

Top-Tipp: Das Rijksmuseum ist besonders an Wochenenden im Sommer überfüllt. Am ruhigsten geht es montags bis donnerstags zu, an den übrigen Tagen kommen Sie am besten einige Minuten vor der Öffnung um 10 Uhr.

Geheimtipp: Achten Sie auf die wunderschönen bemalten Glasfenster, die das Treppenhaus und den ersten Stock des Rijksmuseums schmücken. Abgebildet sind einige der großen niederländischen Künstler, deren Werke im Museum hängen.

Vondelpark

Wenn man mit dem Flugzeug über Amsterdam hinwegfliegt, bemerkt man erst die Ausdehnung seiner Grünflächen. Nicht weniger als 220 000 Bäume säumen die Kanäle, geben den Plätzen grüne Tupfen und füllen die Innenhöfe. Die größeren Parks, insgesamt 28, werden geradezu verehrt, ganz besonders der 45 Hektar große Vondelpark.

Amsterdam von einer anderen Seite – die weiten offenen Flächen des Vondelparks

Der Vondelpark liegt auf einem Fleckchen Erde unterhalb des Meeresspiegels. Der lange schmale Flecken Grün erscheint auf der Karte in Form eines Kricketschlägers, dessen Griff gegen die Singelgracht gedrückt ist, während das andere Ende auf dem Amstelveenseweg, fast zwei Kilometer entfernt, ruht.

Es ist ein durch und durch proletarischer Ort, an dem man einen Mikrokosmos des Amsterdamer Lebens findet: Familien picknicken, während Rollerblader vorbeirasen und Witwen ihre Pudel spazieren führen, vorbei am Dunst von Haschisch-Rauchern. Allerdings trifft man heute nicht mehr auf Hippiekolonien. Aber man kann noch viel mehr tun als Leute beobachten: Man kann durch einen Rosengarten gehen, auf einem Filmbalkon posieren und sogar mit Lamas kommunizieren.

Rechts: Der Sommer zieht die Amsterdamer in Scharen hierher

Briten werden sich ganz besonders zu Hause fühlen, denn die Anlage ähnelt den vielen englischen Stadtparks. L.D. Zocher hat diesen eher schlichten Stil, übersät mit zahlreichen Teichen, in seine Pläne für einen »Park zum Reiten und Spazierengehen« einbezogen. Als der Vondelpark 1865 eröffnet wurde, grenzte er auf drei Seiten an die offene Landschaft. Bald jedoch zogen reiche Stadtbewohner wegen der frischeren Luft dort hinaus; der Vondelpark liegt günstig im Südwesten der Innenstadt, in der Richtung, aus der die vorherrschenden Winde wehen.

Ein Spaziergang durch den Park

Am besten betritt man den Vondelpark durch einen der Eingänge mit Blick auf die Singelgracht. Sehr gut kommt man vom Max Euweplein hinein, dem modernen Komplex südlich des Leidseplein. Ein Fahrradweg führt durch den Park, vorbei an einem riesigen Schachbrett und über eine Brücke. Überqueren Sie die belebte Stadhouderskade, und schon stehen Sie vor den originalen Gittertüren.

Nach ungefähr 400 Metern führt die **Eerste Constantijn Huygensstraat** (der Name ist fast so lang wie die Straße) über den »Hals« des Vondelparks. Kurz vor der Brücke liegt zur Rechten (Richtung Norden) die größte **Jugendherberge** der Stadt, die in die Hülle eines alten Schulhauses hineingebaut wurde. Direkt gegenüber steht der **Flying Pig Palace** auf der anderen Seite des Parks – die modernere Konkurrenz.

Hinter der Brücke wird der Park breiter, und die erste Wasseranlage wird sichtbar, ein lang gezogener **Teich**, der sich 400 Meter weiter bis ins Herz des Parks hineinschlängelt.

Zum **Nederlands Filmmuseum** halten Sie sich rechts. Dieser nicht zu übersehende, beeindruckende Pavillon wurde 1881 von P.J. und W. Hamer entworfen. Verschönerungen wie die großäugigen Maiden, die die Treppe flankieren, stammen von ihnen, zur »neuen« Innenausstattung zählt dagegen das Cinema Parisien. Als Amsterdams erstes Kino in den Achtzigerjahren vor dem Abbruch stand, wurden viele Bestandteile daraus gerettet und im Niederländischen Filmmuseum zusammengetragen. Um die Überbleibsel ansehen zu können, muss man eine Karte für eine der drei oder vier Vorführungen pro Tag erwerben, die vom Stummfilmklassiker bis zu aktuellen Premieren reichen. Wenn die Kasse geöffnet hat, kann man sich jederzeit in der Lobby umsehen. Hier finden sich eine altehrwürdige Filmkamera und ein ebensolcher Projektor sowie eine wechselnde Ausstellung von Szenenfotos.

Es ist bezeichnend, dass unter den vielen Bürgern, deren Name für Amsterdams anspruchsvollsten Park hätte ausgesucht werden können, die Wahl gerade auf den Poeten Joost van den Vondel fiel. Er war ein Zeitgenosse Rembrandts, dessen mit dem viel kleineren und schäbigeren Rembrandtsplein gedacht wird. Der Dichter Vondel schrieb zur selben Zeit wie Shakespeare Theaterstücke, wenngleich mit deutlich weniger Erfolg und Unsterblichkeit als sein englischer Zeitgenosse. Dennoch überragt auf der Landzunge gegenüber dem Filmmuseum ein großes **Standbild** von ihm den Park.

Vondel-Standbild – der holländische Nationaldichter in Bronze gegossen

Wenn man das Zentrum des Vondelparks durchstreift, fällt auf der Suche nach einer Erfrischung **'t Blauwe Theehuis** (► 131) ins Auge, eine zum Café gewordene fliegende Untertasse, die gegenüber der Konzertbühne (► 131) zur Erde gefallen ist. Nebenan bietet das **Openluchttheater** (Freilichttheater) ein lebhaftes Sommerprogramm bei freiem Eintritt. Der zweite Erfrischungsstopp, das **Melkhuis**, ist ein großes Selbstbedienungsrestaurant mit weniger Ausstrahlung, aber besserem Kaffee und Kuchen als das Blaue Teehaus.

Auf der Südseite des Parks liegt das **Tiergehege**. Gewöhnlich findet sich hier eine bunte Mischung von Säugetieren: etwa mehrere Pferde und Esel und ein oder zwei Lamas. Setzt man den Rundgang bis zur nächsten Brücke fort, gelangt man zum **Rosengarten**. Die Folge von sechseckigen Blumenbeeten sieht im Sommer wunderbar aus, im Winter wirkt sie dagegen trist. In Richtung Westen kommt man zu einer Art Wasserfall, einer als **Kaskade** bezeichneten Skulptur mit Wasser, das über Felsen plätschert.

Am westlichen Ende des Parks lässt man die Vegetation wachsen in der Hoffnung, dass einige der Lebewesen zurückkehren, die das ursprüngliche Sumpfland bevölkerten. Auf Informationstafeln werden die eingeleiteten Schritte und die Ziele des Projekts erläutert.

Der Park ist ein beliebter Platz für Romanzen

Eine letzte Möglichkeit zur Einkehr ergibt sich in dem kuriosen **Strohdachcafé** in der Südwestecke, bevor man den Park zum Amstelveenseweg hin verlässt – und in ein Gebiet gelangt, das von der übrigen wohlhabenden Umgebung des Vondelparks Welten entfernt ist.

KLEINE PAUSE

Stellen Sie ein Picknick zusammen; der nächste Supermarkt am Ostende des Parks ist eine Filiale von **Albert Heijn** am Overtoom zwischen Stadhouderskade und Eerste Constantijn Huygenstraat.

Nederlands Filmmuseum

202 A2 Vondelpark 3

020 589 1400; www.filmmuseum.nl

Kasse/Foyer geöffnet von 10 Uhr (Mo–Fr) bzw. eine Stunde vor der ersten Vorstellung (Wochenende) bis zum Ende der letzten Vorstellung

mittel

1, 3, 6, 12 Halt an der Kreuzung Overtoom/Eerste Constantijn Huygensstraat

Karten für Vorstellungen: preiswert bis mittel

Unten: Die meisten Menschen kommen per Fahrrad in den Park

VONDELPARK: INSIDER-INFO

Top-Tipps: In Anbetracht der Größe des Vondelparks kann es sich lohnen, ein Fahrrad zu mieten (➤ 25). Alternativ kann man im Sommer an der Hütte neben dem Café in der Südwestecke Inlineskates ausleihen.

- Die Straßenbahnlinien 2, 5 und 20 halten direkt am Osteingang, die Linie 6 am Westeingang.

Stedelijk Museum

Neben den Alten Meistern im Rijksmuseum und Van Goghs Werken des 19. Jahrhunderts besitzt das Stedelijk einige der aufregendsten und wichtigsten Arbeiten des 20. Jahrhunderts. Es lohnt sich wirklich, ein oder zwei Stunden an Zeit und Energie für den wichtigsten Standort der modernen Kunst in der Stadt aufzuwenden und den interessanten Bau mit relativ wenigen Besuchern zu erleben.

Sophia de Bruijn-Suasso, eine holländische Aristokratin, vermachte der Stadt Hunderte von Uhren, Schmuck- und Einzelstücken. Die Stadt, die sich zur dieser Zeit mit dem Wunsch nach einem Ort für die zeitgenössische Kunst konfrontiert sah, beschloss, beides unter einem Dach zu vereinen, und das Stedelijk nach einem Entwurf von A.W. Weissmann wurde 1895 gebaut. Die moderne Kunst gewann nach und nach die Oberhand, und das Bruijn-Suasso-Erbe wurde allmählich in andere Sammlungen überführt. Unmittelbar nach dem Zweiten Weltkrieg übernahm Willem Sandberg die Leitung des Museums: Er öffnete das Stedelijk und damit Amsterdam für die Kunst der Avantgarde.

Das Stedelijk besichtigen

Schon das Hereinkommen ist eine Überraschung: Hinter der Neorenaissance-Fassade mit Türmchen, Giebeln und Nischen verbirgt sich eine schmucklose Eingangshalle, die eher an eine stillgelegte Fabrik erinnert. Einen Rundgang beginnt man am besten im **Erdgeschoss**: Die ältesten Exponate stammen aus der Mitte des 19. Jahrhunderts. Nach dem 1972 vollzogenen Umzug in das benachbarte Museum sind wenige Van Goghs zurückgeblieben, außerdem hängen hier einige kraftvolle Werke von Marc Chagall – ein Porträt seiner Frau und *Die Zirkusreiterin*. Die holländische De-Stijl-Tradition ist gut vertreten, aber die größte Sammlung von Werken eines einzelnen Künstlers ist die des Russen Kasimir Malewitsch. Es gibt außerdem eine Sammlung von angewandter Kunst weniger bekannter Künstler, die gewohnte Konzepte von Objekten wie Stühle und Teekannen um neue Dimensionen erweitern, sowie eine wachsende Zahl von Video-Installationen.

Verpassen Sie nicht die kühnen Skulpturen im Stedelijk

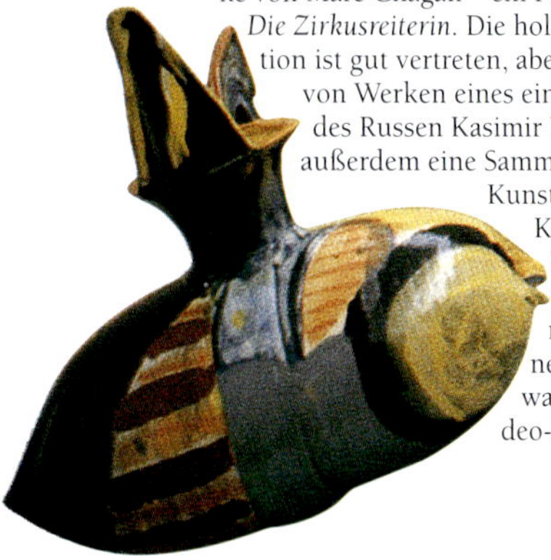

Links: Ausstellungsstück im Stedelijk, einem Museum für die Kunst der Moderne

Das Stedelijk bietet ständig wechselnde Ausstellungen

Im **Neuen Flügel** finden sich einige abenteuerliche Installationen von der Art, wie sie von der Künstlergruppe CoBrA aus Kopenhagen, Brüssel und Amsterdam propagiert wurden.

Über die Treppe geht es zurück ins Hauptgebäude. In den Galerien im **Obergeschoss** werden oft Sonderausstellungen gezeigt. In anderen sind Fotografien zu sehen, z.B. Gabrielle Basilicos entmenschlichte monochrome Bilder von Lebensräumen in europäischen Städten, in denen keine Seele lebt.

KLEINE PAUSE

Im Café des Stedelijk verläuft an der westlichen Wand eine Galerie, die unter dem Gewicht von Kunstbänden ächzt, an der Stirnwand zeigt ein 1956 entstandenes Wandbild von Kurt Appel das Zusammenspiel von Mensch und Natur.

Stedelijk Museum

202 B1 ✉ Paulus Potterstraat 13

Das Stedelijk Museum ist vom 1. Januar 2004 bis 2006 geschlossen. Während dieser Zeit werden die Highlights der Ausstellung in anderen Museen gezeigt.

STEDELIJK MUSEUM: INSIDER-INFO

Top-Tipps: Weil alles im Stedelijk im Fluss ist, werden Sie vielleicht vorher nachfragen wollen, was gezeigt wird. Natürlich kann man auch von der Straße aus einen Blick in den **verglasten Neuen Flügel** werfen, um sich Appetit auf Kunst zu machen.

- Der **Museums-Shop befindet sich im Obergeschoss** direkt über der Eingangshalle, nicht wie meist üblich zu ebener Erde.
- Jeden Mittwochmittag gibt es eine **kostenlose Führung** durch das Stedelijk. Gelegentlich werden, ebenfalls mittags, Vorträge über laufende Ausstellungen gehalten; einige sind in englischer Sprache.

Van Gogh Museum

Er starb von eigener Hand, nachdem er während seiner kurzen und schwierigen Künstlerlaufbahn lediglich zwei Bilder hatte verkaufen können. Heute jedoch erzielt Vincent van Goghs Kunst Rekorderlöse – und das Museum, das die beste Sammlung seiner Werke überhaupt enthält, ist eine Attraktion.

Mit einer Eintrittskarte für das Van Gogh Museum erwirbt man auch einen Blick auf *Die Staatslotterie*

Van Gogh begann 1880, nach wenig Erfolg versprechenden Versuchen als Lehrer und Prediger, zu malen und zu zeichnen. Im folgenden Jahrzehnt produzierte er 800 Bilder, von denen das Museum ein Viertel besitzt. Es bewahrt außerdem 500 seiner Zeichnungen und 700 Briefe auf (die allerdings wegen ihrer Brüchigkeit nur selten gezeigt werden) – und 400 japanische Zeichnungen, aus denen Van Gogh Inspiration und Trost bezog.

Nach seinem Tod im Juli 1890 gingen die Werke des Künstlers auf seinen Bruder Theo über, der ihn nur um sechs Monate überlebte, dann auf Theos Witwe. Deren Sohn, Willem Van Gogh, verkaufte die Sammlung 1962 an den niederländischen Staat.

Das Rijksmuseum Vincent Van Gogh, wie es offiziell heißt, wurde 1973 eröffnet. Von außen wirkt es wie ein freudloses Schulgebäude. Gerrit Rietvelds nüchterner, rechteckiger Entwurf bildet einen erheblichen Gegensatz zu seinen eleganteren Backsteinnachbarn am Museumplein, aber er lässt das Werk des Künstlers umso lebhafter hervortreten.

Das Museum beherbergt auch Werke von Van Goghs Zeitgenossen, die seinerzeit sehr viel berühmter waren. Das **Erdgeschoss** (als 0 gezählt) bereitet den Kontext in der zweiten Hälf-

Die *Langlois-Brücke in Arles* von Van Gogh

te des 19. Jahrhunderts auf, als sich Van Gogh von Arbeiten wie Léon-Augustin Lhermittes *Heuernte* inspirieren ließ. Später sagte er, es sei »wie von einem Bauern gemacht, der malen kann«.

Im **ersten Stock** begegnet man sogleich einem düsteren Selbstporträt, das einzige, auf dem eine Staffelei zu sehen ist. Historischen Quellen zufolge ist es von all seinen Selbstbildnissen das ähnlichste. Die große Zahl von Selbstporträts ist kein Zeichen von Eitelkeit: Van Gogh konnte es sich nicht leisten, Modelle zu bezahlen, und malte sich deshalb selbst.

Die Ausstellung ist im Uhrzeigersinn chronologisch angeordnet, angefangen in Brüssel und Den Haag. Eine kurze Periode, die er Ende 1883 im rauen Nordosten Hollands verbrachte,

Der Erweiterungsbau

Mit einer großen Zeremonie wurde 1999 der dringend benötigte Erweiterungsbau für das Van Gogh Museum (entworfen von dem japanischen Architekten Kisho Kurokawa) eingeweiht. Der Grundriss ist oval, die Außenverkleidung aus Titan wird von eigenwilligen Kuben durchbrochen, insgesamt steht der Bau in willkommenem Gegensatz zu der Nüchternheit des Museums von Gerrit Rietveld. Einen Eindruck vom Erweiterungsbau gewinnt man am besten vom dritten Stock des Hauptgebäudes aus. Der Zugang zum Neubau erfolgt über eine Rolltreppe, die vom Hauptfoyer unter die Erde führt, in den »Knoten« – die Verbindung zwischen beiden Museen.

Selbstbildnis mit Staffelei: Armut zwang Van Gogh, sich selbst als Modell zu nehmen

erwies sich als unproduktiv, und Van Gogh kehrte bald zurück zu seinen Eltern nach Nuenen kurz hinter der belgischen Grenze. Seine Ehrfurcht vor der Hände Arbeit zeigt sich in *Die Kartoffelesser* (1885), das erste Gemälde, das er signierte. Ganz in der Nähe zeigt das *Stillleben mit Quitten und Bohnen* eine ungewöhnliche Leichtigkeit.

Im Frühjahr 1886 zog Van Gogh ins Pariser Viertel Montmartre, wo er bei seinem Bruder Theo, einem Kunsthändler, lebte und den Einfluss der Impressionisten auf sich wirken ließ. Seine Unruhe trieb ihn im Mai 1888 weiter nach Arles im Süden Frankreichs, wo er in dem gelben Haus, das er gemietet hatte, eine Künstlerkolonie aufzubauen hoffte. Paul Gauguin traf im Oktober zu einem kurzen, unglücklichen Aufenthalt ein. Während dieses stürmischen Besuchs verwirrte sich Van Goghs Geisteszustand, was in einer Selbstverstümmelung, dem Abschneiden des linken Ohres, gipfelte.

Nach Gauguins Rückkehr nach Paris erlitt Van Gogh einen Zusammenbruch und wurde im April 1889 in eine Anstalt in St-Rémy eingewiesen. Hier schuf er seine bedeutendsten Werke, darunter die *Schwertlilien*. Unfähig, mit Modellen zu arbeiten, griff er als Anregung auf Drucke der Alten Meister zurück: *Die Auferstehung des Lazarus* nach Rembrandt ist eine kühne Beschönigung, in der die Sonne Jesus ersetzt und Lazarus in unheimlicher Weise Van Gogh ähnelt. *Weizenfeld mit einem Mäher* zeigt den unheilvollen Blick aus Van Goghs Zimmer in St-Rémy; der Künstler schrieb: »Ich sah in ihm das Abbild des Todes.«

VAN GOGH MUSEUM: INSIDER-INFO

Orientierung: Sie müssen sich zuerst **für eine Eintrittskarte anstellen** (auch wenn Sie einen Museumspass besitzen), um durch die großen Glastüren ins Foyer zu gelangen. Hier erhalten Sie einen Lageplan (kostenlos) und einen Audioführer. Dieser kostet extra, doch man erfährt viel Wissenswertes.

Top-Tipps: Die Schlange vor dem Van Gogh Museum ist mitunter deprimierend lang. **Kommen Sie um 9.30 Uhr**, dann werden Sie möglicherweise um 10 Uhr eingelassen; wenn man erst um 10 Uhr kommt, wartet man – mit Glück – bis 11 Uhr.
- Am besten **umgeht man die Massen** mit einem Besuch am Montagmorgen; ansonsten kann man es um 16 Uhr versuchen, wenn die Besucher das Haus zu verlassen beginnen. Der letzte Einlass ist um 17.30 Uhr.

Vincents letztes Werk, das seine Seelenqual zeigt: *Krähen über dem Kornfeld*

Im Mai 1890 zog er nach Auvers-sur-Oise in der Nähe von Paris. Zwei Monate später fügte er sich in einem Weizenfeld eine Schusswunde zu und erlag zwei Tage später seinen Verletzungen. Die Ausstellung im ersten Stock schließt mit drei kraftvollen Landschaften, die seine Pinseltechnik am ausdrucksvollsten verdeutlichen: *Krähen über dem Kornfeld* entstand nur zwei Wochen vor seinem Tod.

Der **zweite Stock** ist einer wechselnden Sammlung von Zeichnungen und Drucken gewidmet, der **dritte Stock** führt zurück ins Milieu des 19. Jahrhunderts mit Arbeiten von Picasso, Monet und Gauguin, denen weitere Gemälde Van Goghs zur Seite gestellt sind.

KLEINE PAUSE

An sonnigen Tagen suchen Sie sich einen Platz auf der Terrasse des Restaurants Cobra (► 131). Oder erstehen Sie in dem kleinen Supermarkt an der Van Baerlestraat gleich hinter dem Stedelijk Museum die Zutaten für ein Picknick.

Van Gogh Museum
202 B1 Paulus Potterstraat 7
020 570 5200; www.vangoghmuseum.nl
tägl. 10–18 (letzter Einlass 17.30) Uhr
Café tägl. geöffnet 10–17.30 Uhr (€€) 2, 5
teuer; Kinder von 13 bis 17 Jahren zahlen ein Drittel weniger, darunter frei; Museumspass gültig (außer Sonderausstellungen)

Nach Lust und Laune!

0 Coster Diamonds

Eine von Amsterdams führenden Diamantenschleifereien hat ihren Sitz gleich neben dem Rijksmuseum und in derselben Straße wie das Van Gogh Museum. Sie bietet regelmäßige Führungen (alle halbe oder volle Stunde) an, die dem härtesten Mineral der Welt gewidmet sind.

Die Tour beginnt in einem Ausstellungsraum, in dem Repliken der berühmtesten Diamanten der Welt zu sehen sind, wie etwa Koh-i-Noor und Cullinen. Es gibt dort außerdem eine etwas protzige Kopie von Vincent Van Goghs *Sonnenblumen*, deren Staubgefäße mit 660 Diamanten besetzt sind. Der bei weitem interessanteste Teil der Führung besteht jedoch darin, dass man den Schleifern bei der Arbeit zusehen kann. Man schaut ihnen direkt auf die Werkbänke.

Jede geführte Gruppe (jeder Besucher wird einer Gruppe zugeordnet, auch wenn er allein kommt) wird

Amsterdam kann auf eine lange Tradition der Diamantenschleiferei zurückblicken

Diamanten

Die meisten Diamanten werden in der Äquatorialregion oder in der südlichen Hemisphäre gefördert (eine Ausnahme bildet das sibirische Jakutien in Russland), doch der Handel mit den Kostbarkeiten wird weitgehend von dem Londoner Büro von De Beers kontrolliert. Als im 15. Jahrhundert die ersten Diamanten aus Indien nach Europa gelangten, wurden sie in Brügge geschliffen, aber mit dem Niedergang dieser Stadt wurde die Industrie nach Antwerpen verlagert – das bis heute das Zentrum des Handels ist. Amsterdam wurde zur Diamantenstadt, nachdem die spanischen Habsburger 1589 Antwerpen eingenommen hatten und Tausende von protestantischen und jüdischen Händlern nach Norden flohen. Auch als der Antwerpener Diamantenhandel wieder in Gang kam, blieben genügend Händler in Amsterdam, um eine beachtliche Industrie aufzubauen.

dann in einen der »Privaträume« gebeten, wo man erfährt, wie Diamanten bewertet und eingestuft werden. Tabletts mit Ringen werden hereingebracht. Für die Gäste ergibt sich die Gelegenheit zu Fragen – für den Führer die Gelegenheit zum Verkaufen.

Wenn Sie ein paar Minuten vor 9 Uhr da sind, kommen Sie wahrscheinlich rechtzeitig zur ersten Führung, lange vor den Reisebussen.

202 C1 Paulus Potterstraat 2–8
020 305 5555; www.costerdiamonds.com
tägl. 9–17 Uhr
2, 5 frei

Die nicht sehr verlockende Fassade der Hollandse Manege

3 Museumplein

Das Stück Grün, das sich südwestlich des Rijksmuseums erstreckt, ist mehr als nur ein von Museen umstandenes Fleckchen freier Fläche. Noch Anfang der Neunzigerjahre durchschnitt eine breite Schnellstraße, die Achse des Tunnels durch das Rijksmuseum, den Park. Sehr zur Erleichterung der Einwohner wie der Touristen ist die Straße durch einen langen schmalen Teich ersetzt worden (in dem sich an sonnigen Nachmittagen das Rijksmuseum widerspiegelt) und durch viele Rasenflächen, auf denen Skulpturen stehen, beispielsweise die *Fäuste* nahe der Südecke. Auch dank der anspruchsvollen Erweiterung des Van Gogh Museums und einer Umgestaltung und Verjüngung der Grünflächen im Jahr 2000 kehrt das Leben zum Museumplein zurück.

202 B1
2, 5 (Nordseite); 16 (Südseite); 3, 5, 12 (Van Baerlestraat, an der Südwestecke)

5 Hollandse Manege

Der Entwurf für diese schönen Stallungen von A. L. Van Gendt wurde stark von der Spanischen Hofreitschule in Wien beeinflusst. Als die Ställe 1882 errichtet wurden, ging es dort noch ganz und gar ländlich zu. Nach und nach expandierte Amsterdam um die Gebäude herum, doch ihr Charakter blieb intakt. Zur Straße hin wirkt der Eingang abweisend, aber man kann ohne weiteres hineingehen und vom Balkon in die Reithalle schauen (halten Sie nach dem Schild »Tribune« Ausschau) oder die Pferde von dem opulenten Café (ausgeschildert als Foyer) aus beobachten.

202 A2 Vondelstraat 140
020 618 0942
Mo–Fr 9–24 Uhr, Sa, So 9–18 Uhr
Café (€)
1, 6 (Overtoom, eine Querstraße nördlich)
frei

Der Concertgebouw im Neorenaissance-Stil ist berühmt wegen seiner Akustik

6 Hilton Hotel

Wie andere Häuser der multinationalen Hotelkette wirkt die Amsterdamer Niederlassung von außen nicht gerade aufregend: ein Sechzigerjahre-Block, lieblos an eine Biegung des ansonsten attraktiven Noorder Amstelkanals gestellt. Der Grundriss des Hotels spiegelt die Kanalschleife wider und durchbricht so das Rechteck.

Die Menschen kommen jedoch nicht wegen der Architektur hierher. Sie wollen entweder in einem der 271 Zimmer übernachten oder eine Pilgerfahrt zu einer wichtigen Stätte auf dem John-Lennon-Pfad unternehmen. Im März 1969 bezogen Lennon und Yoko Ono das heutige Zimmer 1902 (ursprünglich eine Kombination aus Suite 902 und Lounge 904) und ließen sämtliche Möbel mit Ausnahme des Bettes entfernen. Dann luden sie die Medien der Welt ein, bei ihrem »Bed-in für den Frieden« Zeuge zu sein. Das Ereignis wurde später in dem Beatles-Hit *The Ballad of John and Yoko* verewigt, dessen Text hier entstand.

Das Bett steht noch mehr oder weniger an derselben Stelle, aber der Rest des Zimmers ist in eine Art Schrein für Lennon verwandelt worden. Um es zu sehen, muss man das Zimmer allerdings buchen – zum Preis von 1250 € pro Nacht.

206 C1
Apollolaan 138–140
020 710 6000
16 (De Lairessestraat, zwei Querstraßen nördlich)

9 Concertgebouw

Amsterdam hatte schon immer ein Problem mit Monumenten – oder eher mit dem Mangel daran. Gegen Ende des 19. Jahrhunderts bemühte man sich, der Stadt mehr Größe zu verleihen: Rijksmuseum und Centraal Station wurden gebaut, außerdem das Concertgebouw, der erste feste Konzertsaal der Stadt.

P. J. H. Cuypers, der die beiden ersten Bauten errichtete hatte, saß auch dem Entwurfskomitee für das Concertgebouw vor. Dies erklärt, warum der Entwurf des ausgewählten Architekten, A. L. Van Gendt, den des Rijksmuseums ergänzt. An Stelle der Glasmalereien, die große Künstler zeigen, präsentiert das Concertgebouw Büsten bekannter Komponisten.

Um die hervorragende Akkustik des Grote Zaal (Großer Saal) würdigen zu können, muss man eine Karte für eine Abendvorstellung erstehen, man kann aber auch einem der kostenlosen Mittagskonzerte im Kleine Zaal lauschen.

202 B1 **Concertgebouwplein 2–6**
020 671 83345; www.concertgebouw.nl
3, 5, 12, 16

Wohin zum …
Essen und Trinken?

Preise
Die Preisangaben gelten pro Person für ein Essen ohne Getränke.
€ unter 15 € **€€** 15–30 € **€€€** über 30 €

CAFÉS

't Blauwe Theehuis €
Dieses aus den Dreißigerjahren stammende pagodenähnliche Gebäude liegt hübsch im Herzen des Vondelparks, umgeben von hohen Bäumen und Wasserläufen. Draußen auf der Terrasse kann man Kuchen und Sandwiches essen, oder man kann die erstaunlich modische Bar im Obergeschoss besuchen. Das Café liegt an der Ostseite des Parks, etwas westlich der Van Baerlestraat.

202 A1 Vondelpark
020 662 0254
tägl. 9–23 Uhr

Cobra €
Dieses helle, moderne Café am Museumplein hat seinen Namen von der expressionistischen Künstlergruppe der späten Vierzigerjahre, in der Maler aus Kopenhagen, Brüssel und Amsterdam eine führende Rolle spielten. Alles vom Muster auf dem Boden bis zum Geschirr ist von dieser Bewegung inspiriert. Bei schönem Wetter kann man draußen sitzen und den allgegenwärtigen Straßenmusikanten zuhören.

202 B1
Museumplein
020 470 0111
tägl. 10–22 Uhr

Ebeling €
Die frühere Bank (die Toiletten sind in den Tresorräumen) am Overtoom in der Nähe des Leidseplein ist heute ein trendiger Treffpunkt für Amsterdamer um die 20. Das Dekor ist funky, die Musik am Abend laut, doch gibt es auch Konventionelles wie von Kerzen erleuchtete Tische und eine Leseecke mit Zeitungen und Zeitschriften. Manchmal streicht auch eine Katze um die Ecke. Die Speisekarte bietet alles von Pasta bis Burritos.

202 A2 Overtoom 52
020 689 1218
Mo–Do 11–1, Fr, Sa 11–3, So 12–1 Uhr

Enorm Food Company €
Das ultramoderne Café an Amsterdams schickster Einkaufsstraße – genau das Richtige für ein Club-Sandwich, das mit einer halben Flasche Moët & Chandon hinuntergespült wird. Hinein gelangt man durch einen Tunnel aus Modemagazinen. Im minimalistischen Essbereich kann man auf dem TV-Bildschirm das Auf und Ab der Aktienkurse verfolgen.

202 B2 87 PC Hooftstraat
020 670 9944
Mo–Sa 8–20 Uhr, So 9–19 Uhr

Vertigo €–€€
Das Café im Pavillon des Nederlands Filmmuseum (➤ 119) hat seinen Namen von dem berühmten Hitchcock-Film. Dennoch braucht man keine Angst vor Höhen zu haben, denn es liegt in einem von Kerzen erhellten Kellergewölbe. Im Sommer allerdings ist die große Terrasse mit Blick auf die Jogger und Enten im Vondelpark einer der Hauptanziehungspunkte. Trendige junge Leute kommen hierher, um etwas zu trinken; man bekommt Salate, Pasta und Steaks. Montagabends richtet sich das Speisenangebot nach dem gezeigten Film.

202 A2 Vondelpark 3
020 612 3021
tägl. 11–1 Uhr

Welling €
Ein gemächliches, ein wenig versnobtes Eckcafé, das hinter dem Concertgebouw liegt und von dort

viele seiner Besucher bezieht. Samtvorhänge und Netzgardinen verhüllen die Fenster, die Sessel und Sofas sind abgenutzt. Achten Sie auf den Spazierstock, der hinter der Bar hängt: Er gehörte einem inzwischen verstorbenen Stammgast.

206 D2 Brouwerstraat 32
020 662 0155
So–Do 16–1 Uhr, Fr, Sa bis 2 Uhr

Wildschut €–€€

Dieses Grand Café im Art-déco-Stil liegt abseits der Touristenpfade, ist aber vom Concertgebouw in fünf Minuten zu erreichen. Seine lange geschwungene Fassade ist Teil eines von der Amsterdam-Schule der Zwanzigerjahre geschaffenen architektonischen Ensembles, das man, wenn es das Wetter erlaubt, von der großen Außenterrasse bewundern kann. Das geräumige Café schmücken Einrichtungsgegenstände wie marmorne Wandtäfelungen, Klappsitze, die aus einem Kino gerettet wurden, und eine Wurlitzer Jukebox. Mittags werden in erster Linie Sandwiches angeboten.

206 E1
Roelof Hartplein 1–3
020 676 8220
tägl. 9.30–1 Uhr

RESTAURANTS

Bark €€

Ein belebtes Fisch-Bistro in der Nähe des Concertgebouw mit flinkem Service, in dem man noch sehr viel später als in anderen Restaurants etwas zu essen bekommt. Die Tische sind klein und stehen dicht beisammen, sodass es sich kaum vermeiden lässt, Gespräche mitzuhören. Sie können wählen zwischen Austern, *fruits de mer* und Gerichten wie Schwertfisch mit Muscheln. Das auf Fleisch spezialisierte Schwesterlokal, De Knijp, liegt im selben Häuserblock, Nr. 134 (Tel. 020 671 4248), und ist im Stil sehr ähnlich.

206 E2
Van Baerlestraat 120
020 675 0210
Mo–Fr 12–15, 17.30–0.30 Uhr, Sa, So 17.30–0.30 Uhr

Bodega Keyzer €–€€€

Diese beliebte Amsterdamer Institution, wenige Meter vom Concertgebouw entfernt, ist seit 1905 in Betrieb. Es geht ganz und gar altmodisch zu mit Kellnern in schwarzem Jackett und Fliege und mit Stores vor den Fenstern. Das hochpreisige Restaurant im hinteren Teil ist auf französische und holländische Fischgerichte spezialisiert, das gemütliche Café im vorderen Bereich bietet eine breite Auswahl von guten, leichten Mahlzeiten.

206 D3 Van Baerlestraat 96
020 671 1441
Mo–Sa 9–24 Uhr, So ab 11 Uhr

Le Garage €€€

Die einstige Hinterhof-Garage ist heute eines der glamourösesten Restaurants der Stadt. Hinter einer offenen Küche und einer schicken Bar liegt der Essbereich mit verspiegelten Wänden und roten Sitzbänken. Die meisten Gerichte, wie *fruits de mer* und *rôtisserie*-Fleisch, sind französisch und trotz der glitzernden Umgebung erstaunlich bodenständig. Auch aus anderen Küchen gibt es Anleihen, z. B. als Vorspeise holländischen Chicorée mit Räucheraal und einen thailändischen Salat. Reservieren Sie frühzeitig, und werfen Sie sich in Schale!

206 E1 Ruysdaelstraat 54–56
020 679 7176
Mo–Fr 12–14, 18–23 Uhr, Sa, So 18–23 Uhr

Poentjak Pas €–€€

Dieses schlichte indonesische Restaurant liegt wenige Minuten vom Leidseplein entfernt an einem weniger frequentierten Touristenpfad. Die sehr freundliche Besitzerin erklärt Ihnen die verschiedenen Bestandteile der *rijsttafel* des Hauses, die auch dem vegetarischen Geschmack angepasst werden kann. Ansonsten tun Sie, was die Einheimischen tun, und bestellen Sie Nasi Goreng spezial, eine Mini-Reistafel, die auf einem großen Teller serviert wird. Das *guli kambing* (gewürztes Lamm in Kokosnussoße) ist ebenso empfehlenswert wie das *dadar isi*, ein herzhaftes Omelett gefüllt mit Huhn und Gemüse.

202 B3 Nassaukade 366
020 618 0906
Di–So 17.30–22 Uhr

Zabar's €€

Wenige Schritte weg von der belebten Van Baerlestraat finden Sie angenehme Mittelmeeratmosphäre. Der helle, luftige, in zartem Gelb und Rot gehaltene Ort ist in drei Etagen geteilt; auf Straßenniveau befindet sich das belebteste Lokal, ganz oben das teuerste. Das Brot, das zum Aperitif serviert wird, legt den Ton fest: Dazu gibt es Töpfchen mit Knoblauchbutter, Olivenöl mit Kräutern und zerdrückten Oliven. Italien und Nordafrika haben den stärksten Einfluss auf die Küche. Wenn Sie Wein bestellen, bekommen Sie eine ganze Flasche, zahlen aber nur für die Menge, die Sie getrunken haben.

202 B1
Van Baerlestraat 49
020 679 8888
Di–Fr 11–23 Uhr, Sa, Mo 17.30–23 Uhr

Wohin zum … Einkaufen?

Im Museumsviertel gibt es nicht nur unbezahlbare Exponate zu sehen, sondern man kann dort auch vieles kaufen, was eine erhebliche Lücke ins Portemonnaie reißt. Hier kann man selbst ein Vermögen ausgeben oder auch anderen dabei zusehen, wie sie ein Vermögen ausgeben – in exklusiven Boutiquen, die Kreationen der holländischen und internationalen Modedesigner feilbieten.

PC Hooftstraat

Amsterdams Antwort auf Bond Street oder Rodeo Drive ist nach Pieter Cornelius Hooft, einem Dichter des 17. Jahrhunderts, benannt. Doch es sind die berühmten Namen der Modewelt, die Kauflustige zu den drei kompakten Häuserblocks zwischen Hobbemastraat und Van Baerlestraat locken.

Gucci (Nr. 56) hat oft stark reduzierte, doch auffallende Ausstellungsstücke wie etwa eine ausgestopfte Schlange mit einer Handtasche im Maul. Weitere Geschäfte, in die es sich einen Blick zu werfen lohnt, finden Sie auf dieser (der nördlichen) Straßenseite:

Shoebaloo (Nr. 80) für Aufsehen erregende Schuhe, **MEXX** (Nr. 118–120), wo meist die dramatischsten Auslagen der Straße zu sehen sind, und **Edgar Vos** (Nr. 134), wo man die Top-Haute-Couture holländischer Designer bewundern kann.

Auf der Südseite halten Sie Ausschau nach: **Emporio Armani** (Nr. 39), **Oger** (Nr. 81) für ultrakonservative Herrenbekleidung, **Gianni Versace** (Nr. 89), **La Culotte** (Nr. 111) für sexy Seidenwäsche und **Oilily** (Nr. 133), wo es entzückende Kinderkleider und -accessoires gibt, etwa rosafarbene Turnschuhe und niedliche Frühstücksboxen.

Sie möchten etwas anderes als Kleider? **Hans Winkel Brillen** (Nr. 73) ist der beste Ort für Designerbrillen. Der hochpreisige Porzellanladen **Focke & Meltzer** (Nr. 65–69) hält nicht nur ausländische Marken wie Wedgwood auf Lager, sondern auch eine breite Auswahl an Delfter Porzellan von De Porceleyne Fles und der farbenfrohen Makkumen-Tonwaren. Porträts von berühmten Menschen, angefertigt von dem Künstler Peter Donkersloot, hängen in der **Donkersloot-Kunstgalerie** (Nr. 127), die jeden Abend bis Mitternacht geöffnet hat.

Etwas abseits des oberen Endes der PC Hooftstraat zeigt **Romeo Vetro** (Hobbemastraat 13) exotische Glaswaren in Form von Musikinstrumenten, Delphinen und Booten. Am anderen (westlichen) Ende der PC Hooftstraat, an der Van Baerlestraat, gibt es trendigere Boutiquen, z. B. von der holländischen Marke Sissy Boy.

Cornelis Schuytstraat

Abseits der Touristenpfade gibt es in dieser Straße alles für den täglichen Bedarf der gut gestellten Yuppies in der Nachbarschaft. Es gibt Blumenläden mit kunstvollen Auslagen, schicke Boutiquen und etliche Cafés, vor denen man sitzen kann, um die neuesten Erwerbungen vorzuführen. Für ein großes Picknick im Vondelpark können Sie bei **Nan** (Nr. 26), einem berühmten Feinkostladen, und bei **Van Averzaath** (Nr. 36), einer seit 1905 bestehenden hochklassigen Pâtisserie, einkaufen.

Museumsshops

Die drei großen Museen des Viertels haben alle Läden, in denen Kunstbände, Poster und Postkarten verkauft werden. Der Shop im **Rijksmuseum** ist oft schrecklich überfüllt, das **Van Gogh Museum** hat eine ausgezeichnete Auswahl an Postern von Bildern des Künstlers, und das **Stedelijk Museum** verkauft auch moderne Designerstücke – Möbel in Puppenstubengröße, Hefter, Nagelknipser – zu hohen Preisen.

Am Museumplein gibt es einen weiteren Laden für Bücher, Poster und Postkarten, in dem es auch schöne Puzzles, Schirme und Kühlschrankmagneten gibt.

Wohin zum ... Ausgehen?

Im Museumsviertel mangelt es ein wenig an Cafés mit Atmosphäre, und nach dem Dunkelwerden ist es hier ruhig und langweilig, da das Flair der zentraleren Stadtviertel fehlt. An schönen Tagen allerdings lässt es sich im Vondelpark, der grünen Lunge der Stadt, und am Museumplein, dem großen, grasbewachsenen Platz, der an die Museen angrenzt, gut aushalten; normalerweise tragen Straßenmusikanten zur Unterhaltung bei.

Die kulturelle Hauptattraktion der Gegend ist das **Concertgebouw** (Concertgebouwplein 2, Tel. 020 671 8345; www.concertgebouw.nl), Amsterdams wichtigster Veranstaltungsort für klassische Musik (➤ 130). Das große klassizistische Gebäude, Heimstatt des Königlichen Concertgebouw Orchesters, das in den Achtzigerjahren einen geschmackvollen Glas-und-Stahl-Anbau erhielt, steht an der Südwestseite des Museumplein. Neben den Abendvorstellungen kann man auch eine Matinee am Sonntagmorgen (mit der Gelegenheit, gegen ein kleines Aufgeld eine Führung durch den Bereich hinter der Bühne mitzumachen) oder das kostenlose halbstündige Mittagskonzert mittwochs um 12.30 Uhr besuchen. Die Veranstaltungen sind im Kleinen oder Großen Saal – letzterer ist berühmt für seine gute Akustik und eine besondere Sitzordnung, bei der einige Plätze hinter dem Podium liegen. Die Konzerte sind sehr beliebt, kommen Sie also frühzeitig, um sich einen Platz zu sichern. Es ist zu einem erheblichen Teil dem Concertgebouw zu verdanken, dass es an der Van Baerlestraat einige gute Restaurants gibt; insgesamt ist sie abends die lebhafteste Straße des Museumsviertels.

An Sommerabenden kommen viele Amsterdamer in den Vondelpark. An Mittwoch- und Sonntagnachmittagen sowie donnerstag- bis samstagabends von Ende Mai bis Ende August zeigt das **Openluchttheater** (Freilichttheater) kostenlose Aufführungen aller Art, darunter Jazz, Rock und klassische Musik, Kindertheater und Stegreif-Comedy; Einzelheiten unter www.openluchttheater.nl.

Das **Nederlands Filmmuseum** (Vondelpark 3, Tel. 020 589 1400; www. filmmuseum.nl, ➤ 119) am Nordwestende des Parks ist eher ein Kunsthaus-Kino mit einem trendigen Café (Vertigo, ➤ 131) als ein Museum. Gezeigt wird alles von Stummfilmklassikern über *Begegnung* (1945) und *Blutgericht in Texas* (1974) bis zu den neuesten Streifen. Keiner der Filme ist synchronisiert. An manchen Abenden im Juli und August gibt es kostenlose Filmvorführungen im Freien.

Östlicher Grachtengürtel

Erste Orientierung

Der östliche Teil von Amsterdam hat einen anderen Charakter als der Rest der Stadt – tatsächlich scheint es hier mehr wie in einer »normalen« Stadt zuzugehen. Hier findet man Bewohner aus aller Herren Länder, schicke Geschäfte und moderne Bauprojekte, dazwischen Grachten und Hafenanlagen.

Entrepotdok steckt in einem raschen Wandel

Diese Vielfalt spiegelt sich in einem breiten Spektrum von Aktivitäten wider, von der Anlage der Hefekultur bei Heineken bis zur Kultivierung exotischer Gewürze, vom Museum, das maritime Macht darstellt, zu einem, das dem Völkermord gewidmet ist. Mittendrin findet man einige von Amsterdams weniger bekannten, aber gleichwohl faszinierenden Museen, den Zoo und eines der feinsten Hotels der Stadt.

Wer hier einen Tag verbringt, wird ein tieferes Verständnis für die Stadt gewinnen und für die Art, wie sie mit der übrigen Welt zusammenhängt.

Links: Die »Magere Brücke« zieht mehr Fotografen an als irgendeine andere

Rechts: Auch die Polizei fährt in Amsterdam Fahrrad

Vorhergehende Seite: Die Magere Brug bei Nacht

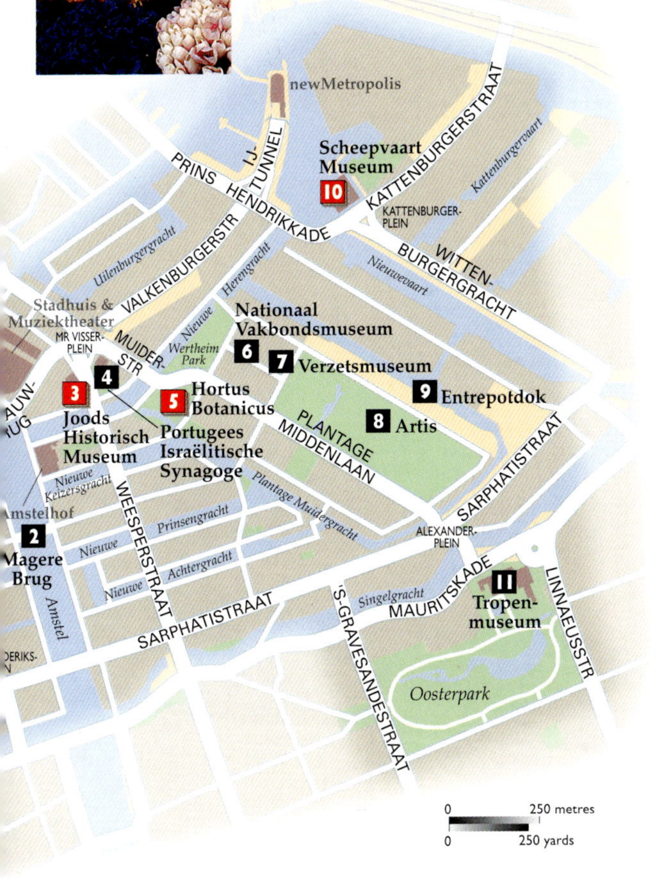

★ Nicht verpassen!

1. **Heineken Brouwerij** ➤ 140
3. **Joods Historisch Museum** ➤ 142
5. **Hortus Botanicus** ➤ 144
10. **Scheepvaart Museum** ➤ 146

Nach Lust und Laune!

2. Magere Brug ➤ 150
4. Portugees Israëlitische Synagoge ➤ 151
6. Nationaal Vakbondsmuseum ➤ 151
7. Verzetsmuseum ➤ 152
8. Artis Zoo ➤ 152
9. Entrepotdok ➤ 153
11. Tropenmuseum ➤ 154

Östlicher Grachtengürtel an einem Tag

Vom Biertrinken bis zum Bootfahren – dieser Bezirk bietet dem Besucher zahllose Attraktionen für einen entspannten Tag.

9 Uhr

Beginnen Sie den Tag in der **Heineken-Brauerei** (➤ 140f) mit einer Einführung in die Kunst und Wissenschaft des Brauens.

11 Uhr

Wieder auf der Straße gehen Sie in Richtung Osten etwa einen Kilometer durch die ruhigen Straßen des östlichen Grachtengürtels zum Fluss Amstel, um die Schleusentore und die hübsche **Magere Brug** (oben, ➤ 150) anzusehen.

12 Uhr

Auf dem Weg Richtung Zentrum kann man die Blauwbrug (Blaue Brücke) bewundern und die Erschließungen rund um Waterlooplein in Augenschein nehmen. Besuchen Sie das alte jüdische Viertel mit dem **Joods Historisch Museum** (rechts, ➤ 142f) und der **portugiesischen Synagoge** (➤ 151) – und essen Sie in einem koscheren Café zu Mittag.

14.30

Legen Sie einen Zwischenstopp ein, um die Pflanzen in den Gärten des **Hortus Botanicus** (oben, ➤ 144f) oder die Tiere im **Artis Zoo** (links, ➤ 152f) zu betrachten.

16 Uhr

Nördlich in Richtung der Hafenanlagen können Sie den Mythos des Fliegenden Holländers und die Wirklichkeit der holländischen Seeherrschaft im **Scheepvaart Museum** (➤ 146ff) kennen lernen.

18 Uhr

Wechseln Sie die Richtung, und wenden Sie sich nach Westen einem Stück des traditionellen Amsterdams zu. Schlendern Sie die Reguliersgracht entlang, die »Gracht der Sieben Brücken«. Am Weg gibt es viele Einkehrmöglichkeiten.

20 Uhr

Sehen Sie sich eine Vorstellung im Tuschinski-Kino an – in der Nähe liegen außerdem einige der schrilleren Etablissements des Amsterdamer Nachtlebens –, oder wenden Sie sich nach Osten zum Theater Carré an der Amstel.

Heineken Brouwerij

An jedem Wochentag organisieren die Holländer morgens eine tolle Party in einer Brauerei. Bei der Heineken-Führung erfährt man einiges über Brautechniken und erhält Einblick in die Geschichte eines der erfolgreichsten Unternehmen der Niederlande. Wer sich für den Tag noch etwas vorgenommen hat, sollte sich nicht allzu sehr dem Bier hingeben, das am Schluss der Besichtigung großzügig ausgeschenkt wird.

Im Dezember 1864 kaufte Gerard Adriaan Heineken eine heruntergekommene Brauerei namens De Hooiberg (Die Heumiete) aus dem 16. Jahrhundert, die hinter dem Königspalast stand. In den folgenden vier Jahren verlegte er die Produktion an einen neuen Standort, zu dieser Zeit ein freies Feld südlich des Stadtzentrums. (Die gegenwärtigen Produktionsstätten liegen weit entfernt vom Stadtgebiet.) Abgesehen davon, dass er das tschechische Verfahren der Untergärung übernahm und für die Entwicklung eines robusten Hefestamms sorgte, führte Heineken rigorose Qualitätskontrollen und innovative Marketingmethoden ein – nicht zuletzt das sofort erkennbare Roter-Stern-Logo –, die die Bedingungen für eine erfolgreiche Massenproduktion schufen. Heute produziert die größte Heinekenbrauerei in 45 Minuten so viel Bier, dass jeder Einwohner von Amsterdam eine Flasche bekommen könnte.

Der Rote Stern auf einem Bierkrug aus dem 19. Jahrhundert

Die (frühere) Brauerei (*brouwerij*) ist ein schlichter Bau, der an der Ecke Stadhouderskade und Ferdinand Bolstraat, an der Südseite der Singelgracht aufragt. Bis 1988 wurde hier das Heineken Lager gebraut, dann wurde die Produktion ausgelagert, und die Öffentlichkeitsabteilung zog ein.

Die Führung beginnt in einem Gärbottich – der jetzt in einen Ausstellungsbereich umgewandelt wurde, wo die Geschichte des Bieres von seinen Ursprüngen in Mesopotamien im 4. Jahrtausend v. Chr. in einer Multimedia-Präsentation dargestellt wird. Sie setzt sich fort durch hallende Räume mit blitzsauberen weißen Wänden und Arbeitsgerät aus blinkendem Stahl, dann weiter durch die Ställe, deren Bewohner – schwere britische Zugpferde – das Brauereiabzeichen durch Amsterdam ziehen. Am

Ende verteilen fröhliche Mitarbeiter in einer Art Scheune gleich tablettweise Heineken, dazu gibt es Snacks.

Einige Besucher empfinden die Besichtigung als zu glatt, ein Gefühl, das am Ende der Tour noch verstärkt wird. Immerhin dient die Führung auch einem guten Zweck: Das Eintrittsgeld von 1,5 € geht an angesehene Wohlfahrtseinrichtungen.

KLEINE PAUSE

Wer gehaltvollere Speisen oder nichtalkoholische Getränke braucht, hat ein breites Angebot an Nationalitäten-Restaurants an der Van de Helststraat, die gleich hinter der Heineken-Brauerei anfängt und nach Süden zum Albert Cuyp Markt führt.

Kommen Sie frühzeitig, um zu verhindern, dass Sie sich in einer Masse vor den Heineken-Erinnerungsstücken drängeln müssen

Heineken Brouwerij

203 D1
Stadhouderskade 78
020 523 9666
Führungen Mo–Fr 9.30 und 11 Uhr, Dauer zwei Stunden
Café, Restaurant, Erfrischungen (€–€€€)
16, 24, 25
preiswert

HEINEKEN BROUWERIJ: INSIDER-INFO

Top-Tipps: Kommen Sie an Ihrem Geburtstag oder – noch besser – mit anderen, die ihren Geburtstag feiern. Im Rahmen der Werbemaßnahmen erhält derjenige, der seinen Geburtstag feiert, ein Geschenk (gewöhnlich einen Delfter Bierkrug); er muss dafür allerdings mit einem kleinen, derben Spaß rechnen (Humor mitbringen!).

- Theoretisch gibt es von Montag bis Freitag zwei Touren, um 9.30 und 11 Uhr. Tatsächlich sind dies die Zeiten, zu denen Bewegung in die Schlangen kommt. An lebhaften Tagen gibt es vormittags bis zu zehn Führungen, die in Intervallen von fünf bis zehn Minuten starten und im Probierraum am Ende alle zusammentreffen.
- Jeder, der auch nur einige Minuten nach 11 Uhr eintrifft, läuft Gefahr, abgewiesen zu werden. Am besten kommt man um 9 Uhr oder kurz danach, um sicherzugehen, dass man bei der ersten Führung des Tages dabei ist. Das Mindestalter für die Teilnahme liegt bei 18 Jahren.

Geheimtipp: Halten Sie beim Warten in der Eingangshalle Ausschau nach den alten Handpumpen, die beeindruckende Ausmaße haben.

Joods Historisch Museum

Mit einer Konstruktion aus Glas und Stahl wurden vier zwischen 1670 und 1778 entstandene benachbarte Synagogen zu einem Komplex, dem Jüdisch-Historischen Museum, verbunden, das Vielfältiges zu bieten hat – von der Erklärung der Lehren des Judaismus bis zur Bedeutung des jüdischen Volkes für das Geschäftsleben in Amsterdam. Das Motto des Museums stammt aus dem babylonischen Talmud: »Sehen führt zu Erinnern, Erinnern führt zu Handeln.«

Die Gebäude, die das Museum bilden, gehören zu den prächtigsten von Amsterdam

Bleiben Sie an der Nieuwe Amstelstraat erst einmal draußen stehen, um die Einzelstrukturen wahrzunehmen, aus denen das Museum besteht. Vor dem Gebäude sind hoch oben an einem Rahmen zwei große gelbe Dreiecke angebracht. Ihre Form fügt sich zu einem goldenen Davidstern zusammen, dem Symbol, das Juden in Holland während der Besatzung durch Nazi-Deutschland im Zweiten Weltkrieg tragen mussten.

In das Museum hinein kommt man über eine enge Treppe dort, wo früher ein Durchgang zwischen den Häusern war. Den Architekten ist es gelungen, beim Umbau Teile der ursprünglichen Straßenanlage in ihre Pläne einzubeziehen: Eingang und Foyer liegen auf der früheren Shulgass, der Verbindung zwischen den vier Synagogen.

Die empfohlene Route durch das Museum beginnt in der **Neuen Synagoge**, und dort sollte man bei einem Kurzbesuch auch die meiste Zeit verbringen. Sie wurde 1752 im – vermuteten – Stil des

Die Bundeslade steht im Mittelpunkt des jüdischen Erbes in der Stadt

Zweiten Tempels in Jerusalem erbaut; die großartige Kuppel wurde 2000 restauriert.

Am Beginn stehen Exponate zu den Bestandteilen holländisch-jüdischer Identität: Religion, Bindungen an Israel und das Leben der jüdischen Gemeinde in den Niederlanden. Das Museum zeigt außerdem das Anwachsen der zionistischen Bewegung, die im 19. Jahrhundert entstand und eine dauerhafte Heimat der Juden in Israel forderte.

Ein großer Teil des Museums behandelt den Aufstieg des Nationalsozialismus, die deutsche Besatzung und die Deportation von 100 000 Amsterdamer Juden: Nur wenige kehrten zurück. So wie das Tagebuch der Anne Frank (► 94ff) erzählen die Bilder der Charlotte Salomon die Geschichte einer jungen Jüdin im Umgang mit der Unterdrückung durch die Nazis. Wie Anne Frank verschwand sie in einem Todeslager.

Der andere wichtige Teil des Komplexes ist die **Große Synagoge** aus dem 18. Jahrhundert, die von Elias Bouwman entworfen wurde. Hier erhält der Besucher eine Einführung in Judentum und jüdische Riten. In einem Seitenraum der Großen Synagoge ist eine Mikwe, ein rituelles Tauchbad, zu sehen.

KLEINE PAUSE

Das nahe dem Eingang gelegene **Museumscafé** ist klein und oft überfüllt; man kann dort auch ohne Eintrittskarte einkehren. Geboten werden koscheres Essen und Snacks, etwa Bagels mit Käse, Räucherlachs und Matzen, dazu schmeckt israelisches Bier.

Joods Historisch Museum
204 B2
Jonas Daniël Meijerplein 2–4
020 626 9945; www.jhm.nl
tägl. 11–17 Uhr; Geschl. 1. Jan., Jom Kippur, 25./26. Dez.
Waterlooplein
9, 14; der Canalbus hält an der Blauen Brücke, 200 m westlich des Museums
mittel; Museumspass gültig

JOODS HISTORISCH MUSEUM: INSIDER-INFO

Top-Tipps: Hinter der Kasse ist eine Audio-Tour zu einem symbolischen Preis erhältlich; sie bereichert den Rundgang erheblich.
• Im **Recherche-Zentrum** (geöffnet Mo–Fr 13–17 Uhr) kann man mehr über die jüdische Gemeinde in Amsterdam erfahren.

Hortus Botanicus

Die Ruhe des Gartens und die besonders angenehmen Düfte locken den Besucher weg vom Getriebe der Stadt – wenn Sie allerdings ein Meer von Farben erwarten, sollten Sie lieber die Tulpenfelder besuchen.

Der Botanische Garten der Stadt entstand 1638 als Heilkräutersammlung – Hortus Medicus – für pharmazeutische Zwecke und befindet sich seit 1682 an seinem heutigen Standort. Hier breitete er sich weiter aus, als die Vereinigte Ostindische Kompanie von ihren Expeditionen rund um den Globus immer neue Pflanzen mitbrachte.

Der Hortus Botanicus verfügt über Freilandgärten und Gewächshäuser

Die Sammlung ist geteilt in einen Freilandgarten, in dem Pflanzen aus gemäßigten bis arktischen Klimaten gedeihen, und eine Reihe von Gewächshäusern. Vom Eingang aus links liegt der ursprüngliche **Hortus Medicus**, ein Heilkräutergarten, der seit dem 17. Jahrhundert für medizinische Zwecke kultiviert wird. Gleich dahinter stehen das **Mexikanisch/Kalifornische Wüstenhaus**, ein Anzuchthaus für **Orchideen** und ein **Schmetterlingshaus**. Südlich davon erstreckt sich vor dem Verwaltungsgebäude eine elegante halbkreisförmige Gartenanlage aus dem 17. Jahrhundert.

Weiter im Uhrzeigersinn gelangt man zum **Palmenhaus**, einem großen, reich verzierten Bau aus dem 19. Jahrhundert. Highlight hier ist eine 300 Jahre alte Palme.

Rechts: Das Gewächshaus deckt drei Klimazonen von der Wüste bis zum Regenwald ab

Am entgegengesetzten Ende liegt das **Gewächshaus mit drei Klimazonen**, eine Errungenschaft des späten 20. Jahrhunderts, so konstruiert, dass man vom tropischen Regenwald über die Subtropen in die Wüste gehen kann. Ein Glanzpunkt des Wüstenabschnitts ist die skurrile *Weltwitschia mirabilis*, ein »lebendes

Gartenführungen

Der Amsterdamer Gartenarchitekt Andre Ancion bietet Führungen durch die **versteckten Gärten der Stadt** an und spürt dabei Stilen von der Renaissance bis zum Barock nach. Jeder Spaziergang beginnt in der Herengracht 605. Die Tour dauert drei Stunden und endet mit einem Imbiss in einem Privathaus an der Gracht – im Preis inbegriffen.

✉ Urban Garden Tours, PO Box 15672, 1001 ND Amsterdam ☎ 020 688 1243; www.urbangardentours.nl ⌚ Führungen beginnen Mo, Fr, Sa um 11 Uhr; Karten müssen 15 bis 30 Minuten vorher abgeholt werden 🍴 Mittagessen inbegriffen 🚌 4 und 12 bis Rembrandtplei 💰 teuer

Fossil«: Sie gehört einer bis auf diese eine Art längst ausgestorbenen Verwandtschaftsgruppe an. Die Pflanze, die 2000 Jahre alt werden kann, bringt nur zwei Blätter hervor, die aus der Sprossachse zeitlebens nachgeschoben werden.

Um das »Dach« das Regenwaldes zu betrachten, kann man den Umgang in fünf Meter Höhe benutzen.

Unten: Das Palmenhaus

KLEINE PAUSE

Flüchten Sie aus der Hitze der Gewächshäuser in die **Orangerie**, die heute ein Café ist.

Hortus Botanicus

✚ 204 C2

✉ Plantage Middenlaan 2

☎ 020 625 8411; www.nl/-hortus.amsterdam

⌚ Sommer (Mai–Okt.) tägl. 9–17 Uhr, Winter (Nov.–April) tägl. 9–16 Uhr; geschl. 1. Jan., 25. Dez.

🚌 9 und 14 halten außen

🍴 Orangery-Café (€)

💰 mittel (im Winter ermäßigt)

HORTUS BOTANICUS: INSIDER-INFO

Top-Tipps: Der **Garteneingang** ist schwer zu finden: Er liegt hinter einem Torhaus an der Ecke Plantage Middenlaan/Dr D M Sluyspad, gegenüber der Herengracht.

- Am Eingang ist ein **Plan erhältlich**; die Beschriftungen sind größtenteils in Holländisch und Latein.
- Sonntags gibt es eine **Führung um 14 Uhr**; sie kostet einen Gulden.
- Im Sommer herrscht an Wochenenden viel Betrieb. Die **letzte Stunde der Öffnungszeit** ist gewöhnlich ruhiger, die Pflanzen sind allerdings spät an einem heißen Sommertag nicht im besten Zustand.

Scheepvaart Museum

Das großartige Schifffahrtsmuseum zeigt, wie Amsterdam, obwohl seine wenigen natürlichen Vorzüge die vielen Nachteile nicht aufwiegen, zu einem der wichtigsten Häfen der Welt wurde, Angelpunkt für eine Handelsflotte, die einen Großteil des globalen Handels in Gang brachte – und kontrollierte.

Der Standort des Museums sagt viel über Amsterdam als funktionierenden Hafen aus: Die frühere Marinewerft, in der es seinen Platz hat, liegt versteckt hinter dem NEMO (➤ 69), einem futuristischen Gebäude, das über der Einfahrt zum Ij-Tunnel thront, und der Zugang zum offenen Wasser ist durch neue Straßen und Bahnlinien versperrt. Einfallsreich wie immer haben die Holländer ein hübsches, aber überflüssiges Marinemagazin in eine der beliebtesten und eindrucksvollsten Touristenattraktionen in Amsterdam umgewandelt. Und hinter dem Museum zeigt das verblüffende »Tragflächen«-Design des ultramodernen Kreuzfahrtterminals, dass die maritime Geschichte der Stadt keineswegs abgeschlossen ist.

Das Gebäude selbst ist sehr attraktiv, und es lohnt sich, es vom NEMO aus zu bestaunen, um Schlichtheit und Symmetrie des Baus zu würdigen.

Die innere Anlage des Museums erscheint leicht ein bisschen verwirrend. Nach dem Bezahlen sollte man zunächst im Innenhof bleiben, wo es einige eindrucksvolle Kanonen zu sehen gibt.

Ein früheres Magazin der Marine beherbergt heute eines der interessantesten Museen von Amsterdam

Gelegentlich werden dort auch Sonderausstellungen gezeigt. Der Hauptteil der Sammlung ist im ersten Stock untergebracht. Durchqueren Sie das Foyer gegenüber dem Eingang, und gehen Sie rechts die Treppen unter der Galionsfigur hinauf, um zum Anfang der Ausstellung zu gelangen. Es gibt einen kurzen Einführungsfilm auf Holländisch – aber mit Hilfe eines Kopfhörers, den man am Schalter gegenüber dem Kino erhält, kann man auf die deutsche Übersetzung umschalten.

Der **erste Stock** ist der Schifffahrt des 17. und 18. Jahrhunderts gewidmet, dem goldenen Zeitalter der Amsterdamer Handelsflotte wie auch des kulturellen Lebens. Beides ist vielfach miteinander verzahnt: Auf dem Rundgang auf diesem Stockwerk gibt es etliche Gemälde von berühmten holländisches Siegen zur See – als Berichte über historische Ereignisse sind sie interessanter denn als Kunstwerke.

Unter den vielen weiteren eindrucksvollen Exponaten sind eine Weltkarte, die 1648 gezeichnet wurde (Australien wird dort als *»Hollandia Nova, detecta 1644«* vermerkt), eine Reihe von Schiffsmodellen – und auch einige echte Schiffe, darunter eine gut erhaltene Barke aus dem 18. Jahrhundert. Der rasche Aufstieg und allmähliche Fall der Vereinigten Ostindischen Kompa-

Traditionelle Schmuckstücke am Ankerplatz vor dem Museum

nie wird in einer Videopräsentation und durch Dutzende von Exponaten verdeutlicht. Das Video verschweigt nicht, welchen Entbehrungen die Matrosen auf See ausgesetzt waren.

Bescheidenere Boote als die Klipper legen heute im Museumshafen an

Die beiden folgenden Jahrhunderte sind im **zweiten Stock** behandelt. Im 19. Jahrhundert machten Wirtschaft und Technik enorme Fortschritte. Hocheffiziente Arbeitssegler, genannt »Butterdosen«, waren im Einsatz, und die Technologie windgetriebener Hochgeschwindigkeitsschiffe wurde perfektioniert: Das Zeitalter der Schnellsegler oder »Klipper« brach an. Als 1816 ein englischer Dampfer im Amsterdamer Hafen anlegte, rechnete niemand damit, dass dies die Zukunft sein könnte.

Ein halbes Jahrhundert lang erlebte das Segelschiff seine eigene kurze goldene Ära. Das Dampfschiff befand sich in der Entwicklung, war aber noch langsamer als die Klipper. Die Vollendung des Suezkanals 1869 veränderte die Bedingungen grundlegend, und bald sank – in kommerzieller Hinsicht – die Klipperflotte.

Durch das Entstehen von Schifffahrtsgesellschaften wie der Holland-Amerika-Linie stiegen die Niederlande rasch wieder zur Seemacht auf. Ein Netz von Routen entstand: Einige verbanden die holländischen Kolonien mit dem Mutterland, andere nutzten Lücken im bestehenden Angebot für Verbindungen zwischen anderen Nationen.

Ein Nachbau des Ostindienfahrers ***De Amsterdam*** in Originalgröße liegt normalerweise vor dem Museum vor Anker. Wenn das Schiff sich jedoch auf einer seiner gelegentlichen Fahrten in andere Teile Europas befindet, muss man mit den weniger fesselnden kleineren Booten, darunter einem Rettungsboot, vorlieb nehmen, die im Hafen dümpeln. Die originale *De Amsterdam* hatte eine wechselvolle Karriere: Auf ihrer ersten Reise nach Asien lief sie 1749 vor der englischen Küste auf einer Sandbank auf Grund. Im Gegensatz zur zeitgenössischen *Cutty Sark* in Greenwich ist das holländische Boot ein Nachbau. Aber dafür ist es seetüchtig und in den Niederlanden wie anderswo sehr gefragt.

KLEINE PAUSE

Neben dem wenig bemerkenswerten und mittelmäßigen **Museumscafé** (mittel) gibt es einen Brötchenverkauf im Erdgeschoss (preiswert), doch in der Nähe bieten sich wenig Alternativen.

Scheepvaart Museum
205 D3
Kattenburgerplein 1
020 573 2222; www.scheepvaartmuseum.nl
Di–So 10–17 Uhr (Mitte Juni–Mitte Sept. und während der Schulferien auch Mo); geschl. 1. Jan., 29. April und 25. Dez.
Nr. 22 und 32 fahren von der Centraal Station zum Museum
am besten erreicht man das Museum mit dem Museumsboot, das an einem kleinen Anleger in der Nähe hält; Einzelheiten auf S. 39
bei flotter Gehweise 15 Min. von Centraal Station
mittel; Museumspass gültig

Schauspieler stellen an Bord der *Amsterdam* Seegeschichten nach

SCHEEPVAART MUSEUM: INSIDER-INFO

Top-Tipps: Rufen Sie vorher an, um zu erfahren, ob irgendwelche **Sonderveranstaltungen** auf dem Programm stehen. Besonders an Sommerwochenenden werden Schauspieler engagiert, die Leben auf die *Amsterdam* bringen.

- An Bord des Schiffes **achten Sie auf Ihren Kopf**, es sei denn, Sie sind unter 100 Zentimeter groß.
- Der Laden im Erdgeschoss hat eine **ausgezeichnete Auswahl an Postkarten** mit maritimen und anderen Motiven.

Geheimtipp: Es lohnt sich, auf die **wechselnden Ausstellungen** zu achten: Als einfallsreiche Variationen zum Hauptthema des Museums geben sie Einblick in alle Arten maritimen Lebens – unter anderem wird der Geschichte der KLM nachgespürt, der wahrscheinlich ältesten noch operierenden Luftfahrtgesellschaft.

Vermeiden Sie den Massenansturm: Außer wenn gerade mehrere Schulklassen ihre Runden drehen, hat man im Museum im Allgemeinen reichlich Platz. Nur an Sommerwochenenden drängeln sich hier die Touristen.

Nach Lust und Laune!

2 Magere Brug

Die »Magere Brücke« ist die am häufigsten fotografierte Brücke in Amsterdam. Der lokalen Legende zufolge wurde sie für zwei Schwestern erbaut, die es satt hatten, den langen Umweg von ihrem Haus an der Kerkstraat am westlichen Ende der heutigen Brücke zu den Ställen am gegenüberliegenden Ufer der Amstel zu gehen. Es heißt, ihr Familienname sei Mager gewesen.

Die schmale Magere Brug

Die erste Magere Brug an dieser Stelle war bedeutend magerer als die gegenwärtige. Sie ist ein Ersatzbau aus dem 20. Jahrhundert. Von der Südseite kann man den Fluss hinunterblicken auf die Schleusentore, die ein wesentlicher Teil des Amsterdamer Wassermanagements sind: Sie machen es möglich, dass das Grachtennetz regelmäßig durchgespült wird und die Stadt nicht anfängt zu stinken.

204 A1

4 bis Utrechtsestraat, eine Querstraße westlich

4 Portugees Israëlitische Synagoge

1492 war für Spanien ein folgenreiches Jahr – nicht nur, weil Christoph Kolumbus, der im Auftrag der spanischen Krone unterwegs war, in der Neuen Welt landete, sondern weil das Land seine jüdische Bevölkerung auswies.

Manche ließen sich zum Schein taufen und wurden so zu »Maranos«, so genannten Krypto-Juden, wodurch sie bleiben durften, doch viele jüdische Opfer der Inquisition zogen ins benachbarte Portugal.

Als die wachsende Verfolgung die Juden aus beiden iberischen Ländern vertrieb, fanden sie in Amsterdam Unterschlupf und nannten sich »portugiesische Juden« – Spanien lag zu dieser Zeit im Krieg mit den Niederlanden. Demzufolge wurde ihr geräumiges neues Gotteshaus »Portugiesische Synagoge« genannt.

Entworfen wurde sie von Elias Bouwman, der auch die Große Synagoge baute. Sie ist heute Bestandteil des gegenüberliegenden Jüdisch-Historischen Museums. Im Gegensatz zum Museum wird die Portugiesische Synagoge bis heute als Gotteshaus genutzt. Es bestehen strenge Sicherheitsvorkehrungen, und männliche Besucher sollten eine *yarmulke* (Kopfbedeckung) tragen – man kann sie an der Kasse ausleihen.

Am besten beginnt man den Besuch mit dem informativen **Video** über das Anwachsen der sephardischen Gemeinde in Amsterdam. Es wird in einem der Räume gezeigt, die die Synagoge umgeben. Das Hauptgebäude ist ein substanzieller, gleichwohl lichter und luftiger Bau. Als die Synagoge 1675 vollendet wurde, war sie die größte in Europa. Ihr Holzdach wird von vier massiven Steinsäulen getragen; die einzige Beleuchtung sind die Kerzen in vier großen Messingleuchtern. Die **Bundeslade** ist aus brasilianischem Jacaranda-Holz gemacht.

204 B2 Mr. Visserplein 3 020 624 5351 So–Fr 10–16 Uhr; geschl. jüdische Feiertage Waterlooplein

9, 14 mittel

6 Nationaal Vakbondsmuseum

Die Gewerkschaftsbewegung entwickelte sich nur langsam in den Niederlanden, die nie eine industrielle Revolution von dem Ausmaß wie in England oder Deutschland erlebten. Die Diamantenschleifer machten den Anfang, und zu Beginn des 20. Jahrhunderts beauftragte ihre Gewerkschaft H.P. Berlage, an der heutigen Henri Polaklaan eine neue Zentrale zu bauen. Getreu dem Grundsatz, dass auch Museumsangestellte eine vernünftige Freizeitregelung brauchen, ist das Vakbondsmuseum (Gewerkschaftsmuseum) am Wochenende geschlossen. Vor allem das Gebäude selbst ist sehenswert. Die Fassade ist beeindruckend, und in der reichen Innenausstattung finden sich großartige Beiträge von führenden Künstlern der Zeit. Die Exponate selbst sind größtenteils nur für Gewerkschafter von Interesse.

204 C2 Henri Polaklaan 9

020 624 1166

Di–Fr 11–17 Uhr, So 13–17 Uhr

6 Richtung Centraal Station hält in der Nähe an der Plantage Parklaan; aus der Gegenrichtung ist die nächste Haltestelle an der Plantage Middenlaan, eine Querstraße südlich

preiswert; Museumspass gültig, Preisnachlass für Gewerkschaftsmitglieder (Ausweis)

7 Verzetsmuseum

Die deutsche Besetzung der Niederlande dauerte annähernd fünf Jahre; es war eine verzweiflungsvolle, traumatische Zeit für das holländische Volk. Amsterdam, das bei weitem die größte jüdische Bevölkerungsgruppe hatte, war die Stadt, die das meiste Leid erlebte – und den stärksten Widerstand gegen die deutschen Truppen. Das zentrale Thema des Widerstandsmuseums ist der Kampf gegen die Besatzer von 1940 bis 1945, aber es informiert noch über sehr viel mehr, etwa über das Anwachsen des Faschismus vor dem Zweiten Weltkrieg und den Kampf gegen den Rassismus seit dieser Zeit.

Die Ausstellungsräume befinden sich im Plancius-Gebäude, das 1876 als Treffpunkt für den Oefening Baart Kunst, einen jüdischen Chor, errichtet wurde.

Das Museum ist eine wichtige Ergänzung zum Anne Frank Huis, denn es beschreibt den größeren Kontext des grausamen »Versteckspiels«, das während der Besatzung ablief. Tausende Juden wurden von Mitbürgern versteckt, andere wurden aus dem Land geschmuggelt oder mit falschen Identitäten ausgestattet. Auch die aufwühlenden Ereignisse des Februar 1942, als aus Protest gegen das Vorgehen der Nazis gegen die Juden ein Generalstreik ausgerufen wurde, sind dokumentiert – ebenso wie der schreckliche »Hungerwinter« 1944/45 und die Prämien, die jene Holländer erhielten, die mit der Besatzungsmacht zusammenarbeiteten.

204 C2 · Plantage Kerklaan 61a · 020 620 2535; www.verzetsmuseum.org · Di–Fr 10–17 Uhr, Sa, So 12–17 Uhr; geschl. 1.Jan., 30. April und 25. Dez. · 6 (Richtung Centraal Station) hält direkt vor dem Artis Zoo, schräg über die Straße; aus der anderen Richtung ist die nächste Haltestelle an der Plantage Middenlaan, eine Querstraße südlich · mittel

8 Artis Zoo

Der merkwürdige Name des Amsterdamer Zoos ist abgeleitet von dem lateinischen »Artis Natura Magistra«. Das Konzept, exotische Tiere in den kühlen Städten des Nordens in kleine Käfige zu sperren, gilt heute als fragwürdig, aber dieser Zoos erfreut sich weiterhin großer Beliebtheit. Dies ist teilweise einem Programm von kontinuierlichen Verbesserungen zu verdanken: Ein Gebiet der **»Afrikanischen Savanne«** wurde 1999 eröffnet; Zebras, Weißschwanzgnus und die verschiedensten Vogelarten finden hier mehr Platz. An weiteren Verbesserungen wird gearbeitet.

Der Teil, der Kinder am meisten fasziniert (sie stellen hier den größten Teil der Besucher), ist das **Wolfsgehege**, in dem die mächtigen Caniden in einem Gebiet umherstreifen können, das in gewissem Rahmen an die europäischen Urwälder erinnert. Die Besucher können sie von einer Fußgängerbrücke aus beobachten. Der Zoo hat außerdem einen bestimmten Stil,

Das Aquarium im Artis Zoo

den Erwachsene bemerken werden: Seine aus dem 19. Jahrhundert stammenden noblen Ziele sind in den naturalistischen Motiven zu erkennen, die die Bücherei und das Aquarium schmücken.

205 D2 Plantage Kerklaan 38–40
020 523 3400; www.artis.nl
tägl. 9–17 Uhr Café (€€€)
6 Richtung Centraal Station hält direkt davor; aus der Gegenrichtung ist die nächste Haltestelle an der Plantage Middenlaan, eine Querstraße südlich
teuer

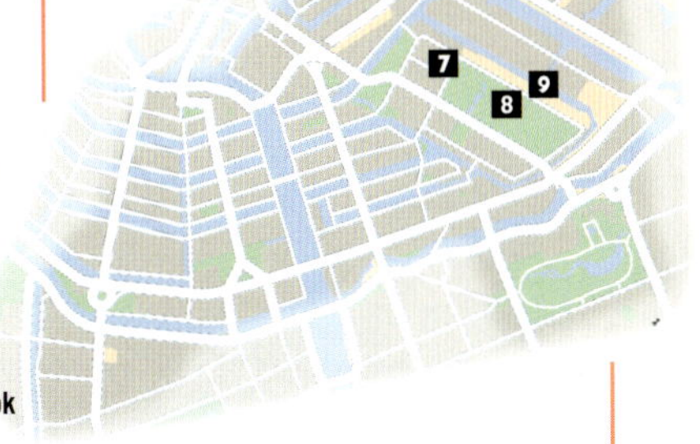

Alter Hafen, neue Nutzung: Das Entrepotdok wird zum luxuriösen Wohnviertel

9 Entrepotdok

Im 20. Jahrhundert wurden Amsterdams Hafenanlagen im Osten der Stadt nach und nach aufgegeben; jetzt werden sie aber mit Cafés, Künstlerateliers und Wohnungen der oberen Preisklasse neu genutzt. Das beste Beispiel ist Entrepotdok mit seiner dem Wasser zugewandten Südwestseite.

Das geschlossen wirkende Torhaus, das vom Rapenburgerplein hierher führt, ist ein Hinweis darauf, dass dies kein normaler Kai war, an dem Speicher standen. Er wurde vielmehr für Amsterdams »Freihafen« angelegt, eine Zone, wo Waren außerhalb des Zugriffs der Zollbehörden ein- und ausgeschifft werden konnten, solange sie nicht tatsächlich auf holländischem Territorium anlandeten. Im 19. Jahrhundert wurde dieses Hafengebiet zum reichsten der Stadt. Heute ist es eine friedliche Ecke, wo man den Massen entkommen kann. Entrepotdok ist fast einen Kilometer lang und erstreckt sich bis zum hinteren Ende des Artis Zoos. Eine neu gebaute Fußgängerbrücke schafft direkten Zugang zum Zoo.

205 E2 Entrepotdok
jederzeit zugänglich
mehrere Cafés (€€–€€€)
6 Richtung Centraal Station hält vor dem Artis Zoo; aus der Gegenrichtung ist die nächste Haltestelle an der Plantage Middenlaan, eine Querstraße südlich des Zooeingangs
frei

Wirkt von außen nordisch-kühl: Das Tropenmuseum

11 Tropenmuseum

Das versteckt hinter der Singelgracht in den südöstlichen Vororten liegende Gebäude kann man leicht verpassen; sogar der Eingang ist schwer zu finden – er liegt an der Ostseite im Souterrain und ist mit einem Hinweisschild für das **Kindermuseum** versehen, obgleich dieses nur einen kleinen Teil des gesamten Tropenmuseums ausmacht.

Das Gebäude ist ein historistischer Bau aus dem frühen 20. Jahrhundert von J. J. und M. A. van Nieukerken mit gotischen Anklängen, die man auch bei Centraal Station und Rijksmuseum findet. Es wurde 1923 als Haus des Vereenigung Kolonial Instituut eröffnet, heute das Königliche Tropeninstitut, das vom Entwicklungshilfeministerium finanziert wird.

Als Ausgleich für die Exzesse des Kolonialismus ist die riesige **Lichthalle** für Einflüsse aus aller Welt offen – nicht nur aus jenen Teilen der tropischen Welt, die unter holländischer Herrschaft standen. Die Ausstellung beginnt im **Erdgeschoss** direkt über der Eingangshalle mit einer Schautafel über Mensch und Umwelt, die die Schädigung des Regenwaldes in den Mittelpunkt stellt.

Im **ersten Stock**, den man über ein schwungvolles Treppenhaus erreicht, konzentrieren sich die Exponate auf Asien und Ozeanien. Indonesien ist stark vertreten, und es gibt eine Ausstellung, die einer Toraja-Totenfeier gewidmet ist – der ausgedehnten Zeremonie einer Volksgruppe von der Insel Sulawesi. Vom **zweiten Stock** aus ist die verblüffende Anlage des Tropenmuseums erkennbar mit einem Glasbogen, der sich über die Halle schwingt. Der eindrucksvollste Bereich in diesem Stockwerk ist die Abteilung Lateinamerika, die das Gebiet von den Karibikinseln bis Surinam und viele weitere Themen aus der hispanisch geprägten Welt abdeckt.

205 E1
Linnaeusstraat 2
0202 568 8215; www.kit.nl/tropenmuseum
Mo–Fr 10–17 Uhr, Sa, So und Feiertage 12–17 Uhr; geschl. 1. Jan., 30. April, 5. Mai und 25. Dez.
Ekeko-Restaurant mit Speisen aus aller Welt; das Café hat eine Außenterrasse (€)
7, 9, 10, 14
mittel; Museumspass gültig

Wohin zum ... Essen und Trinken?

Preise
Die Preisangaben gelten pro Person für ein Essen ohne Getränke.
€ unter 15 € **€€** 15–30 € **€€€** über 30 €

CAFÉS & BARS

Backstage €
Der überlebensgroße Gary Christmas war früher die eine Hälfte des Kabarett-Duos Christmas Twins, sein Bruder Greg ist vor einigen Jahren gestorben. Gary verteilt nun in seinem kleinen, grellen Café, das zu einer Art Amsterdamer Institution geworden ist, astrologische Ratschläge an Fremde und seine ergebenen Stammkunden. Seine handgemachten Strickwaren werden zum Verkauf angeboten, das Klo, mit Pin-ups beider Geschlechter geschmückt, ist nichts für zarte Gemüter. Die Spezialität des Hauses ist ein Thunfischtoast nach einem Geheimrezept.

203 F2 **Utrechtsedwarsstraat 67**
020 622 3638
Mo–Sa 10–17.30 Uhr

Bagels & Beans €
Dieses beliebte Tagescafé ist der ideale Ort für Frühstück oder Mittagessen, wenn man den Albert Cuyp Markt besucht. Die ausgezeichneten Bagels gibt es mit Frischkäse oder Kombinationen wie Bananen mit Ahornsirup. Weitere Spezialitäten des Hauses sind u. a. Muffins, Kaffee und himmlische Fruchtsäfte. Bei schönem Wetter kann die große Terrasse genutzt werden.

203 bei D1
Ferdinand Bolstraat 70
020 672 1610
Mo–Fr 8.30–18 Uhr, Sa ab 9.30 Uhr, So ab 10 Uhr

Brouwerij 't Ij €
Die Windmühlen im Osten von Amsterdam, zu Fuß nur zehn Minuten vom Schifffahrtsmuseum entfernt, sind einen Besuch wert, wenn man Durst hat. Die hauseigene Brauerei hat mindestens vier Biersorten im Ausschank mit einem Alkoholgehalt zwischen fünf und neun Prozent. Die Innenausstattung ist die einer normalen Bierhalle mit einer schmucklosen Theke, ein paar Holzbänken und dem Ausblick auf einen riesigen Braukessel. Bei schönem Wetter sitzen viele Gäste draußen am Kai. Als Snack bekommt man lediglich Erdnüsse, doch im Café nebenan gibt es Tapas.

205 E2
Funenkade 7
020 622 8325
Mi–So 15–20 Uhr

Café Schiller €€
Das Beste am Hotel Schiller ist sein Café, das dem Rembrandtplein einen Hauch von Kultiviertheit verleiht. Es ist berühmt für seine originale Art-déco-Ausstattung – Marmorwände, reich verzierte Lampen, eine kurvenreiche Theke, schwarz-golden gestreifte Sitzgruppen.

203 E3
Rembrandtplein 26
020 624 9846
So–Do 16–1 Uhr, Fr, Sa bis 2 Uhr

De Druif €
Das Café »Traube« besteht an dieser Stelle seit 1631: Die senffarbenen Wände, Reihen von alten Likörfässern und eine antike Jenever-Pumpe auf der Theke weisen auf sein Alter hin. Das Café, das vor allem von Einheimischen stark frequentiert wird, hat Blick auf den Eingang zum Entrepotdok (im Hintergrund sieht man Flusskähne vorbeituckern).

203 C3 **Rapenburgerplein 83**
020 624 4530
So–Do 11–1 Uhr, Fr, Sa bis 2 Uhr

RESTAURANTS

Amstel Intercontinental €–€€€

Amsterdams nobelstes Hotel liegt ein wenig zu weit vom Zentrum entfernt, um eine günstige Ausgangsbasis für die Erkundung der Stadt zu sein, aber es ist hervorragend geeignet, um es sich für ein paar Stunden wohl sein zu lassen. Wählen Sie zwischen einem reichhaltigen Nachmittagstee mit köstlichen Sandwiches und Kuchen in der konservativen Lounge, einer Mahlzeit in der weniger einladenden Amstel Brasserie im Bibliotheksstil oder, wenn Sie wirklich Großes vorhaben, einem Tisch im La Rive (Jackett erforderlich). Dieses Restaurant hat die Atmosphäre eines großen Landhotels.

204 bei B1
Prof. Tulpplein 1
020 622 6060
Nachmittagstee Mo–Fr 15–18 Uhr, Sa, So 13–15 Uhr, 16–18 Uhr; Amstel Brasserie Mo–Fr 12–15 Uhr, 17–1 Uhr, Sa, So 12–1 Uhr; La Rive Mo–Fr 12–14 Uhr, 18.30–22.30 Uhr, Sa 18.30–22.30 Uhr

Hooghoudt €€

Das kellerartige Erdgeschoss dieses Speichers aus dem 17. Jahrhundert hat eine doppelte Identität. Vorne, wo Jenever und Liköre hinter der Theke stehen, ist es eine Probierstube für die Hooghoudt-Destillerie in Groningen. Dahinter liegt ein angenehmer kleiner Essbereich, wo man sättigende holländische Gerichte bekommt, etwa Rindergeschmortes in Rotwein- und Jeneversoße. Ob man nun zum Essen oder zum Trinken herkommt – die Atmosphäre ist sehr angenehm.

203 E3
Reguliersgracht 11
020 420 4041
Do–Di 16–24 Uhr

De Kroon €–€€

Eines der größten und trendigsten Grand Cafés der Stadt verleiht dem heruntergekommenen Rembrandtplein einen willkommenen Hauch von Vornehmheit. Im ersten Stock gelegen, hat es eine verglaste Terrasse mit Blick auf den Platz. Die Innenausstattung kombiniert moderne Gemälde, samtüberzogene Plüschmöbel und naturhistorische Artefakte rund um die Bar. Die Speisekarte zeigt Ehrgeiz, dem die Küche nicht immer gerecht wird.

203 E3
Rembrandtplein 17
020 625 2011
So–Do 10–1 Uhr, Fr, Sa bis 2 Uhr

Oosterling €

Der Rang des Oosterling ist unbestritten: Es liegt in einem Gebäude von 1735, das einmal der Holländischen Ost-Indischen Kompanie gehörte, und die Familie Oosterling verkauft hier seit 1879 Getränke. Alte Fässer dienen als Tischplatten, andere stehen aufgereiht hinter der langen Theke mit Granitplatte.

203 F2 **Utrechtsestraat 140**
020 623 4140
Mo–Sa 11–1 Uhr, So ab 13 Uhr

Pata Negra €

Eine authentische, meist überfüllte Tapas-Bar, in der es lebhaft und geräuschvoll zugeht. Iberische Schinken hängen über der Theke, und Stierkampfposter und Kacheln mit nostalgischen Szenen aus Spanien bedecken die Wände. Es gibt Sangria und verschiedene Sherrys, außerdem eine lange Tapas-Karte, die alle klassischen Gerichte von Fleischbällchen bis Kalamares aufführt. Wer abends einen Sitzplatz am Tisch haben möchte, sollte reservieren.

203 F2 **Utrechtsestraat 124**
020 422 6250
tägl. 13–24 Uhr

De Wetering €

Ein bodenständiges, gemütliches altes Eckcafé voller leicht bohèmehafter Einheimischer, trotz der Tatsache, dass die schicken Antiquitätengeschäfte im Spiegelkwartier und das Rijksmuseum gleich um die Ecke liegen. Im Untergeschoss an der Bar gibt es nur Stehplätze, im oberen Stockwerk bedeckt Sand die Bodenbretter, und im Winter brennt ein Holzfeuer.

203 D2 **Weteringstraat 37**
020 622 9676
So–Do 16–1 Uhr, Fr, Sa 16–2 Uhr

An €

Ein preisgünstiges japanisches Café ohne viele Mätzchen. In dem langen schmalen Gang sitzen die Gäste an Holztischen oder warten auf ihr Essen zum Mitnehmen. Die umfangreiche Speisekarte reicht von authentischen *sushi* bis *teriyaki*, mit einer guten Auswahl vegetarischer Gerichte.

203 E1
Weteringschans 199
020 627 0607
Mo–Sa 11.30–20 Uhr

Artist Libanees Restaurant €–€€

Dieses schlichte Restaurant wird von zwei ehemaligen Revue-Artisten, den Brüdern Ralpho und Simon, betrieben. Heute servieren sie authentische libanesische Küche zu vernünftigen Preisen. Wenn man zu fünft kommt, kann man die *mezes* (warme und kalte Vorspeisen) probieren, kleinere Gruppen müssen diese à la carte bestellen. Man hat die Auswahl zwischen verschiedenen Variationen von Aubergine, Lammfleisch und sogar Okra. Unbedingt probieren sollte man das *baba ghanouj*, ein Auberginenpüree mit Knoblauch und warmer *pitta* als Vorspeise.

203 F1 Tweede Jan Steenstraat 1
020 671 4264
tägl. 17–22 Uhr

Cambodja City €

Das schlichte Ambiente einschließlich der Fotos vom Speisenangebot im Fenster, ein paar Papierdrachen, einem Schalter für Essen zum Mitnehmen und Tischen mit Vinylplatten täuscht; in diesem Eethuis wird mit das beste asiatische Essen in Amsterdam gekocht. Auf der Speisekarte stehen thailändische, kambodschanische und vietnamesische Gerichte.

203 bei D1
Albert Cuypstraat 58/60
020 671 4930
Di–So 17–22 Uhr

Dynasty €€–€€€

Dieses verführerische, hochpreisige Restaurant mit südostasiatischer Küche liegt im Erdgeschoss eines hübschen alten Giebelhauses an einer Straße, die für ihre Schwulenbars bekannt ist. Man isst bei Kerzenlicht, und die Decke ist ganz mit aufgespannten Schirmen bedeckt. Wenn das Wetter es erlaubt, sitzt man in dem schönen Garten hinterm Haus.

202 D3 Reguliersdwarsstraat 30
020 626 8400
Mi–Mo 17.30–23 Uhr

Inez IPSC €€€

Eines der angesagtesten Restaurants in Amsterdam. Seine Exklusivität wird durch die Tatsache unterstrichen, dass es an der Straße kein Anzeichen für seine Existenz gibt. Die »Freestyle«-Küche hält Angebote wie Hummer-Ravioli und Ziegenkeule in Trüffelsoße bereit.

203 E3
Amstel 2
020 639 2899
tägl. 12–15 Uhr, 19–23.30 Uhr

Kort €€

Auf Korts schattiger Terrasse hat man einen Ausblick auf Hausboote und alte Giebelhäuser. Da überrascht es nicht, dass dies bei warmem Wetter eines der begehrtesten Esslokale von Amsterdam ist. Sonst sitzt man in der einfach, aber behaglich möblierten Krypta einer Holzkirche aus dem 17. Jahrhundert. Die Gerichte sind leicht und wohlschmeckend.

203 E2 Amstelveld 12
020 626 1199
Mi–Mo 11.30–23 Uhr

Okura Hotel €€€

Das Hotel in japanischem Besitz hat verdientermaßen den Ruf, dass in seinen Restaurants Yamazato und Teppanyaki das beste japanische Essen in ganz Holland serviert wird. Yamazato ist auf *sushi* und *tempura* spezialisiert, die auf einem sehr viel höheren Niveau zubereitet werden als in den meisten Restaurants außerhalb Japans. Die Gerichte sind nicht nur wegen ihrer Qualität, sondern auch wegen der ungewöhnlichen Interpretationen ihre deftigen Preise wert. Im Teppanyaki herrscht stets Andrang von holländischen Geschäftsleuten, die mit japanischen Gästen ausgehen.

Vor oder nach dem Essen empfiehlt sich ein Drink im 23. Stock mit Panoramablick.

203 bei D1
Ferdinand Bolstraat 333
020 678 8351
Yamazato tägl. 12–14, 18–21.30 Uhr; Teppanyaki tägl. 12–14, 18.30–22 Uhr

Tempo Doeloe €€

Viele Amsterdamer würden dieses intime, schicke, doch informelle Lokal empfehlen, wenn sie um einen Tipp für ein indonesisches Restaurant gebeten werden. Sein einziger Nachteil ist seine Beliebtheit; es ist immer voll, und der Service kann sich endlos hinziehen. Klingeln Sie, um eingelassen zu werden. Die Küche ist authentisch, und die *rijsttafels* sind großzügig und variantenreich.

203 F2 Utrechtsestraat 75
020 625 6718
tägl. 18–23.30 Uhr

Trez Restaurant €€

Im Viertel De Pijp, nahe dem Albert Cuyp Markt gelegen, konzentriert sich dieses reizende Bistro auf köstliche südeuropäische Gerichte aus Spanien, Italien, Portugal und Frankreich. Das gemütliche Lokal ist mit Kerzen und Blumen dekoriert, und die Küche ist offen, sodass man dem Küchenchef zusehen kann. In den warmen Monaten kann man auch draußen sitzen. Beginnen Sie mit einer Trez-Platte für zwei Personen, die eine breite Auswahl an hausgemachten *tapas* und *antipasti* umfasst.

203 bei D1 Saenredamstraat 39
020 676 2495
tägl. 18–22 Uhr

Warung Marlon €

De Pijp ist die Gegend für bodenständige ethnische Kost, und an der 1e Van der Helststraat geht es nirgends weniger protzig zu als in diesem spartanischen, aber lebhaften kleinen surinamesischen Lokal. Da Surinam in Südamerika liegt, wundert man sich vielleicht über die große Zahl asiatischer Speisen auf der Karte, besonders über die indonesischen Gerichte wie *satay* und gebratenen Reis; der Grund liegt darin, dass die meisten Restaurants in Surinam von Asiaten betrieben werden. Mittags reicht oft schon eine der großen Suppen als vollständige Mahlzeit.

203 E1 1e Van der Helststraat 55
020 671 1526
Mi–Mo 11–20 Uhr

Le Zinc … et les Dames €€

Eine einnehmende Mischung aus dem ländlichen Frankreich in einem alten verschalten Speicher an der Gracht. Unten ist eine von Kerzen erhellte Weinbar mit einer mit Zink beschlagenen Theke, klobigen Refektoriumstischen, offenen französischen Weinen, die auf einer Tafel angeschrieben stehen, und Knabbereien wie *rilettes* und *tapenade*. Oben ist ein romantisches Restaurant, in dem Bilder von nackten Frauen (*les dames*) hängen.

203 E2
Prinsengracht 999
020 622 9044
Di–Sa Bar 16–1 Uhr, Restaurant 17.30–23 Uhr

Wohin zum … Einkaufen?

Die wichtigsten Einkaufs-Highlights in diesem Teil der Stadt sind die Kunst- und Antiquitätengeschäfte im Spiegelkwartier, der touristische, aber farbenfrohe Blumenmarkt und der bodenständige Albert Cuyp Markt, der etwas vom Duft eines Straßenmarkts im Londoner East End hat.

Spiegelkwartier

Die 80 Läden in Amsterdams erstrangigem Kunst- und Antiquitätenbezirk handeln mit allem: von Alten Meistern bis zu Antiquitäten und von russischen Ikonen bis zu chinesischen Drucken. Im Herzen des Bezirks liegt die Nieuwe Spiegelstraat, die von der Goldenen Biegung der Herengracht in Richtung Rijksmuseum verläuft. Mit seinen alten Giebelhäusern und den üppigen Schaufensterauslagen ist die Nieuwe Spiegelstraat vielleicht die hübscheste grachtenfreie Durchgangsstraße und hervorragend geeignet, um sich unverbindlich umzusehen. Beginnen Sie an der Ecke Herengracht; ein Besuch bei **De Appel** (Nr. 10), einem größeren Ausstellungszentrum für zeitgenössische Kunst, lohnt sich immer. **Umbria** (Nr. 20) handelt mit riesigen alten und neuen Krügen aus Spanien und Italien, während **Van Dreven & Toebosch** (Nr. 33) auf Uhren, Barometer und Musikboxen spezialisiert ist. **Eduard Kramer** (Nr. 64) hat eine breite Auswahl an alten Delfter Kacheln – die meisten aus Grachtenhäusern – sowie an holländischem Schmuck und Juwelen.

Die Nieuwe Spiegelstraat geht über in die Spiegelgracht, wo es viele Galerien für moderne Kunst und ein ausgezeichnetes Spielwarengeschäft, **Bell Tree** in Nr. 10, gibt.

Faszinierende Läden findet man auch etwas abseits von Spiegelgracht und Nieuwe Spiegelstraat an den Straßen, die auf die Grachten zu oder parallel dazu verlaufen. **Songlines** (Prinsengracht 570) widmet sich der Kunst der Aborigines, **Anton Heyboer** (Prinsengracht 578) handelt mit antikem Spielzeug, z. B. Rollern, Puppen und Schaukelpferden. **Meulendijk & Schuil** (Kerkstraat 45 a) ist voll gestopft mit Modellflugzeugen, Teleskopen und Globen, während sich das kleine **Thom & Lenny Nelis** (Keizersgracht 541) alten Apothekenutensilien wie Waagen und Krügen verschrieben hat.

Bei einem Umweg über die Kerkstraat stößt man auf **Conscious Dreams** (Nr. 117), den ersten von vielen »smart shops« (➤ 46f).

Weitere Einkaufsstraßen

Die Läden an dem Teil des Singel, der an den Blumenmarkt grenzt, verkaufen amüsanten Touristentand, wie etwa singende und tanzende Weihnachtsmänner oder Krawatten mit Kühen und Windmühlen. **Maranon** (Singel 488–490) hat eine ausgedehnte und farbenfrohe Kollektion von Hängematten.

Utrechtsestraat mit ihren altmodischen Feinkostläden, den Blumen und Heringständen an den Brücken ist eine der schickeren Amsterdamer Einkaufsstraßen. Einen Blick wert sind der Fetischladen **It's My Life** (Nr. 47) und **Concerto** (Nr. 52–60), ein Musikgeschäft mit großer Secondhand-Abteilung, das sich über einen halben Block erstreckt.

An der Vijzelstraat halten Sie Ausschau nach **Holtkamp** (Nr. 15), wo es handgemachte Schokoladen und wie Schwäne geformte Baisers gibt. Auch die Preise entsprechen einer Luxusbäckerei. **Peter Doeswijk**, zwei Häuser weiter in Nr. 11, verkauft Telefone und Toilettensitze, die mit einmaligen Designs bemalt sind.

MÄRKTE

Bloemenmarkt (Mo–Sa 9.30–17, So 12–17 Uhr): Der Blumenmarkt erstreckt sich über den Singel, doch sollte man das oft zitierte »schwimmend« nicht zu wörtlich nehmen. Früher einmal verkauften die Züchter Blumen von den Booten aus, die sie in die Stadt gebracht hatten, aber heutzutage sind die Stände und Läden feststehend. Obwohl die Straße schrecklich überfüllt sein kann, sehen die frisch geschnittenen Blumen erfrischend aus und duften herrlich. Man kann hier gut Blumenzwiebeln kaufen oder für den Versand bestellen und Holztulpen, ein beliebtes Souvenir, erstehen.

Albert Cuyp Markt (Albert Cuypstraat, Mo–Sa 9–17 Uhr): Die Lebensader des De-Pijp-Viertels ist der größte und beste allgemeine Markt der Stadt. Zwischen Ferdinand Balstraat und Van Woustraat ist er einen Kilometer lang und hat 350 Stände. Obst und Gemüse, Hering und Aal, Käse und Oliven, Schlüpfer und Jeans und jede Art von Nippes, die man sich vorstellen kann, werden hier angeboten. Ebenso interessant sind die multikulturellen Läden und Cafés entlang der Straße: Für bekömmlicher aussehende Speisen und Getränke sollte man allerdings in die 1e Van de Helstraat gehen.

Wohin zum ... Ausgehen?

Das Nachtleben im östlichen Grachtengürtel spielt sich am Rembrandtplein und in den umliegenden Straßen ab. Der heruntergekommene, bisweilen von Rowdys heimgesuchte Platz ist des Nachts von Neonröhren erleuchtet. Die Cafés und Restaurants sind eher zweitklassig (Empfehlungen, ➤ 155ff). Aber wenn man auf den großen Terrassen sitzt, sorgen Straßenmusikanten und vorbeifahrende Straßenbahnen für Unterhaltung. Traditionelle volkstümliche holländische Musik erklingt in Cafés wie dem Hof van Holland und Populair.

Richtung Westen ist die Reguliersdwarsstraat (hinter der Vijzelstraat) einer der wichtigsten Drehpunkte für Amsterdams lebhafte Schwulenszene mit entsprechenden Sex-Shops, einem von Gays frequentierten Coffee-Shop (**The Otherside**, Nr. 6) sowie Clubs, Restaurants und Cafés ähnlicher Klientel. Eines der kultiviertesten Cafés ist das **April** (Nr. 37), obwohl es nachts immer noch ein Arbeiterclub ist.

NACHTCLUBS

Östlich des Rembrandtpleins ist das **iT** (Amstelstraat 24, Tel. 020 625 0111), ein greller Highenergy-Tanzclub, der in einem früheren Kino untergebracht ist und laufend gute Kritiken bekommt; manche Abende sind gemischt, andere gay. **Escape** (Rembrandtplein 11, Tel. 020 622 3542) am Rembrandtplein ist die größte Disco der Stadt, wird allerdings nicht so generell gelobt wie das iT. Ihr großer Abend ist der Samstag: Seien Sie darauf gefasst, anstehen zu müssen, und ziehen Sie sich schick an, wenn Sie an den Türstehern vorbeikommen wollen. Das trendige Hightech-**Exit** (Reguliersdwarsstraat 42, Tel. 020 625 8788) ist einer der bekanntesten Schwulenclubs. **Club Arena** (s'Gravesandesstraat 51, Tel. 020 694 7444), mit der Straßenbahn zehn Minuten vom Stadtzentrum entfernt und nur freitags und samstags geöffnet, spielt Tanzmusik aus bestimmten Jahrzehnten.

KINO

Wenn Sie während Ihres Amsterdam-Aufenthaltes ins Kino gehen möchten, besuchen Sie das **Tuschinski Theater** (Reguliersbreestraat 26–28, Tel. 020 623 1510). 1921 in völlig überspitztem Art-déco-Stil erbaut, würde Amsterdams Vorzeigekino gut an den Hollywood Boulevard in Los Angeles passen. Die farbenprächtige Einrichtung des Kinos ist originalgetreu restauriert worden. Werfen Sie einen Blick in die Eingangshalle, oder, besser noch, kaufen Sie sich eine Karte für die Vorstellung im Saal 1, dem riesigen Hauptauditorium. Die teuersten Tickets sind für die Doppelsitze und schließen ein Glas Champagner ein. Führungen gibt es im Juli und August sonntags und montags um 10.30 Uhr. Am Wochenende muss man anstehen, wenn man nicht vorbestellt hat.

THEATER UND KAMMERMUSIK

Die Amstel hinunter finden Sie das **Koninklijk Theater Carré** (Amstel 115–125, Tel. 020 622 5225), das im 19. Jahrhundert als Zirkus gebaut wurde. Heutzutage werden hier Musicals im großen Maßstab sowie Opern und Balletts aufgeführt. Weiter südlich liegt **De Ijsbreker** (Weesperzijde 23, Tel. 020 668 1805; www.ysbreker.nl), eine führende Adresse für innovative moderne Kammermusik. Außerdem hat es ein hübsches Café am Wasser.

Ausflüge

Ausflüge

Von Amsterdam aus kann man fast jeden Teil der Niederlande leicht und schnell erreichen. In nur wenigen Minuten bringt Sie die Fähre über die Ij an den Rand der Region Waterland – in ein ruhiges Gebiet, das tief in Traditionen verwurzelt ist.

Wenn man sich stattdessen nach Westen wendet, vertauscht man binnen 15 Minuten die Geschäftigkeit von Hollands größter Stadt mit dem sehr viel ruhigeren und überschaubareren Haarlem – und an einem heißen Sommertag kann man sich am Strand von Zandvoort zu den Amsterdamern gesellen.

Nach Osten hin sind es nur 30 Minuten bis zu der alten Hauptstadt Utrecht. Obwohl sie ihre politische Macht schon vor langer Zeit abtreten musste, hat sie eine gewisse Majestät bewahrt. Das Stadtzentrum, das von zwei »versunkenen Grachten« durchschnitten wird, ist eines der schönsten in Europa. Auf dem Weg nach Leiden – von Amsterdam aus Richtung Südwesten – gleitet man zur richtigen Jahreszeit durch ein Meer von Farben. Die Universitätsstadt Leiden ist ebenso hübsch wie historisch bedeutsam.

Schließlich bietet der Flughafen Attraktionen ganz eigener Art. Schiphol ist der besucherfreundlichste unter den größeren europäischen Airports.

Vorhergehende Seite: Windmühlen in Zaanse Schans

Noord-Holland

Noord-Holland ist der Name der Halbinsel, die sich von Amsterdam nach Norden erstreckt, im Westen begrenzt von der Nordsee, im Osten vom Ijsselmeer (das durch die Eindeichung der Zuider Zee entstand).

Mit Schlittschuhen auf einem See bei Broek-in-Waterland

Sobald man Amsterdam hinter sich gelassen hat, sieht die Landschaft ganz anders aus als in den weiter südlich gelegenen betriebsamen Städten und Landschaften. Bei stürmischem, grauem Wetter wirken die vom Wind gepeitschten Felder wie ein Abbild der Trostlosigkeit, die Van Gogh in einigen Bildern spürbar werden lässt – an sonnigen Tagen gleichen sie seinen heitersten Landschaften. An Küste und Wasserwegen finden sich noch immer vielfältige Zeichen der Hochseetradition, die endete, als der Afsluitdijk die Zuider Zee von der Nordsee abschnitt. Am Wochenende ist das Gebiet ein Tummelplatz der Amsterdamer. Nordholland ist außerdem ein Vogelparadies. Etliche der interessanten Ziele erreicht man mit dem Zug, die Lücken dazwischen werden vielfach von Bussen bedient: Der 111 fährt von Amsterdams Centraal Station bis zur Insel Marken, der 116 nach Volendam und Edam.

Allerdings kann in diesem Teil des Landes ein individuelles Transportmittel, sei es auf zwei oder auf vier Rädern, sehr nützlich sein und die Freiheit geben, eine eigene Rundfahrt zu unternehmen. Ein guter Start zu Fuß oder mit dem Fahrrad ist das Übersetzen mit der Fähre über die Ij auf der Rückseite von Amsterdams Centraal Station; das Boot fährt vom frühen Morgen bis zum späten Abend alle paar Minuten. Am nördlichen Ufer gibt es Busse und Radwege, die durch die Vorstädte von Amsterdam-Noord nach Broek-in-Waterland führen.

Broek-in-Waterland

Broek-in-Waterland, eine Ansammlung hübscher Häuschen inmitten eines Netzwerks ruhiger Wasserstraßen, bestimmt den Stil der ganzen Region.

Marken

Oben: Das hübsche Dorf auf Marken

Richtung Nordosten gelangt man über eine Nebenstraße auf den Damm, der nach Marken führt, einer Insel im Ijsselmeer. Autos und Busse müssen am Südende der Siedlung parken. Die Ruhe und die relative Isolation machen Marken mit seiner drolligen Zusammenstellung von Holzhäusern, die durch altehrwürdige Brücken miteinander verbunden sind, zum schönsten Dorf in Nordholland.

Eine Zeit lang befand sich hier dank der Fischer- und Walfangflotte der am meisten frequentierte Hafen der Region; heute ist der wichtigste Erwerbszweig der Tourismus, und im Hafengebiet gibt es jede Menge Cafés und Restaurants. Von hier legen regelmäßig Fähren zum lebhaften Hafen von Volendam ab.

Radfahrer werden sich vielleicht entschließen, hinter Marken umzukehren und nach Hause zu fahren, während motorisierte Verkehrsteilnehmer erst einmal denselben Weg zurück müssen, um auf die Küstenstraße nach Norden zu gelangen, die von einem eindrucksvollen Deich geschützt wird.

Volendam und Edam

Oben: An den Kaianlagen von Volendam geht es immer lebhaft zu

Die Küstenstraße führt durch Monnickendam und schlängelt sich dann am Ufer des Ijsselmeers entlang nach Volendam, in dessen Hafen es von Cafés, Souvenirläden und farbig gestrichenen Booten nur so wimmelt. Die »wirkliche« Stadt liegt direkt dahinter und hat beträchtlichen Charme.

Volendam geht unmerklich in Edam über, eine Ortschaft, die wegen der nach ihr benannten Käsesorte weltweit bekannt ist. Wenn die Touristenbusse abgefahren sind, gewöhnlich gegen 16 Uhr, macht es Spaß, die ruhigen Straßen zu durchstreifen, die voller Geschichte (und Käseläden) stecken. Von hier führen der Bus 116, eine schnelle Hauptstraße oder ein gemütlicher Fahrradweg auf direktem Weg zurück nach Amsterdam. Doch lässt sich die ländliche Rundtour auch Richtung Westen mit weiteren Sehenswürdigkeiten fortsetzen.

Zaanse Schans

Die Zaan ist, wie andere Flüsse in diesem Gebiet, aufgestaut worden. Im 17. und 18. Jahrhundert war die Stadt Zaandam ein wichtiges Zentrum des Schiffbaus. Heutzutage kommen die meisten Besucher nach **Zaandam**, um die Zaanse Schans zu besichtigen, eine Ansammlung von Häusern und Windmühlen nördlich der Stadt. 1960 entstand der Plan, das Gebiet in ein

Freilichtmuseum umzuwandeln, und die Häuser wurden zusammengerückt, um den Dorfcharakter zu verstärken.

Die Mühlen, die am Ostufer der Zaan stehen, sind die letzten von etwa 600, die einst den Horizont säumten. Am interessantesten ist die **Verfmolen**, eine Farbmühle. Hier wurden Holz, Pflanzen und Wurzeln für die Tuchmacher vermahlen und Kreide für die Maler zerdrückt. Die Mühle ist weiter in Betrieb und trägt sich finanziell selbst. Heute werden hier natürliche Farben für Künstler hergestellt. Zwischen den Häusern, die dunkelgrün gestrichen sind und verstreut an Kanälen stehen, findet sich ein bunter Haufen von Nutztieren.

Zaandam ☎ 075 616 2221 (Zaandam VVV) für Auskünfte Gelände immer geöffnet. Einzelattraktionen Nov.–Feb. am Wochenende 9–17 Uhr, März–Juni, Sept./Okt. Do–So 9–17 Uhr; Juli, Aug. tägl. 9–17 Uhr Restaurant De Hoop Op d'Swarte Walvis (Tel. 075 616 5540), geöffnet tägl. abends, Mo–Fr auch mittags (€€€) Hoog-Zaandijk, stündl. vier Züge Gelände frei; Attraktionen preiswert–mittel

Besuch beim Zaren

Es ist ein sehr großer Schritt von der holländischen Landschaft zum Winterpalais in St. Petersburg, doch lässt sich einiges vom Ursprung der schönsten Stadt Russlands in **Zaandam** aufspüren. Zu Beginn seiner Herrschaft bereiste Peter der Große Westeuropa, um die Techniken zu erlernen, die ihn in die Lage versetzen sollten, das rückständige russische Reich zu modernisieren. Ende des 17. Jahrhunderts kam er nach Holland, um die neuesten Marinetechnologien zu studieren, und traf mit den fähigsten Schiffbauern und Kartografen zusammen. Sein Haus in der Stadt, das **Czaar Peterhuisje**, ist heute ein Museum. Das Museum dokumentiert den Schiffbau an der Zaan und das Leben des Zaren.

Während er hier wohnte, lernte der Zar auch viel über Landgewinnung, was sich beim Bau seiner neuen Hauptstadt St. Petersburg auf dem Marschland am Rand der Ostsee als unschätzbar wertvoll erwies.

Czaar Peterhuisje

Krimp 23, Zaandam ☎ 075 616 0390 April–Okt. Di–So 13–17 Uhr; Nov.– März Sa, So 13–17 Uhr Zaandam preiswert; Museumspass gültig

Mit der Abfahrt der Touristenbusse gegen 16 Uhr verschwinden auch die Holzschuhe aus Edams Ortsbild

Haarlem und Zandvoort

An einem sonnigen Tag bilden diese hübsche Stadt und der belebte Strand eine großartige Kombination.

Haarlem

Haarlem, nur 15 Minuten von Amsterdam entfernt, ist ein perfektes Heilmittel für all diejenigen, die sich von der Hauptstadt überrollt fühlen. Klein, überschaubar und freundlich findet sich hier die Atmosphäre einer »echten« holländischen Stadt, kombiniert mit einem ebenso starken wie individuellen historischen und kulturellen Charakter.

Es gibt einen einfachen und fesselnden Rundgang, der an einer der Hauptsehenswürdigkeiten, dem prächtigen **Jugendstil-Bahnhof** von 1908, beginnt. In der Haupthalle gibt es zwei große Wandgemälde, eines zeigt einen Bauern beim Pflügen, das andere zwei Schmiede. An der Westseite des Bahnhofs (außerhalb der Halle) ist ein VVV Tourismusbüro.

Haarlem stellt eine angenehme Alternative zu Amsterdam dar

Vor dem Bahnhof geht es nach Süden in den Kruisweg, der später in die Kruisstraat übergeht. Nach etwa zehn Minuten stoßen Sie auf ein prächtiges Gebäude mit einem Antiquitätengeschäft, **De Spiegelwinkel** (geöffnet Mo 13–18, Di–Fr 10–18, Sa 10–17 Uhr, langer Do 19.30–21 Uhr). Das **Hofje van Oorschot** schräg gegenüber ist eine Rarität, ein *hofje* (► 90), das einmal nicht abgeschlossen, sondern zur Straße hin offen ist.

Weiter geht es Richtung Süden die Barteljorisstraat entlang, vorbei am **Corrie ten Boomhuis** (links). Die ten Booms spielten während des Zweiten Weltkriegs eine wichtige Rolle in der Widerstandsbewegung und boten Juden Unterschlupf.

Ein paar Meter weiter öffnet sich der von schönen, alten Gebäuden umstandene **Grote Markt**. Der Marktplatz wird von der **Sint Bavokerk**, auch Grote Kerk genannt, beherrscht. Das spätgotische Bauwerk aus dem 15. Jahrhundert schlägt allein in den Ausmaßen jede Kirche in Amsterdam. Sehenswert ist die 1738 gebaute Barockorgel, auf der der zehnjährige Mozart spielte. Von der Grote Kerk geht es weiter Richtung Süden die Warmoesstraat hinunter, die in Schagchelstraat und Grote Heiligland übergeht. Fast am Ende liegt das **Frans Halsmuseum**, das in einem 1608 erbauten Stift untergebracht ist. Kehren Sie auf demselben Weg zurück, oder wenden Sie sich nach Osten, und folgen Sie dem Kanalsystem bis zum Bahnhof. Unterwegs, Spaarne 91, kommt man am **Global Hemp Museum** und einem **Internet-Café** vorbei – eine interessante Zusammenstellung.

Corrie ten Boomhuis
Barteljorisstraat 19 ☎ 023 531 0823; www.corrietenboom.com April–Okt. Di–Sa 10–16 Uhr; Nov.–März Di–Sa 11–15 Uhr; nur geführte Besichtigung frei; um Spenden wird gebeten

Sint Bavokerk
Grote Markt ☎ 023 532 4399 April–Aug. Mo–Sa 10–16 Uhr; Sept.–März Mo–Sa 10–15.30 Uhr preiswert

Frans Halsmuseum
Groot Heligland 62, Haarlem ☎ 023 511 5775; www.franshalsmuseum.nl Mo–Sa 11–17 Uhr, So 12–17 Uhr; geschl. 1. Jan. Restaurant Peter Cuyper, Kleine Houtstraat, geöffnet Di–Fr 11.30–15, Di–Sa 17.30–23 Uhr (€€) mittel

Die Holländer sind gern am Strand, wenn das Wetter mitspielt

Zandvoort
Das durchschnittliche holländische Seebad ist nicht besonders prätentiös, und auch Zandvoort, traditionell der Strand von Amsterdam, erhebt keinen Anspruch auf Exklusivität. Ursprünglich war Zandvoort ein Fischerdorf in den Dünen, die westlich von Haarlem den Nordseestrand säumen. Heute reihen sich dort Hotels und Apartmenthäuser aneinander, aber es gibt auch noch Spuren des alten Hafens.

Einige Kilometer weiter nördlich versorgt **Bloemendaal**, ein teurerer Vetter von Zandvoort, eine wohlhabendere Klientel.

Von Amsterdam fahren viele Züge über Haarlem direkt in den Badeort.

Utrecht

Eine in Stücke gerissene Kathedrale, Kanäle, die unter Straßenniveau abgesunken sind, und ein riesiges Einkaufszentrum an einer Seite der Innenstadt: Diese Beschreibung von Utrecht mag nicht sehr viel versprechend klingen – doch tatsächlich ist es eine schöne, freundliche Stadt voller Überraschungen.

Einst floss der Rhein durch diesen Teil der Niederlande, und die Römer errichteten hier einen wichtigen Flussübergang. Als der launische Fluss sein Bett in das Gebiet südlich der Stadt verlegte, war Utrecht bereits ein wichtiges politisches Zentrum und sein Bischof eine der wichtigsten Personen in den Niederlanden. Seine Zustimmung zur Gründungsurkunde für die junge Siedlung Amsterdam im Jahr 1300 wird oft als Datum der Stadtgründung genannt. Als seine Macht schwand, geriet Utrecht in Gefahr, an politischem und wirtschaftlichem Einfluss zu verlieren, aber seine Universität hat immer wieder für frischen Wind gesorgt, und die zentrale Lage der Stadt hat viele Firmen angezogen.

Das Wappen von Utrecht nimmt Bezug auf das Erbe der Stadt

Pro Stunde treffen vier Züge aus Amsterdam ein, nach 30 Minuten Fahrt. Wenn man dem Schild »Centrum« folgt, kommt man zur Lange Elisabethstraat; alle Seitenstraßen, die auf der gegenüberliegenden Seite dieser Durchgangsstraße abgehen, führen zum Hauptkanal, der **Oudegracht**.

Die Oudegracht und die parallel verlaufende **Nieuwegracht** verlaufen in einem breiten Graben und werden von Wegen gesäumt, die deutlich unter dem Straßenniveau liegen. Die Gewölbe in den Kaimauern werden heute teilweise als Cafés genutzt. Die Oudegracht verschwindet zeitweilig vor dem **Stadhuis** und taucht dann weiter südlich wieder auf. Ein zehnminütiger Spaziergang am Ostufer vermittelt einen guten Eindruck von der Stadt. Wenn man dabei auf dem Straßenniveau bleibt, sieht man mehr.

Die Uferstraße geht in die Twijnstraat (mit vielen guten Cafés und Restaurants) über, die sich allmählich von der Gracht entfernt, bis man an der Ecke der Nicholaasstraat steht: Nach links geht es zum **Centraal Museum**, dessen Sammlung die Ursprünge der Stadt und das goldene Zeitalter abdeckt und eine große Vielfalt an zeitgenössischer Kunst zu bieten hat. Durch die nahe gelegene **Agnietenstraat** (mit einer hübschen Häuserreihe) geht es weiter zum Anfang der Nieuwegracht; wenn man sich dort nach links (Norden) wendet, liegt nach 300 Metern linker Hand das besonders phantasievoll gestaltete **Catharijne Convent Museum**. Seine Sammlung religiöser Kunst – darunter Werke von Frans Hals und Rembrandt – betrachtet man bei einem Gang durch den alten Konvent und die dahinter liegende St. Catharijnekerk.

Weiter Richtung Norden läuft man durch ein stilles schönes Viertel und kommt zum **Dom**, der einen höchst ungewöhnlichen Anblick bietet. Der Bau der Kathedrale zog sich über zwei Jahrhunderte hin und wurde 1517 vollendet, aber 1674 brachte ein Gewittersturm das Langschiff zum Einsturz. Übrig geblieben sind der 112 Meter hohe Turm mit Glockenspiel sowie die Querschiffe und der Chor mit einer Notwand aus Backstein. Einen Eindruck von der Großartigkeit des Originals erhält man durch einen Blick auf den Plan an der Südseite. Ganz in der Nähe steht ein alter Felsblock, der im 10. Jahrhundert aus Dänemark hierher gebracht wurde und mit Runen bedeckt ist, die König Harald gewidmet sind.

Centraal Museum
Nicholaaskerkhof 10 · 030 236 2362; www.centraalmuseum.nl
Di–So 11–17 Uhr; geschl. 1. Jan., 30. April, 25. Dez.
mittel; Museumspass gültig

Catharijne Convent Museum
Lange Nieuwstraat 38 and Nieuwegracht 63
030 231 7296; www.catharijneconvent.nl
Di–Fr 10–17 Uhr, Sa, So und Feiertage 11–17 Uhr
Café, Restaurant, Erfrischungen (€–€€€)
mittel

Der Vismarkt, eine der belebtesten Ecken der Stadt

Leiden und die Tulpenfelder

Die Universitätsstadt Leiden verfügt über schöne Spazierwege entlang den Grachten, attraktive Häuschen und ein erstklassiges Museum. Zudem mangelt es nicht an Plätzen zum Essen, Trinken und Entspannen.

Wenn man am Bahnhof den Ausgang zum Stationsweg wählt, kann man sogleich mit der Stadtbesichtigung beginnen. Das **Rijksmuseum voor Volkenkunde** in der Steenstraat 1 (Tel. 071 516 8800), untergebracht in einem ehemaligen Krankenhaus aus dem 19. Jahrhundert, ist mit den Fundstücken holländischer Forschungsreisender gefüllt. Die besten Exponate stammen aus Asien, insbesondere aus Java und Japan (Di–Fr 10–17 Uhr, Sa, So 12–17 Uhr; preiswert).

Folgt man dem Kanal hinter dem Museum, kommt man zum reich verzierten **Morspoort**, einem der ursprünglichen Stadttore. Es öffnet sich hin zu einer von Restaurants gesäumten Straße, die ihrerseits zu einer der meistfotografierten Stellen der Stadt führt, der klobigen Brücke, die den Kanal **Oude Vest** überspannt. Gleich rechts führt eine weitere Brücke über den Rhein – oder zumindest über das Bett, das der Fluss sich vor langer Zeit gegraben hat, als er noch durch Utrecht und Leiden floss. Dieser Arm heißt heute der **Oude Rijn**, der Alte Rhein.

Der Weg nach Süden entlang Rapenburg führt zum reizvollsten Teil der Stadt. Links (östlich) liegt das **Rijksmuseum vaan Oudenhede** (Nationalmuseum für Archäologie). Hier wird seit Jahren renoviert (Di–Fr 10–17Uhr, So 12–17 Uhr).

Beherrscht wird dieses Viertel von der wuchtigen **Pieterskerk**. In ihrem Innern ist, in der Nähe des Nordeingangs, eine mumifizierte Leiche von ca. 1700 zu besichtigen, die unter der Kanzel

Oben: Leuchtende Tulpenfelder bei Leiden

Oben links: Der Alte Rhein fließt durch Leiden

Die Farben des Keukenhofs ziehen Tausende Besucher an

entdeckt wurde. Ein Alkoven in der Südostecke ist der Geschichte der englischen Pilgerväter gewidmet, die elf Jahre lang in Leiden lebten, bevor sie nach Amerika aufbrachen.

Gleich westlich der Kirche liegt der **Pieterskerkchoorsteg** mit vielen Gelegenheiten zur Einkehr. An der Ecke **William Brewster Steeg** erinnert eine Gedenktafel an die Pilgerväter.

Noch etwas weiter stößt man auf das **Stadhuis** (Rathaus) mit einem reich geschmückten Treppenaufgang. Dahinter hat man von einem künstlichen Erdwall aus einen guten Blick über die Stadt. Wenn man nach Südwesten sieht, entdeckt man eine Windmühle – ein Museum (geöffnet Di–Sa 10–17, So 13–17 Uhr).

In jedem Frühjahr stehen die ansonsten unauffälligen Felder zwischen Leiden und der kleinen Stadt Heemstede für einige Monate in voller Farbenpracht. Hier liegt das Zentrum des Tulpenanbaus in Holland, und in seinem Herzen liegt, in der Nähe des Dorfes Lisse, der **Keukenhof**, zu Deutsch »Küchengarten«. Der Platz diente als Handelsgärtnerei, bis ein Konsortium von Tulpenbauern das touristische Potenzial des Geländes in der Nähe von Amsterdam entdeckte. Von August bis Mitte September ist sechs Wochen lang ein Sommergarten geöffnet.

Keukenhof

Stationsweg 166a, Lisse · 0252 465 555; www.keukenhof.nl

Frühlingsgarten: Ende März–Ende Mai tägl. 8–19.30 Uhr; Sommergarten: Mitte Aug.–Mitte Sept. tägl. 9–18 Uhr

Erfrischungen (€€)

Leiden; Schilder am Hauptausgang weisen den Weg zum Bahnsteig 1 des Busbahnhofs; Bus 54 fährt zum Gelände

teuer; Sommergarten mittel

Flughafen Schiphol

Von einem kleinen Flugfeld auf dem trockengelegten Polder von Haarlemermeer, einem ehemaligen Binnensee, ist Schiphol zum viertgrößten europäischen Flughafen herangewachsen (nach London, Frankfurt und Paris). Die meisten Passagiere steigen hier nur einfach auf ihren Anschlussflug um; in der Wartezeit gibt es viel zu sehen.

Die **Panoramaterras** (Aussichtsplattform) nimmt den größten Teil des Daches ein. Von hier aus kann man das Geschehen auf den Start- und Landebahnen beobachten (April–Sept. 9–21 Uhr; Okt.–März 9–18 Uhr; frei). Das **Nationaal Luchtvaartmuseum** ist hauptsächlich dem holländischen Flugwesen gewidmet, aber es gibt dort auch eine ausgezeichnete Einführung in das Thema mit einem Nachbau einer Flyer von Wilbur und Orville Wright sowie Archivfilmen in Schwarz-Weiß.

Das Markenzeichen – Tulpen – vor dem Terminal in Schiphol

Die **Schiphol World Tour** ist eine einstündige Busfahrt, die den Betrieb des Flughafens zeigt. Dabei wird man auf dem Vorfeld herumgefahren und erfährt, wie alles vom Gaststättenbetrieb bis zur Frachtverladung funktioniert (Abfahrten von der Schiphol World Hal: im Winter vorwiegend nachmittags, Juli, Aug. 10.30–15.30 Uhr mindestens stündlich; mittel; Mindestalter 18, Ausweis erforderlich).

Sollte Ihr Flug sich verspäten, gibt es auch noch **»luftwärts«** (hinter der Sicherheitskontrolle) mehrere Optionen. Sie können Ihr Golfspiel auf einem computersimulierten Feld verbessern oder ein Spielchen im Holland Casino wagen (Mindestalter 18, gepflegte Kleidung und Ausweis erforderlich).

Im Verbindungstrakt der Flugsteige E und F ist eine kleine Dependance des Rijksmuseums eröffnet worden. Ausgestellt sind zehn Meisterwerke des 17. Jahrhundert (tägl. 7–20 Uhr; frei).

Nationaal Luchtvaartmuseum

✉ Westelijke Randweg 201, Schiphol ☎ 020 406 8000; www.aviodome.nl

🕐 April–Sept. tägl. 10–17 Uhr; Okt.–März Di–Fr 10–17 Uhr, Sa, So 12–17 Uhr; geschl. 1. Jan., 25. Dez.

🚆 Schiphol, dann 10 Min. Fußweg (ausgeschildert) 💶 teuer

Die Geschichte der Fliegerei ist im Luft- und Raumfahrtmuseum dargestellt

Spaziergänge

1 DER IDEALE GRACHTENRUNDGANG

Spaziergang

LÄNGE: 5 km **DAUER:** 2–3 Stunden
START: Haarlemmerplein 200 C4
ZIEL: NEMO 204 C4

Es gibt viele Anwärter auf das Prädikat »schönste Gracht in Amsterdam«. Doch um mit Spaß die Faszination der Stadt zu erleben, ist der Spaziergang rund um die Herengracht kaum zu schlagen. Erkundet man zuvor noch die Brouwersgracht und hängt am Ende die Nieuwe Herengracht an, ist dies ein großartiger, ausgewogener Spaziergang. Die Route lässt sich außerdem leicht mit Spaziergang 2 (► 178 ff) kombinieren, um das Stadtzentrum vollständig zu umrunden.

1–2

Mit der Trambahn Linie 3 oder bei flotter Gehweise in 20 Minuten von der Centraal Station kommt man zum Ausgangspunkt Haarlemmerplein. Folgen Sie den Straßenbahnschienen 50 Meter weit zurück Richtung Süden. Vor der Brücke über die **Brouwersgracht** wenden Sie sich nach links, und folgen Sie der Straße am Nordufer der Gracht. Die meisten Gebäude, die hier stehen, sind in Wohnhäuser umgewandelte ehemalige Speicher. Von den zwei Dutzend Brauereien, die dem Kanal seinen Namen gaben, entdeckt man keine Spuren mehr.

2–3

Um einen Umweg zu vermeiden, überqueren Sie hier die Oranjebrug. Auf der anderen Seite schauen Sie sich links das **Haus Nr. 133** an: Das Erdgeschoss steht gerade, doch die drei Stockwerke darüber zeigen eine erhebliche Schieflage. Vorbei am Denkmal des Pädagogen Theo Thijssen, der auf der Kante einer Schulbank hockt, gelangt man zur Kreuzung der Brouwers- mit der **Prinsengracht**. Weiter geht es über die

Oben: Blick von der Brouwersgracht auf die Prinsengracht
Vorhergehende Seite: Giebelhaus, Brouwersgracht

Keizersgracht bis zum Beginn der Herengracht. Um ans gegenüberliegende (östliche) Ufer zu gelangen, muss man ganz um den Platz herumgehen.

An der Brouwersgracht liegen extravagante Wohnungen

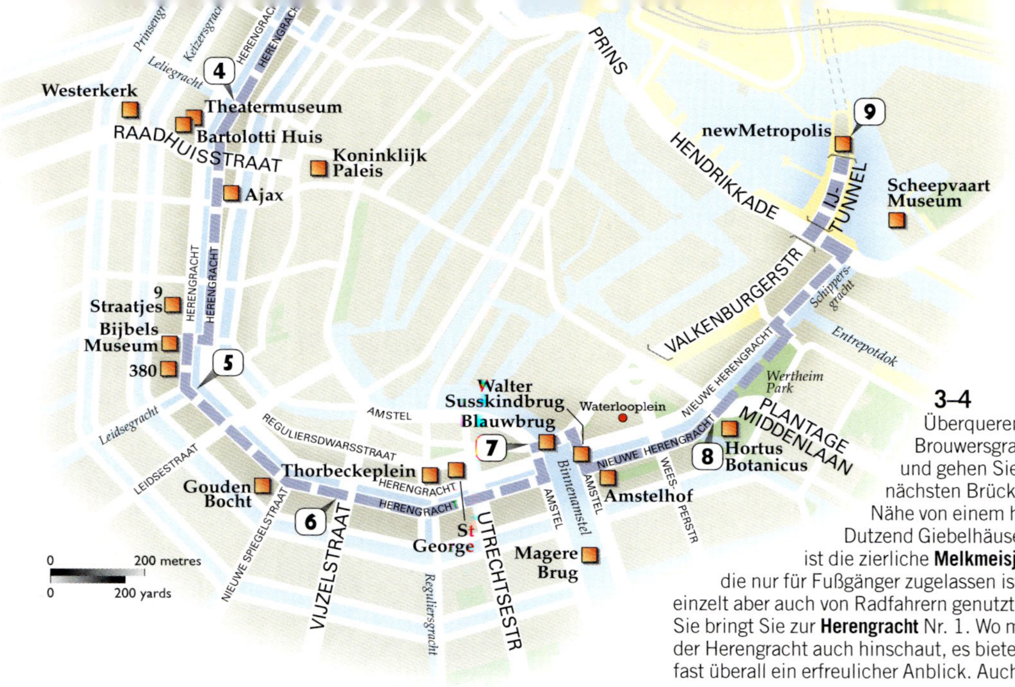

3–4 Überqueren Sie die Brouwersgracht, und gehen Sie zur nächsten Brücke in der Nähe von einem halben Dutzend Giebelhäusern. Dies ist die zierliche **Melkmeisjesbrug**, die nur für Fußgänger zugelassen ist (vereinzelt aber auch von Radfahrern genutzt wird). Sie bringt Sie zur **Herengracht** Nr. 1. Wo man an der Herengracht auch hinschaut, es bietet sich fast überall ein erfreulicher Anblick. Auch da, wo das 20. Jahrhundert eingegriffen hat, wie bei den neuen Gebäuden Nr. 105 und 107, schmückt ein Blickfang eine ansonsten kahle Wand.

4–5

Dort, wo rechts (nach Westen) die **Leliegracht** abzweigt, ergibt sich die seltene Gelegenheit, von einem trockenen Plätzchen aus und doch fast auf der Höhe des Wasserspiegels eine Gracht in ihrer ganzen Länge zu sehen. Für einen Besuch im **Theatermuseum** (► 99) überqueren Sie die Herengracht. Ansonsten bleiben Sie auf der Ostseite, und bewundern Sie aus der Ferne das 1617 vollendete **Bartolotti Huis**. Weitere Beiträge des 20. Jahrhunderts finden sich an der Kreuzung mit der Raadhuisstraat, die zum Koninklijk Paleis führt – dem früheren Rathaus. In der anderen Richtung lenkt eine elegante Häuserreihe aus dem frühen 20. Jahrhundert den Blick auf den Turm der **Westerkerk** (► 92f). Ganz in der Nähe verkauft der **Ajax Fan Shop** Fanartikel für Amsterdams beliebtesten Fußballclub. An der Oude Spiegelstraat beginnt ein Viertel, das 9 Straatjes (► 105) genannt wird. Am Wijde Heisteeg endet dieser Stadtteil; hier sollten Sie auch die Herengracht überqueren und den Weg Richtung Süden auf dem gegenüberliegenden Ufer fortsetzen. Gleich

Einige Häuser an den Grachten haben Schieflage

hinter dem **Bijbels Museum**, Nr. 380, liegt das **Niederländische Institut für Kriegsdokumentation**.

5–6

Dort, wo die Herengracht einen Bogen nach links macht, geht rechts die **Leidsegracht** ab. Dieser Teil des Kanals ist voller Rundfahrtboote, Menschen und Fahrzeuge, was aber nachlässt, wenn man die Leidsestraat überquert hat und in die **Goldene Bucht** (Gouden Bocht) kommt. Hier wohnten früher viele wohlhabende Bürger (daher die Bezeichnung »golden«), heute haben sich dort Firmen und ausländische Konsulate angesiedelt.

6–7

Die **Vijzelstraat** markiert das Ende der Goldenen Bucht und den Beginn eines weiteren hübschen Abschnitts. Nur einmal wird man sich dessen bewusst, am **Thorbeckeplein**, gegenüber der Einmündung der Reguliersgracht. Rundfahrtboote halten hier, um ihren Passagieren Gelegenheit zu einem Blick auf die sieben Brücken zu geben (nur vom Wasser aus richtig zu sehen). An dieser Stelle kreuzt sich die Route mit der des Spaziergangs 3. Auf den letzten 300 Metern der Herengracht kehrt wieder Ruhe ein. Kurz bevor Sie die Utrechtsestraat überqueren, erscheint ein farbenprächtiger Heiliger Georg auf dem gegenüberlie-

Kleine Pause

Sehr hübsch, wenn auch recht teuer, ist das **De Belhamel**, Brouwersgracht 60 (➤ 103), für ein Mittagessen gleich zu Beginn. In der Leidsestraat können Sie einen Umweg 200 Meter nach rechts (Südwesten) machen, um im obersten Stock des Kaufhauses **Metz & Co** einen Kaffee mit Aussicht zu trinken.

genden (nördlichen) Ufer auf dem Gebäude des italienischen Konsulats. Geradeaus kommt man zur Amstel, rechts liegt die **Magere Brug** (➤ 150). Der Spaziergang geht weiter nach links (Norden) zur **Blauwbrug**, einer 1874 errichteten Eisenkonstruktion. Manche sagen, sie sei eine Kopie des Pont Alexandre III in Paris, doch der wurde erst später erbaut. Seit Jahrhunderten hat es hier einen Übergang gegeben; von hier aus kann man das städtische Leben betrachten, wie Rembrandt es tat – er wohnte 200 Meter entfernt.

7–8

Die Blaue Brücke markiert das Ende der eigentlichen Herengracht. Man kann den Spaziergang hier beenden – die Trambahnen 9, 14 und 20 fahren über die Brücke, und die U-Bahn-Station Waterlooplein liegt 200 Meter nordöstlich. Ansonsten biegen Sie gleich hinter der Blauen Brücke rechts ab zum Ostufer der Amstel. Überqueren Sie die erste Brücke, und biegen Sie links ab zur Nieuwe Herengracht. Die Brücke, ein Nachbau der Magere Brug, heißt **Walter Susskindbrug**, nach einem Deutschen, der während des Zweiten Weltkriegs Hunderten von holländischen Kindern zur Flucht vor den Nazis verhalf. Weiter geradeaus stehen die ordentlichen Häuserreihen des **Amstelhofs**, des ersten Altersheims der Stadt. Setzen Sie den Weg am Südufer der Nieuwe Herengracht fort, die einen Teil des alten jüdischen Viertels durchschneidet und am Klimazonen-Gewächshaus des **Hortus Botanicus** (➤ 144f) vorbeiführt.

8–9

Über die geschäftige Plantage Middenlaan betritt man den **Wertheim Park**, an dessen gegenüberliegender Seite ein Gedenkstein an Tausende von Holländern jüdischer Herkunft erinnert, die im Nazi-Todeslager Auschwitz-Birkenau starben. Am Ende des Parks überqueren Sie die Gracht auf der Anne Frankstraat, und biegen Sie auf der anderen Seite gleich rechts in den Uferweg ein. Von hier hat man einen guten Blick auf das gegenüberliegende Entrepotdok (➤ 153), einen der alten Freihäfen. Der allerletzte Abschnitt des Kanals – nicht länger als 200 Meter – heißt **Schippersgracht**. Auf der anderen Seite der Prins Hendrikkade ist ein Standbild des Neptun zu bewundern. Von hier aus überqueren Sie die Einfahrt zum Ij-Straßentunnel und kommen zum **NEMO** (➤ 69). Dort gehen Sie einfach immer weiter – das Gebäude hinauf. Normalerweise ist das Treppenhaus zur Spitze des Gebäudes geöffnet. Es vermittelt ein Raumgefühl des ausgehenden 20. Jahrhunderts.

Die Blaue Brücke

2 AM HAFEN ENTLANG

Spaziergang

LÄNGE: 2 km **DAUER:** 1 Stunde
START: Scheepvaart Museum ✚ 205 D3
ZIEL: Haarlemmerplein ✚ 200 C4

Amsterdams altes Hafengebiet steckt voll maritimer Geschichte, angefangen beim Museum, das die Errungenschaften der Ostindischen Kompanie feiert, bis zur Zentrale der Westindien-Kompanie und noch weiter. Wer Verkehrsgewühl und Menschenmengen in Kauf nimmt, kann unterwegs einige wirkliche Schätze entdecken. Dieser Spaziergang ist die »Abkürzung« zwischen End- und Startpunkt des Spaziergangs 1. Alternativ kann man auch Spaziergang 4 anhängen.

1–2

Vor dem **Scheepvaart Museum** (➤ 146ff) dümpeln eine Reihe von Booten, unter denen die ***De Amsterdam*** hervorsticht, der Nachbau eines Ostindienseglers. Vor dem Eingang, vom Kattenburgerplein aus, erhält man einen Eindruck davon, wie das Oosterdok einmal ausgesehen haben muss. Halten Sie sich auf der Nordseite über Nieuwevaart und Schippersgracht, rechter Hand vorbei am Standbild des Neptun. An der nächsten Brücke hat man einen schönen Blick auf das

Maritime Geschichte in Amsterdams Hafengebiet

NEMO (➤ 69). Überqueren Sie die Straße, und schauen Sie **Oudeschans** hinunter – »schans« bedeutet Graben: Hier war eine der Verteidigungsanlagen der Stadt. Der Turm zur Rechten, **Montelbaanstoren**, diente ebenfalls als Teil der Befestigungen.

2–3

Bleiben Sie auf der dem Land zugewandten Seite der Prins Hendrikkade. Das **Nationaal Pop Instituut**, Nr. 142, ist das Zentrum der holländischen Populärmusikkultur (geöffnet Mo–Do 10–17 Uhr). Nr. 131 wird mittels einer Tafel an der Wand als Haus des Admirals de Ruyter identifiziert, jenes holländischen Seehelden, der mit bemerkenswertem Erfolg gegen die Engländer kämpfte. Weiter geht es zum reich geschmückten **Scheepvaarthuis**, von dem aus einst eine weltumfassende Flotte dirigiert wurde und das heute Amsterdams Nahverkehrsgesellschaft GVB als Zentrale dient.

Der Spaziergang ist eine Mischung aus Alt und Modern

3–4

Der nächste Wasserabschnitt zur Linken ist die Waalseilandsgracht; an ihrem Westufer verläuft die Straße Kromme Waal. Hier, am Haus Nr. 9, findet man ein schönes Beispiel für einen Treppengiebel. Nach links um die nächste Biegung tut sich plötzlich ein großartiges Panorama auf, vom östlichsten Türmchen der Centraal Station bis zur **St. Nicolaaskerk** mit dem **Schreierstoren (Turm der Weinenden)** in der Mitte, wo die Frauen tränenreich Abschied von den zur See fahrenden Männern genommen haben sollen. Heute befindet sich in dem Turm das Café VOC. Eine Gedenktafel erinnert an Henry Hudson (um 1550–1611), der das Gebiet des heutigen New Yorker Hafens entdeckte.

4–5

Bleiben Sie auf der Landseite der Prins Hendrikkade (und achten Sie auf den Verkehr, besonders auf Fahrräder). St. Nikolaus ist der Schutzpatron der Seefahrer, und die ihm gewidmete Kirche links war oft das Letzte, was die Seeleute von der Stadt sahen, wenn sie hinausfuhren. Heute versperrt die **Centraal Station** (➤ 68) die Sicht auf den Hafen, und die Kirche sagt den Zugreisenden Lebewohl. Hinter den Rundfahrtbooten, die am Damrak festgemacht sind, erhebt sich das **Hotel Victoria**. An seiner Nordseite scheinen zwei Häuser aus dem 17. Jahrhundert in die Fassade eingepasst worden zu sein.

5–6

Der bemerkenswerteste Anblick auf dem nächsten Abschnitt ist der imposante Standort des **Oininio**, eines trendigen Cafés, das derzeit wegen Renovierung geschlossen ist. Ein kleines Stück weiter an der Brücke über die Singel hat man einen großartigen Blick: zur Rechten die schwungvolle **Hogeschool van Amsterdam** im Stil der französischen Renaissance, in der Mitte das wunderbar schiefe **Spanse Geveel Eetcafé** und links ein Lagerhaus, gekrönt von einem blauen **Engel Gabriel**, der auf einer Erdkugel steht. Zu ebener Erde ist eine Schiffsschraube, Geschenk einer Schifffahrtsgesellschaft, an einem gemauerten Sockel festgemacht.

Vom Westindienhaus wurde das halbe Weltreich regiert

6–7

Gehen Sie auf das Lagerhaus mit dem Gabriel auf dem Dach und einem Käsegeschäft darunter zu, und biegen Sie dann rechts in die Haarlemmerstraat ein. Vom **West Indisch Huis**, einem gut proportionierten Gebäude auf der linken Seite, wurden einst die holländischen See-Aktivitäten in der Karibik und in Südamerika kontrolliert.

7–8

Wenn die Straße einen leichten Knick macht, erscheinen in der Ferne zwei Schornsteine, im Vordergrund kann man eine eindrucksvolle Phalanx von Giebeln bewundern. Von der Brücke über die **Korte Prinsengracht**, dort, wo Haarlemmerstraat in Haarlemmerdijk übergeht, hat man einen schönen Blick auf die Grachten. Drei Querstraßen weiter, an der Kreuzung zur Binnen Dommersstraat, ist ein Nebelhorntrio zu besichtigen, schräg gegenüber hängt ein modernes Ladenschild mit einem Malerpinsel. Der Spaziergang endet dort, wo die Haarlemmerstraat sich zu einem Platz ausweitet. Auf der entgegengesetzten Seite steht die Amsterdamer Ausgabe eines Triumphbogens, der **Haarlemmer Poort.** Er gibt den Blick frei auf eine Skulptur in Primärfarben. Vom Haarlemmerplein kommt man mit der Trambahnlinie 3 zurück ins Zentrum. Man kann aber auch Spaziergang 1 (➤ 174ff) anhängen oder ein kleines Stück nach Osten gehen, um Spaziergang 4 (➤ 184ff) zu beginnen oder das Jordaan-Viertel (➤ 88ff) zu besuchen.

Kleine Pause

Highlights unterwegs sind u. a. das **Café VOC** im »Turm der Weinenden« (tägl. 10–1, Mittagessen auf der Terrasse 11–15 Uhr) und das **1e Klasse** in der Centraal Station (➤ 68).

3 Ein Querschnitt von Amsterdam

Spaziergang

LÄNGE: 3 km **DAUER:** 1½ Stunden bei ruhiger Gehweise
START: Golden Tulip Barbizon Palace Hotel, südöstlich der Centraal Station ✚ 204 A1
ZIEL: Rijksmuseum ✚ 202 C2

Es macht immer Spaß, an den Kanälen im Amsterdamer Grachtengürtel spazieren zu gehen. Das gilt dagegen nicht für Wege, die quer zu den Wasserstraßen verlaufen. So ist es beispielsweise sehr schwierig, eine akzeptable Route von der Centraal Station zum Rijksmuseum zu finden. Der folgende Weg ist der angenehmste zwischen diesen beiden wichtigen Knotenpunkten der Stadt. Er umgeht, soweit möglich, den Verkehr und sonstige Widrigkeiten, mit denen man auf anderen Strecken rechnen muss. Gänzlich lässt sich beides allerdings nicht vermeiden.

1–2

Gestartet wird südöstlich der Centraal Station, dort, wo der Zeedijk von Prins Hendrikkade abzweigt. Der Name **Zeedijk** entsprach ursprünglich den Tatsachen: Der Seedeich stellte einen wichtigen Schutz dar, als die Zuider Zee noch offenes Meer war und Amsterdam direkt mit der Nordsee verband. Über der Tür der **St. Olofkerk** (rechts) hängt ein erschütterndes Bild von einem Skelett. Einen schönen Blick hat man dort, wo Zeedijk den Kanal überquert: Links sieht man auf den schmalen Finger des **Oudezijds Kolk**, rechts liegt der breitere **Oudezijds Voorburgwal**.

2–3

Zeedijk hat den Ruf einer schäbigen, deprimierenden und manchmal gefährlichen Gegend, doch hat die Straße inzwischen einiges von ihrer alten Würde wiedergewonnen: Zwischen den grell beleuchteten Snackbars gibt es ausgezeichnete Restaurants. Dennoch ist kaum zu übersehen, dass hier die Ostgrenze des **Rotlichtbezirks** (➤ 63ff) verläuft. Der südliche Teil grenzt außerdem an Amsterdams bescheidenes Chinesenviertel **Chinatown**. Beides lässt man hinter sich, wenn Zeedijk sich zum Nieuwmarkt erweitert, der von der großen gedrungenen **Waag** (➤ 72) dominiert wird. Auf der Südseite des Marktplatzes steht die Skulptur eines Mannes, der einer Frau einen unerwünschten Kuss aufdrückt.

Reguliersgracht, die »Gracht der sieben Brücken«

3–4

Weiter geht es auf der rechten (westlichen) Seite von Kloveniersburgwal. Auf der gegenüberliegenden Seite kann man das **Trippenhuis** sehen; dort war ursprünglich jene Sammlung untergebracht, die jetzt im Rijksmuseum hängt. Das **Oostindisch Huis** um die Ecke an der Oude Hoogstraat, einst Sitz der Ostindien-Kompanie, ist heute Teil der Universität von Amsterdam; an Wochentagen kann man den schönen Innenhof bewundern.

Der Namensgeber des Thorbeckeplein

4–5

Weiter Richtung Süden kommt man in eine Gegend mit vielen Übernachtungsmöglichkeiten: Auf der anderen, der östlichen Seite der Gracht liegt beispielsweise eine der beiden **Jugendherbergen** von Amsterdam. Kurz bevor Kloveniersburgwal endet, kommt man am Balmoral »Scottish Pub« vorbei, der zum Doelen Hotel gehört. Wenn es Sie nicht allzu sehr nach einem Malt Whisky aus dem dort gebotenen vielfältigen Angebot verlangt, setzen Sie den Weg nach links über die Brücke fort. Es handelt sich dabei um die erste Hebebrücke, die in der Stadt gebaut wurde.

5–6

Wenn man dem Kloveniersburgwal nach Süden folgt, erweitert sich der Kanal zur Binnenamstel. Über die Halvemaansbrug kommen Sie auf die andere Seite; überqueren Sie dort auch die Straße und gehen schräg gegenüber in den Halvemaansteeg, eine kleine Fußgängerzone. Entlang der viel befahrenen Straßenbahnschienen geht es zum **Rembrandtplein**. Dieser Platz dient heutzutage vor allem dazu, Touristen mit Essen, Bier, Drogen und Pornos zu versorgen. Rembrandt blickt, mit missbilligender Miene, von einer Säule in der Mitte herab.

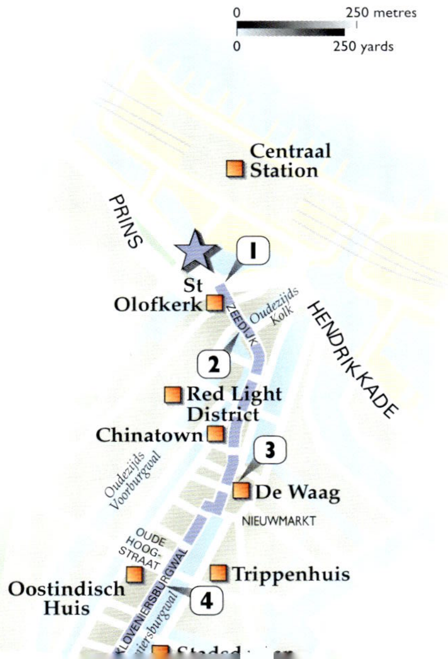

6–7

Etwas weiter südlich treffen Sie auf einen weiteren Platz, den **Thorbeckeplein**, benannt nach dem Mann, dessen Standbild mit Blick auf die Herengracht (siehe Spaziergang 1) auf der Südseite steht.

Schaut man genau nach Süden die Reguliersgracht hinunter, die hier beginnt, entdeckt man die ersten jener Querungen, die dieser Gracht den Beinamen **Sieben Brücken** eingetragen haben. Bleiben Sie auf dem linken (Ost-)Ufer, und halten Sie Ausschau nach den schönen Holzschnitzereien am Erkerfenster von Reguliersgracht 57. Bald sind Sie an der Kerkstraat, die nach der wunderschönen **Amstelkerk** (links) aus dem 17. Jahrhundert benannt ist. Heute beherbergt sie das Café Kort.

7–8

Überqueren Sie Brücke Fünf, und setzen Sie den Weg auf der Südseite der **Prinsengracht**, dem äußersten der drei konzentrischen Bögen, nach Westen fort. Halten Sie gleich zu Beginn Ausschau nach dem Storch, der über der Tür des hübschen Eckhauses aufgepflanzt steht. Hier sind auch einige Hausboote festgemacht, aber die Hauptattraktion sind die Häuser und ihre kunstvollen Giebel. Überqueren Sie die belebte Vijzelstraat. Wenn Sie ein oder zwei Stunden Zeit haben, stöbern Sie rechts die Straße hinunter durch die Kunst- und Antiquitätengeschäfte. Um den Spaziergang fortzusetzen, gehen Sie aber nach links (Süden) über die Prinsengracht zu einer der schönsten Kreuzungen der Stadt.

8–9

Blickt man die **Spiegelgracht** hinunter, erheben sich am Ende die Zwillingstürme des Rijksmuseums. Verweilen Sie auf der Brücke über die Lijnbaansgracht, und genießen Sie den Blick. Nachdem Sie Weteringschans und Singelgracht hinter sich gebracht haben, nähern Sie sich dem **Rijksmuseum** (➤ 114ff), so wie der Architekt es beabsichtigte, mit Blick auf die attraktive Fassade. Wenn Sie zum **Van Gogh Museum** (➤ 124ff) oder zum **Stedelijk Museum** (➤ 122f) wollen, gehen Sie geradeaus unter einem der vier Bögen hindurch. Auch wenn das Rijksmuseum Ihr Ziel ist, sollten Sie diesen Weg nehmen und sich dann nach rechts zum Südeingang des Museums wenden.

Kleine Pause

Empfehlenswert sind **Bird** (Zeedijk 77, ➤ 73), **In de Waag** (➤ 72) am Nieuwmarkt oder, für eine nahrhaftere Mahlzeit, **Le Zinc … et les Dames**, Prinsengracht 999 (➤ 158).

Den Weg wert: die großartige Fassade des Rijksmuseum

4 DIE WESTLICHEN INSELN

Spaziergang

LÄNGE: 2 km **DAUER:** 1 Stunde
START/ZIEL: Südende der Grote Bickersstraat 201 D4

Auf diesem kurzen Spaziergang ist man nie weiter als 1,5 km von der Centraal Station entfernt, doch er führt durch einen Teil von Amsterdam, der sich sehr stark vom Rest der Stadt unterscheidet, nämlich über eine Reihe kleiner Inseln, die etwas von der Atmosphäre der holländischen Provinz an sich haben.

1–2

Von der Centraal Station Richtung Westen markieren die Eisenbahngleise jene Linie, an der früher das Nordufer des Ij verlief – bis im 17. Jahrhundert tüchtige Kaufleute mehrere Inseln in dem seichten Fluss anlegten. Der Spaziergang beginnt auf der Nordseite der Schienen, dort, wo am Hendrik Jonkerplein die Grote Bickersstraat auf den belebten Haarlemmer Houttuinen trifft. Eine gute Orientierungshilfe ist das **Blaauwhooft Café**, das den spitzen Winkel eines dreieckigen Gebäudes einnimmt. Von hier aus geht es nach rechts (Osten) ein kurzes Stück die **Blokmakerstraat** entlang. Sie ist nach den Handwerkern benannt, die die Rollen herstellten, die u. a. die Handelsflotte in Bewegung hielten. Heute sind die **Westelijke Eilanden** eine Wohngegend. Nahe am Wasser stößt man auf eine große Skulptur, die sich am Kai erhebt. Die Platte aus schwarzem Marmor soll an einen Wal erinnern.

Zandhoek mit vielen schönen Beispielen für biblische Giebelsteine

2–3

Biegen Sie links (nach Norden) in Hollandse Tuin ein, der von Häusern aus den Siebzigerjahren gesäumt wird, und bewundern Sie die Segelkähne und Hausboote, die an der gegenüberliegenden Seite des **Westerdoks** festgemacht sind; zur Linken passieren Sie die Zeilmakerstraat. Halten Sie sich links, und gehen Sie die Touwslagerstraat hinunter; biegen Sie in die erste Straße rechts, die Grote Bickersstraat, ein. Bald erreichen Sie eine Hebebrücke.

3–4

Über die Brücke kommt man in die malerische Wohnstraße **Zandhoek**. Viele Häuser sind hier mit reich verzierten Giebelsteinen geschmückt: Nr. 3, De Eendracht, wird vom Bildnis eines wütenden Löwen bewacht, Nr. 4 zeigt Noahs Arche, Nr. 6 ein weißes Pferd. Gleich dahinter steht **De Gouden Reael**, ein Café-Restaurant, das auf französische Regionalküche spezialisiert und nach einer spanischen Münze, dem »goldenen Real«, benannt ist. Über die Brücke über die Zoutkeetsgracht gelangt man auf eine Insel, die **Willem Barentsz** gewidmet ist. Der holländische Seefahrer suchte im 16. Jahrhundert die Nordostpassage zwischen Europa und Asien.

4–5

Am Barentszplein geht es links in die Barentszstraat, vorbei an einem Coffee Shop, der nach dem Entdecker benannt ist. Die Barentszstraat endet am **Westerkanaal**, einer wichtigen Verbindung zum Meer. Biegen Sie rechts in die Houtmankade ab, und setzen Sie den Weg fort bis zur vorletzten Querstraße auf der rechten Seite.

5–6

Gehen Sie Richtung Osten die **Roggeveenstraat** entlang. Es ist eine Fußgängerstraße mit einem imponierenden Schulgebäude auf der linken und hübschen Häusern aus dem 19. Jahrhundert auf der rechten Seite. Am Ende sind Sie wieder am Barentszplein, wenden sich nach Süden und kehren über die Brücke zurück nach Realeneiland. Biegen Sie rechts in die Taandwarsstraat ein und gehen Sie dann links vorbei an modernen Wohnhäusern – am anderen Ende stehen zwei große Lagerhäuser, die wegen ihres Alters und des weichen Untergrunds sozusagen in die Knie gegangen sind.

Auf den westlichen Inseln geht es gelassen zu

6–7

Rechts ab führt Realengracht (der Name des Kanals und der Uferstraße) bis zur **Drieharingenbrug**, einer von Amsterdams schönsten – und jüngsten – Brücken. Der anmutige Bau entstand 1983 als Ersatz für eine Brücke aus dem 18. Jahrhundert, und er ist gerade so breit, dass zwei Fahrräder aneinander vorbeikommen. Die »drei Heringe«, auf die der Name anspielt, sind über einer Tür auf der Nordseite der Brücke eingemeißelt.

Die heitere Ruhe der westlichen Inseln ist sehr gefragt

7–8

Auf der Südseite der Brücke sind Sie auf **Prinseneiland** – der kleinsten der westlichen Inseln. Halten Sie sich rechts vorbei an einem besonders schönen Haus aus dem Jahr 1629, und folgen Sie entgegen dem Uhrzeigersinn der Straße, die die Insel einmal umrundet. An der Häuserreihe auf der Westseite sind die Fensterläden mit Angeboten wie *D'Koren beurs* und *Schel Visch* bemalt. An der Straßenbiegung halten Sie Ausschau nach Nr. 24A, dem früheren Atelier des Künstlers George Breitner.

8–9

Die Straße Prinseneiland führt vorbei an einer interessanten Mischung von neuen und alten Wohngebäuden bis zur Brücke über die Bickersgracht. Diese überqueren Sie und biegen dann rechts in die Straße gleichen Namens. An der Gracht kann man die Slips erkennen, auf denen früher die Schiffe zu Wasser gelassen wurden. Von hier ist es nur noch ein kurzes Stück nach Süden bis zur Bahnstrecke, an der die Idylle abrupt endet, und bis zum **Hendrik Jonkerplein**, dem Start- und Zielpunkt dieses Spaziergangs.

Kleine Pause

Auf halbem Weg an der Houdemanskade 7 liegt das **Café Noordester** (Tel. 020 624 2904) – benannt nach der Nordostpassage –, wo ein mit Rohrstühlen ausgestatteter Wintergarten einen Teil des Bürgersteigs einnimmt.

Bei einem Abendspaziergang bietet sich ein Besuch im **Restaurant Carline Schluumter** in der Barentszstraat 242 (Tel. 020 422 7880, geöffnet tägl. 17–22 Uhr) an.

Ansonsten setzen Sie sich in eines der Cafés im Jordaan auf der Südseite der Schienen. Das ist natürlich jederzeit möglich, doch an einem schönen Abend ist das Licht auf den Inseln besonders reizvoll.

Praktisches

INFORMATION VORAB

Internet

- Touristenhinweise für Amsterdam: www.visitamsterdam.nl Englischsprachige Website mit umfassender Info.
- www.amstel.com Tipps und Veranstaltungen, zusammengestellt von der Brauerei Amstel (auf Englisch).
- Dutzende Links und vielfältige Informationen von Geschichte bis Fundsachen (auf Holländisch) findet man unter www.dds.nl.

REISEVORBEREITUNG

WICHTIGE PAPIERE

● Erforderlich
○ Empfohlen
▲ Nicht erforderlich

	Deutschland	Österreich	Schweiz
Pass/Personalausweis	●	●	●
Visum	▲	▲	▲
Weiter- oder Rückflugticket	▲	▲	▲
Impfungen (Tetanus und Polio)	▲	▲	▲
Krankenversicherung (► 192, Gesundheit)	●	●	●
Reiseversicherung	○	○	○
Führerschein (national/international)	●	●	●
Kfz-Haftpflichtversicherung	●	●	●
Fahrzeugschein	●	●	●

REISEZEIT

Hauptsaison   Nebensaison

JAN	FEB	MÄRZ	APRIL	MAI	JUNI	JULI	AUG	SEPT	OKT	NOV	DEZ
5 °C	6 °C	9 °C	13 °C	17 °C	20 °C	22 °C	22 °C	20 °C	14 °C	8 °C	5 °C

Sonnig   Bedeckt   Regnerisch   Wechselhaft

Die Angaben beziehen sich auf die **durchschnittliche Tageshöchsttemperatur** jedes Monats. Als »feucht und mild« lässt sich das Klima in Amsterdam umschreiben. Der ideale Monat für einen Besuch ist der Mai, wenn sowohl Regen als auch Menschenmassen geringer ausfallen als im Juni, Juli und August.

Der September ist ebenfalls eine gute Reisezeit, auch wenn es mehr regnet.

Von Oktober bis März ist das Wetter oft scheußlich – kalt bei Nieselregen –, **die Grachten frieren allerdings nur selten zu**.

Starke Winde verstärken im Winter das **Kälteempfinden**, und Nebel kann tagelang die Sonne verhüllen. Im Dezember wimmelt es in Amsterdam von auswärtigen Gästen; viele Besucher reisen wegen der Weihnachtseinkäufe an.

Deutschland
- Niederländisches Büro für Tourismus (NBT)
  Postfach 270 580
  50511 Köln
  ☎ 0180 534 33 22

Schweiz
☎ 0800/88 05 80
Fax 0049/1805/34 33 20

Österreich
☎ 0800/88 85 80
Fax 0049/1805/34 33 20

ANREISE

Mit dem Flugzeug: Der **Flughafen Schiphol** hat ausgezeichnete Flugverbindungen in alle Welt; der viertgrößte Airport Europas fungiert als Drehscheibe, sodass es zahlreiche Direktflüge dorthin gibt. Die wichtigste Fluglinie ist die heimische Airline **KLM** (Tel. 020 474 77 47; www.klm.com). Sonstige wichtige Fluglinien, die Direktflüge nach Amsterdam anbieten, sind **Lufthansa** (020 560 81 00) und **Swiss** (020 662 65 26). Angegeben sind die Amsterdamer Telefonnummern. Wer von hier aus weiter über den »großen Teich« will, kann täglich mit günstigen **Nonstop-Flügen** aufbrechen.
Ausgewählte Flugzeiten bis Amsterdam (Direktflüge): Frankfurt (1 Stunde), München (1 1/2 Stunden), Hamburg (1 Stunde), Berlin (1 1/4 Stunden), Zürich (1 1/2 Stunden) und Wien (2 Stunden).

Mit dem Zug: Von **Centraal Station** gibt es Verbindungen mit allen größeren Städten West- und Mitteleuropas, darunter **Eurocity-Verbindungen** von Hamburg, Frankfurt und München.

Mit dem Auto: Amsterdam ist im Wesentlichen über drei Strecken erreichbar: für **Berliner** aus Richtung Osnabrück über die **A 1 (E 30)**; aus dem **Ruhrgebiet** über die **A 12 (E 35)** – eine Strecke, die auch für Reisende aus **Zürich**, **München** und **Wien** die günstigste ist. Aus Norddeutschland (**Hamburg**) am besten über Oldenburg, Leer (Ostfriesland) und dann auf der **A 7 (E 22)** bis Groningen; von dort gibt es mehrere Verbindungen. Es gibt drei Geschwindigkeitsbegrenzungen: **120 km/h** gelten auf Autobahnen, **80 km/h** auf Landstraßen und **50 km/h** innerorts. Für Mitglieder ausländischer Klubs wie des **ADAC**, **ÖAMTC** sowie des **SAC** unterhält der niederländische Automobilclub **ANWB** einen kostenlosen Pannenhilfsdienst.

ZEIT

In Holland gilt die Mitteleuropäische Zeit. Die Uhren werden Ende März auf Sommerzeit und Ende Oktober auf Winterzeit umgestellt.

WÄHRUNG

In den Niederlanden hat der Euro den Gulden als Zahlungsmittel abgelöst. Besucher aus Deutschland oder Österreich brauchen also kein Geld mehr umzutauschen.

Geldwechsel: Am billigsten kommt man an Geld mit einer EC- oder Kreditkarte an einem der vielen Geldautomaten, die vor den meisten Banken und am Flughafen und Hauptbahnhof stehen. Am Flughafen, am Bahnhof und in den Touristengegenden gibt es viele Wechselstuben; auch die Banken tauschen Geld ein. An Wechselautomaten erhält man schlechte Kurse. Euroschecks werden kaum mehr angenommen.

ZEITUNTERSCHIED

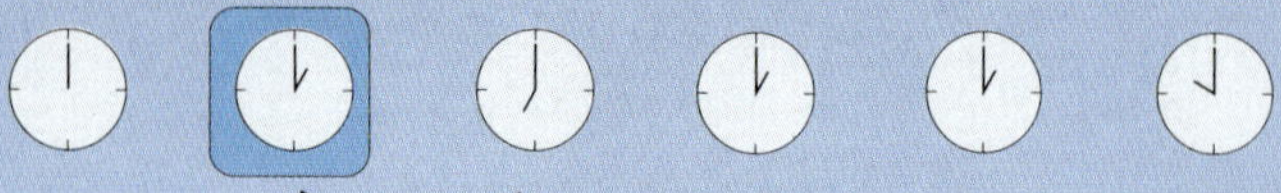

London	Amsterdam →	New York ←	Berlin →	Barcelona →	Sydney →
12 Uhr	13 Uhr	7 Uhr	13 Uhr	13 Uhr	22 Uhr

DAS WICHTIGSTE VOR ORT

KONFEKTIONSGRÖSSEN

Niederlande	Deutschland	
46	46	Anzüge
48	48	Anzüge
50	50	Anzüge
52	52	Anzüge
54	54	Anzüge
56	56	Anzüge
41	41	Schuhe
42	42	Schuhe
43	43	Schuhe
44	44	Schuhe
45	45	Schuhe
46	46	Schuhe
37	37	Hemden
38	38	Hemden
39/40	39/40	Hemden
41	41	Hemden
42	42	Hemden
43	43	Hemden
34	34	Kleider
36	36	Kleider
38	38	Kleider
40	40	Kleider
42	42	Kleider
44	44	Kleider
36	36	Schuhe
37	37	Schuhe
38	38	Schuhe
39	39	Schuhe
40	40	Schuhe
41	41	Schuhe

FEIERTAGE

1. Jan.	Neujahr
März/April	Karfreitag, Ostermontag
30. April	Königinnentag
5. Mai	Befreiungstag
6. Do nach Ostern	Himmelfahrt
Mai/Juni	Pfingstmontag
6. Dez.	Nikolaus
25. Dez.	Weihnachten
26. Dez.	»Zweiter Christtag«

Am Nikolaustag schließen die Geschäfte früher; an den anderen Feiertagen bleiben die meisten Geschäfte den ganzen Tag geschlossen, touristische Einrichtungen sind aber in der Regel geöffnet.

ÖFFNUNGSZEITEN

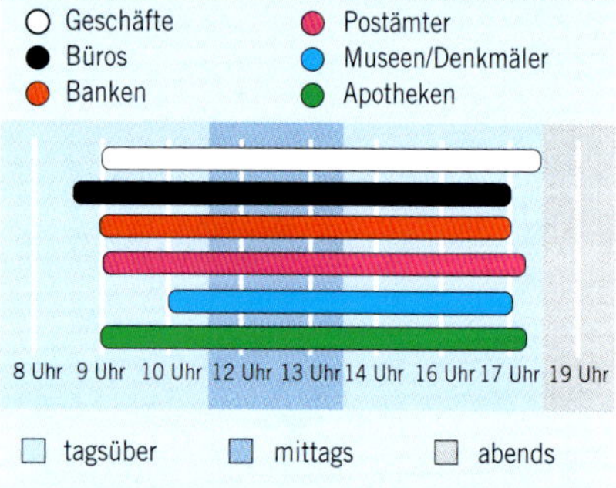

Geschäfte: Es gibt keine einheitlichen Öffnungszeiten. Einige Geschäfte sind Montagvormittag geschlossen und haben donnerstags länger geöffnet; viele Läden in der Innenstadt öffnen sonntags (➤ 46). An den Haupteinkaufsstraßen im Zentrum sind die Geschäfte normalerweise geöffnet: Mo 11–18, Di, Mi und Fr 9–18, Do 9–21, Sa 9–17 und So 12–18 Uhr.

Museen: Während die größeren Attraktionen normalerweise von 10–17 Uhr geöffnet sind, haben die kleineren oft kürzere Öffnungszeiten, z. B. 11–17 Uhr, und bleiben oft am Sonntagmorgen geschlossen (geöffnet meist 13–17 Uhr).

POLIZEI 112 oder 020 559 9111, wenn es kein Notfall ist

FEUERWEHR 112

KRANKENWAGEN 112

TELEFONIEREN

In Amsterdam gibt es eine große Vielfalt an öffentlichen Telefonen, die mit verschiedenen Telefon- oder Kreditkarten und Münzen benutzt werden können, abhängig von der Betreibergesellschaft und dem Alter des Telefonapparats. Generell gilt: Am billigsten telefoniert man innerhalb Hollands oder ins Ausland mit einer Telefonkarte (erhältlich in Tabakläden, Supermärkten und Wechselstuben); am teuersten wird es vom Hotelzimmer aus.

Internationale Vorwahlnummern aus Amsterdam
Deutschland: 49
Österreich: 43
Schweiz: 41

SICHERHEIT

Die offizielle Website www.visitamsterdam.nl nimmt kein Blatt vor den Mund: Nach Einbruch der Dunkelheit, heißt es dort, haben in den Gassen am Nieuwendijk »die Straßenräuber ihren Spaß, und es geht dort ziemlich widerlich zu«. Das südliche Ende von Zeedijk und die Nebenstraßen sind »schäbig, und es wimmelt dort von elend aussehenden Junkies«.
Der ganze Rotlichtbezirk – in dem auch diese Gebiete liegen – lockt Diebe an. Außerhalb dieses Viertels ist man, auch im Dunkeln, größtenteils sicher.

POST

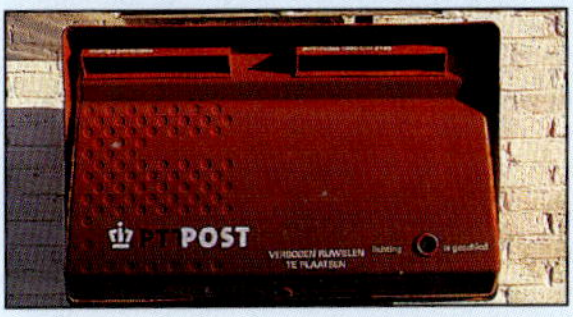

Briefkästen sind rot. Die Suche nach einem Postamt kann frustrierend sein, denn diese sind dünn gesät und haben keine langen Öffnungszeiten. Zeitungskioske, einige Supermärkte und Tabakläden verkaufen Briefmarken.

ELEKTRIZITÄT

Die Stecker entsprechen den in Deutschland, Österreich sowie der Schweiz üblichen. Die Spannung beträgt wie dort 220 Volt.

TRINKGELD

In Restaurants und Cafés ist es üblich, ein paar Münzen liegen zu lassen oder die Rechnung aufzurunden.

Ja ✓ Nein ✗

Hotel (Service inbegriffen)	✓	Wechselgeld
Stadtführer	✓	2,5–5 €
Friseur	✓	aufrunden
Taxi	✓	Fahrpreis aufrunden
Platzanweiserin	✗	
Gepäckträger	✓	2,5–5 €
Garderoben	✗	

BOTSCHAFTEN UND KONSULATE

Deutschland	Österreich	Schweiz
070 342 0600 (Den Haag)	070 324 5470 (Den Haag)	070 364 2831 (Den Haag)

GESUNDHEIT

Krankenversicherung: EU-Bürger können mit dem richtigen Formular (Vordruck E 111) medizinische Notfallbehandlung zu geringeren Kosten in Anspruch nehmen, müssen aber dennoch einen Teil der Kosten selbst zahlen. Deshalb empfiehlt sich eine Zusatzkrankenversicherung für die Reise.

Zahnarzt: Eine verbilligte Notfallbehandlung erhalten EU-Bürger mit dem entsprechenden Formular, dennoch können die Kosten unter Umständen hoch sein.

Wetter: Amsterdam liegt ungefähr auf der Höhe von Münster in Westfalen, und die Sommersonne kann hier durchaus brennen. Im Juni, Juli und August braucht man Sonnenschutz. Trinken Sie außerdem genug – nehmen Sie sich lieber eine Flasche Mineralwasser mit, als auf einer Straßenterrasse ein Bier zu trinken.

Medikamente: Apotheken verkaufen viele Medikamente rezeptfrei. Die entspannenden Narkotika, die in Amsterdam verkauft werden, sollten nicht leichtfertig eingenommen werden; die Wirkungen auf Psyche und Körper können erheblich sein und verstärken sich oft noch in Kombination mit Alkohol.

Trinkwasser: Leitungswasser kann bedenkenlos getrunken werden und ist normalerweise wohlschmeckend. Das Grachtenwasser dagegen ist höchst unbekömmlich, da über 2000 Hausboote ihre Abwässer ungeklärt in die Kanäle leiten. Fallen Sie nicht hinein! Mineralwasser in Flaschen, oft als »Spa« bezeichnet, ist überall erhältlich.

ERMÄSSIGUNGEN

Studenten/Kinder: In Museen, Cafés und Restaurants werden kaum Ermäßigungen angeboten, doch für Flugreisen gibt es Spezialangebote. Die seltenen Angebote einer »Studentenermäßigung« gelten gewöhnlich nur für Personen, die in Amsterdam studieren.

Senioren: Besucher, die 65 Jahre oder älter sind, erhalten in Museen und anderen Touristenattraktionen Ermäßigungen. Ausweis oder Pass sind als Nachweis erforderlich.

EINRICHTUNGEN FÜR BEHINDERTE

An vielen öffentlichen Gebäuden sind Aufzüge und Rampen installiert, und die öffentlichen Verkehrsmittel sind leicht zugänglich. Doch die einzigartige Stadtlandschaft von Amsterdam mit Kopfsteinpflaster, rücksichtslos geparkten Autos und schwer zugänglichen Grachtenbrücken kann für Rollstuhlfahrer zum Problem werden.

KINDER

Es gibt keine allgemein verbindliche Altersgrenze, bis zu der Kinder freien Eintritt oder Ermäßigungen erhalten. Vielerorts stehen Wickelmöglichkeiten zur Verfügung.

TOILETTEN

Pissoirs findet man leicht, doch bieten sie wenig Privatsphäre. Der diskretere Typus verfügt über einen runden Stahlmantel; in sehr belebten Gegenden wie dem Rotlichtbezirk stehen Pissoir-»Säulen«, die nicht abgeschirmt sind. Frauen können die Toiletten in Cafés benutzen, auch wenn es manchmal nötig (oder höflich) ist, etwas zu trinken zu bestellen.

FUNDSACHEN

Für verloren gegangenes Gepäck am Flughafen Schiphol Tel. 020 601 2325, im Zug Tel. 020 557 8544, in Straßenbahn, Bus oder U-Bahn Tel. 020 460 5858.

IMMER ZU GEBRAUCHEN

Ja/nein **Ja/nee**
Hallo **Hallo**
Guten Morgen **Goedmorgen**
Guten Tag **Goedemiddag**
Guten Abend **Goedenavond**
Auf Wiedersehen **Tot ziens**
Wie geht es Ihnen? **Hoe gaat het met u?**
Danke, gut **Goed, bedankt**
Bitte **Alstublieft**
Danke **Dank u** oder **Bedankt**
Entschuldigung **Pardon**
Verzeihung **Sorry**
Haben Sie …? **Heeft u …?**
Ich möchte … **Ik will …**
Wie viel kostet das? **Hoeveel is het?**
Geöffnet **Open**
Geschlossen **Gesloten**
Drücken/ziehen **Duwen/trekken**
Damentoilette **Dames**
Herrentoilette **Heren**

REISE

Abfahrt/Abflug **Vertrek**
Ankunft **Aankomst**
Bahnsteig **Spoor**
Bus **Bus**
Fahrkarte **Kaartje**
Fahrkartenschalter **Loket**
Fahrplan **Dienstregeling**
Fahrrad **Fiets**
Flughafen **Luchthaven**
Flugzeug **Vliegtuig**
Nichtraucher **Niet roken**
Platz **Plaats**
Reserviert **Gereserveerd**
Straßenbahn **Tram**
Taxi **Taxi**
Zug **Trein**
Erste Klasse **Eerste klasse**
Zweite Klasse **Tweede klasse**
Einfach/Rückfahrkarte **Enkele reis/retour**

EBENFALLS NÜTZLICH

Gestern **Gisteren**
Heute **Vandaag**
Morgen **Morgen**
Ich verstehe nicht **Ik begrijp het niet**
Sprechen Sie Deutsch? **Spreekt u duits?**
Ich brauche einen Arzt **Ik heb een dokter nodig**
Haben Sie noch Zimmer frei? **Zijn er nog kamers vrij?**
– mit Bad/Dusche **met bad/douche**
– mit Balkon **met balkon**
Einzelzimmer **Eenpersoonskamer**
Doppelzimmer **Tweepersoonskamer**
Eine Nacht/zwei Nächte **Een/twee nachten**
Preis **Prijs**

NACH DEM WEG FRAGEN

Wo ist …? **Waar is …?**
– die Straßenbahnhaltestelle **de tramhalte**
– das Telefon **de telefoon**
– die Bank **de bank** (auch Sitzbank)
Gehen Sie nach links/rechts/geradeaus **Ga naar links/rechts/rechtdoor**
Hier/dort **Hier/daar**
Norden **Noord**
Osten **Oost**
Süden **Zuid**
Westen **West**

WOCHENTAGE

Montag **Maandag**
Dienstag **Dinsdag**
Mittwoch **Woensdag**
Donnerstag **Dondersdag**
Freitag **Vrijdag**
Samstag **Zaterdag**
Sonntag **Zondag**

ZAHLEN

1 **een**
2 **twee**
3 **drie**
4 **vier**
5 **vijf**
6 **zes**
7 **zeven**
8 **acht**
9 **negen**
10 **tien**
11 **elf**
12 **twaalf**
13 **dertien**
14 **veertien**
15 **vijftien**
16 **zestien**
17 **zeventien**
18 **achttien**
19 **negentien**
20 **twintig**
21 **een en twintig**
22 **twee en twintig**
30 **dertig**
31 **een en dertig**
32 **twee en dertig**
40 **veertig**
50 **vijftig**
60 **zestig**
70 **zeventig**
80 **tachtig**
90 **negentig**
100 **honderd**
101 **honderd een**
102 **honderd twee**
200 **twee honderd**
300 **drie honderd**
400 **vier honderd**
500 **vijf honderd**
600 **zes honderd**
700 **zeven honderd**
800 **acht honderd**
900 **negen honderd**
1000 **duizend**

IM RESTAURANT

Haben Sie einen Tisch für zwei? **Heeft u een tafel voor twee?**
Ich möchte einen Tisch reservieren **Ik will een tafel reserveen**
Ich bin Vegetarier **Ik ben vegetariër**
Die Rechnung, bitte **De rekening alstublieft**
Das habe ich nicht bestellt **Dit is niet wat ik besteld heb**
Können wir am Fenster sitzen? **Mogen wij bij het raam?**
Ist die Küche noch geöffnet? **Is de keuken al open?**
Wann schließen Sie? **How laat gaat u open?**
Haben Sie einen Kinderstuhl? **Heeft u een kinderstoel?**
Ist das sehr pikant/stark gewürzt? **Is dit gerecht pikant/gekruide?**
Das Essen ist kalt **Het eten is koud**
Guten Appetit! **Eet smakelijk!**

Service inbegriffen **Bediening inbegrepen**
Service nicht inbegriffen **Exlusief bediening**

Abendessen **Diner/avondeten**
Café **Café**
Dessert **Nagerecht**
Durchgebraten **Doorbakken**
Flasche/Glas **Fles/glas**
Frühstück **Ontbijt**
Gabel **Vork**
Gebraten **Gebakken**
Gedeck **Couvert**
Getränk **Drank/drankje**
Hauptgericht **Hoofdgerecht**
Kalt **Koud**
Kellnerin **Serveerster**
Löffel **Lepel**
Medium **Medium**
Menü **Menu**
Messer **Mes**
Mittagessen **Lunch/middageten**
Nicht durchgebraten **Rare**
Ober **Ober**
Restaurant **Restaurant**
Scharf **Scherp**
Speisekarte **Menukaart**
Spezialitäten **Specialiteiten**
Tagesmenü **Dagmenu**
Tisch **Tafel**
Trocken **Droog**
Vorspeise **Voorgerecht**
Warm **Warm**
Weinkarte **Wijnkaart**

SPEISEKARTE A–Z

Aardappelen Kartoffeln
Ansjovissen Anchovis
Appeltaart (met slagroom) Apfelkuchen (mit Sahne)
Azijn Essig
Biefstuk hollandse Steak
Biefstuk duitse Frikadelle
Bier oder **Pils** Bier
Bonen Bohnen
Boter Butter
Boterham belegtes Brot
Bouillon Fleischbrühe
Brood Brot
Broodje Brötchen
Carbonade Schweinekotelett
Champignons Pilze
Chips Kartoffelchips
Chocola Schokolade
Citroen Zitrone
Eend Ente
Ei Ei
Erwten Erbsen
Forel Forelle
Garnalen Garnelen
Hachée Eintopfgericht
Ham Schinken
Haring Hering
Hertenvlees Wildbret
Honing Honig
Hutspot Eintopf
Ijs Eis
Jenever Jenever
Jus Bratensoße
Kaas Käse
Kabeljauw Kabeljau
Kalfsvlees Kalb
Kalkoen Pute
Kip Huhn
Knoflook Knoblauch
Koffie Kaffee
Kreeft Hummer
Lamsvlees Lamm
Makreel Makrele
Melk Milch
Mineraal water Mineralwasser
Mosterd Senf
Oesters Austern
Olie Öl
Paling Aal
Pannekoeken Pfannkuchen
Patates/frites Pommes frites
Peper Pfeffer
Rijst Reis
Rode wijn Rotwein
Rookworst Geräucherte Wurst
Room Sahne
Rundvlees Rind
Salade oder **Sla** Salat
Salmon Lachs
Saus Soße
Schaaldieren Schalentiere
Schelvis Schellfisch
Schol Scholle
Sinaasappelsap Orangensaft
Soep Suppe
Spek Speck
Stamppot Wursteintopf
Suiker Zucker
Thee Tee
Tong Seezunge
Tosti Käsetoast
Uien Zwiebeln
Uitsmijter Strammer Max
Varkensvlees Schwein
Vis Fisch
Vlees Fleisch
Vruchten Obst
Water Wasser
Wild Wild
Witte wijn Weißwein
Worst Wurst
Wortelen Karotten
Zout Salz

Abbildungsnachweis

Die Automobile Association dankt den folgenden Fotografen und Agenturen für ihre Hilfe bei der Herstellung dieses Buches:

Vorder- und Rückseite des Umschlags: (o) AA PhotoLibrary/Ken Paterson; (m) AA PHOTOLIBRARY/Ken Paterson; (u) AA PhotoLibrary/Ken Paterson

AMSTERDAMS HISTORISCH MUSEUM 2iii, 49; © ANNE FRANK HOUSE 94ml, 94mr, 95m, 96o, 96m; ANTHONY BLAKE PHOTO LIBRARY 32 (Anthony Blake), 33o (Joy Skipper), 33u (Gerrit Buntroch); ART DIRECTORS AND TRIP PHOTO LIBRARY 91m, 92, 150, 168, 169; BRIDGEMAN ART LIBRARY 3i, 109 *Ein Engländer in Moskau*, 1913–14 von Kazimir Severinovich Malevich (1878–1935), Stedelijk Museum, Amsterdam, 21 *Titus*, 1656 von Rembrandt Harmensz van Rijn (1606–69), Kunsthistorisches Museum, Wien, Österreich, 116 *Die Nachtwache* 1642 (Öl auf Leinwand von Rembrandt Harmensz van Rijn (1606–69), Rijksmuseum, Amsterdam, 124 *Die Staatslotterie* von Vincent van Gogh (1853–90), Rijksmuseum Vincent van Gogh, Amsterdam, 125o *Die Langloisbrücke in Arles*, März 1888 (Öl auf Leinwand) von Vincent van Gogh (1853–90), Rijksmuseum Vincent van Gogh, Amsterdam/Roger-Viollet, Paris, 126 *Selbstporträt mit Staffelei*, 1888 von Vincent van Gogh (1853–90), Rijksmuseum Vincent van Gogh, Amsterdam, 127 *Krähen über dem Kornfeld*, 1890 (Öl auf Leinwand) von Vincent van Gogh (1853–90) Rijksmuseum Vincent van Gogh, Amsterdam; COSTER DIAMONDS BV 128; JAMES DAVIS TRAVEL PHOTOGRAPHY 15o, 31mul, 164, 164/165, 164, 171; MARY EVANS PICTURE LIBRARY 13o, 16/17, 17; EYE UBIQUITOUS 3v, 28mr, 31mor, 187; GETTY ONE/STONE 2iv, 60, 61, 79, 163, 170/171; ROBERT HARDING PICTURE LIBRARY 10/11, 18, 80m, 83, 97, 170; HULTON GETTY PICTURE COLLECTION 18/19; JOODS HISTORISCH MUSEUM 142; MUSEUM AMSTELKRING/GORT JAN VAN ROOY 65m; MUSEUM HET REMBRANDTHUIS 20mr, 20ul, 66o, 66m; NATIONAAL LUCHTVAARTMUSEUM-AVIODOME, SCHIPHOL 172u; NEWMETROPOLIS/JAN DERWIG 9o; PICTURES COLOUR LIBRARY 30o, 30ml, 63m, 63om, 63um, 64, 182; REX FEATURES LTD 19u; RIJKSMUSEUM 114, 115; SCHEEPVAART MUSEUM AMSTERDAM 146; SKYSCAN/MARCO VAN MIDDELKOOP 10, 13u, 31or; TROPENMUSEUM 154m; WORLD PICTURES 3iii, 161, 166, 167, 172.

Alle anderen Abbildungen stammen aus dem Archiv der Automobile Association (AA PHOTO LIBRARY) und wurden von ALEX KOUPRIANOFF fotografiert, mit folgenden Ausnahmen:
3ii, 14o, 14u, 19o, 23, 30mr, 30ur, 31ul, 31ur, 51o, 52o, 52u, 54m, 54u, 56/57, 56, 57o, 57m, 58o, 58u, 59m, 59u, 62, 65ol, 67, 80u, 82, 86, 93o, 93u, 95o, 113o, 117, 119, 120u, 122, 123, 130, 135, 136ul, 138m, 138u, 140, 141, 143, 147, 148, 149; diese stammen von KEN PATERSON, 122/123 von WYN VOYSEY.

Abkürzungen: (o) oben; (u) unten; (r) rechts; (l) links; (m) Mitte.

Cityplan

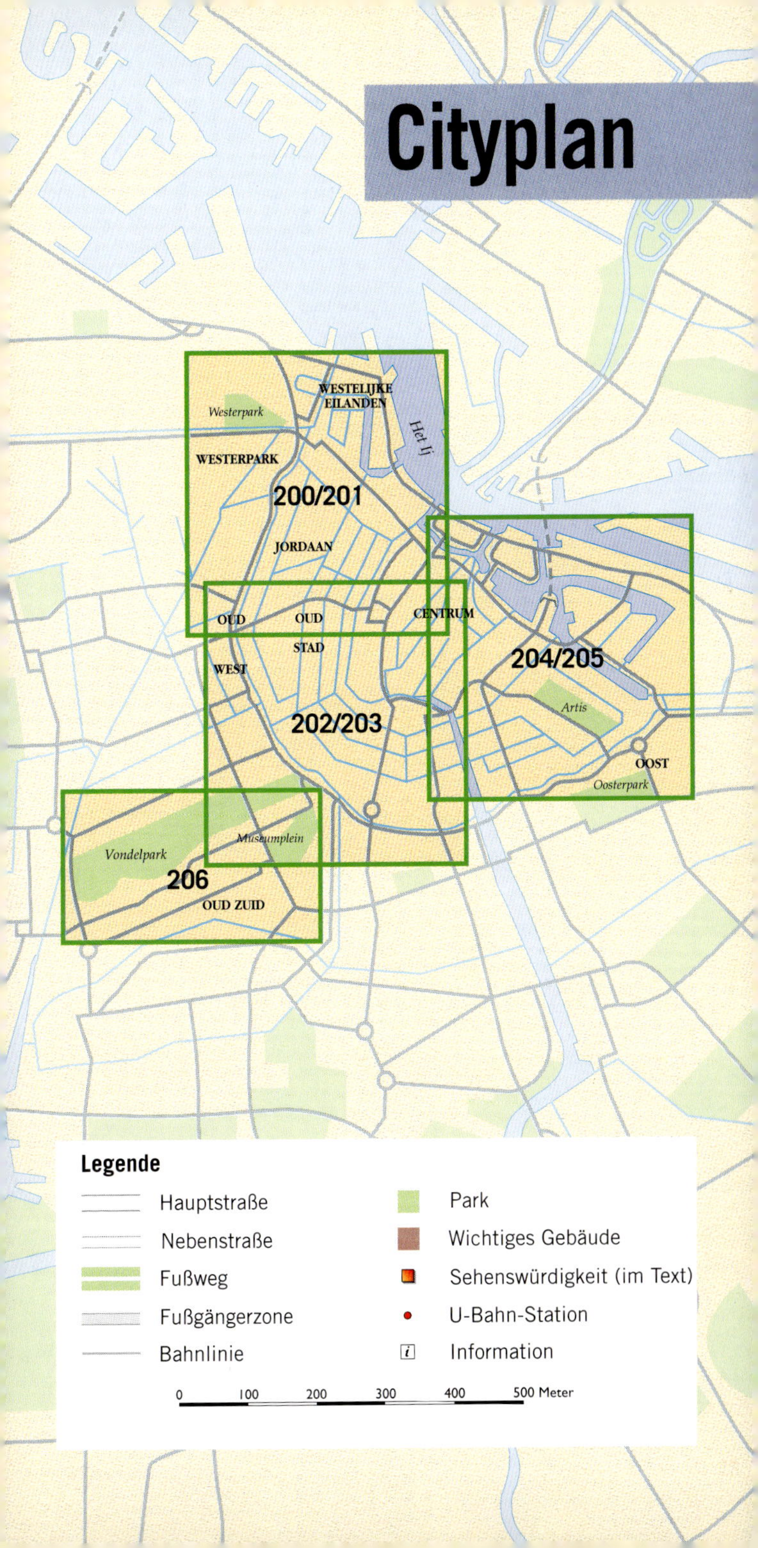

WESTELIJKE EILANDEN
Westerpark
Het Ij
WESTERPARK
200/201
JORDAAN
OUD
OUD
STAD
CENTRUM
WEST
204/205
Artis
202/203
OOST
Oosterpark
Museumplein
Vondelpark
206
OUD ZUID
Legende
Hauptstraße
Nebenstraße
Fußweg
Fußgängerzone
Bahnlinie
Park
Wichtiges Gebäude
Sehenswürdigkeit (im Text)
U-Bahn-Station
Information
0
100
200
300
400
500 Meter

A
B
C
5
4
3
2
1
NOVA ZEMBLASTRAAT
OOSTZAANSTR
ZAANSTRAAT
Spaarndammer-plantsoen
KNOLLENDAMSTRAAT
WORMERVEERSTRAAT
POLANENSTRAAT
SPAARNDAMMERSTRAAT
SUIKER-PLEIN
Le Mairie-gracht
VAN NOORDTKADE
Van Noordt-gracht
HOUTMANKADE
ADRICHEMSTRAAT
DELFTSTRAAT
ASSEN-DELFTSTRAAT
ZAANDIJKSTR
WEST ZAANSTRAAT
Westerkanaal
PLANCIUSSTRAAT
Theatercomplex
Stadsdeel-kantoor
Expositieruimte
Westergasfabriek
Filmstudios
Westerpark
WESTERPARK
Haarlemmervaart
HAARLEMMERWEG
Haarlemmer Poort
SLOTERDIJK-STR
NASSAU-PLEIN
HAARLEMMER PLEIN
KLEINE HOUTSTR
NIEUWE WAGENSTR
VINKENSTR
JOAN MELCHIOR KEMPERSTRAAT
FANNIUS
VAN HOGENDORP-PLEIN
BEUNINGENSTRAAT
HOOP-STRAAT
VAN DER
W E S T E R P A R K
CLIFFORD-STRAAT
GROEN VAN PRINSTERERSTRAAT
SCHOLTENSTRAAT
VAN LIMBURG STIRUMSTRAAT
DE WITTENKADE
DE WITTENSTRAAT
1e NASSAUSTRAAT
2e NASSAUSTRAAT
Singelgracht
MARNIXKADE
NASSAUKADE
BENTINCK-STRAAT
HOGENDORP-STRAAT
VAN HALLSTRAAT
LAERSTRAAT
VAN BOETZE-LAERSTRAAT
BEUNINGENSTRAAT
Kostverloren-vaart
WITTENKADE
DRIE-HOEK STR
Lijnbaansgracht
PALMGRACHT
PALMSTRAAT
PALMDWARSSTR
JACOB CATSKADE
1e MARNIX PLANTSOEN
VAN BEUNINGEN-PLEIN
1e KEUCHENIUS-STR
2e KEUCHENIUS-STR
Kattensloot
JACOB CATSKADE
MARNIXSTRAAT
LIJNBAANSSTEEG
WILLEMS-STRAAT
GOUDSBLOEMSTRAAT
LINDENGRACHT
LODEWIJKTRIPSTR
FAGEL-STRAAT
DE KEMPENAERSTRAAT
KOSTVERLORENKADE
AMALIA-STRAAT
Frederik Hendrik-Plantsoen
FREDERIK HENDRIK-PLANTSOEN
2e LINDENDWARS-STR
LINDENSTRAAT
BOOMSTRAAT
DONKER CURTIUSSTR
VAN RAPPARD-STRAAT
1e KOSTVERLORENSTR
Kostverlorenvaart
KARTHUIZERSSTRAAT
TICHELSTRAAT
WESTERSTRAAT
MARNIXPLEIN
Claes Claesz Hofje
ZAAGMOLENSTR
HENDRIKSTRAAT
VAN OLDEN-BARNEVELDTPLEIN
JORDAAN
BUIJSKADE
GILLIS VAN LEDENBERCHSTRAAT
HOGERBEETSSTRAAT
ANJELIERS-STRAAT
MADELIEVENSTR
TUIN-STRAAT
EGELANTIERSSTRAAT
EGELANTIERSGRACHT
Egelantiers-gracht
PRINSENGRACHT
1e HUGO DE GROOTSTR
FREDERIK
VAN OLDENBARNEVELDTSTRAAT
ROMBOUT
Singelgracht
Lijnbaansgracht
1e LELIE-DWARSSTR
LELIESTRAAT
Theo Thijssen Museum
Anne Frank Huis
2e HUGO DE GROOTSTR
St-Andrieshofje
202
NIEUWE LELIE-STRAAT
GRACHT
HUGO DE GROOT-PLEIN
GROOTSTR
2e Marnix-Plantsoen
Westerkerk
Homomonument
Bart
3e HUGO DE GROOTSTR
RIEGERSBERGENSTRAAT
HOUWENINGENSTRAAT
BLOEM-GRACHT
Bloem-gracht
1e BLOEMDWARSSTRAAT
2e BLOEMDWARSSTRAAT
BLOEM-STRAAT
FREDERIK HENDRIKSTR
HUGO DE GROOTKADE
Hugo de Grootgracht
NASSAUKADE
LIJNBAANSGRACHT
AKOLEIEN-STRAAT
ROZENGRACHT
1e ROZEN-DWARSSTR
2e ROZEN-DWARSSTR
KEIZERSGRACHT
Woonboot Museum
REESTRAAT
Suikerhof
Bilderdijkpark
DA COSTAKADE
DE CLERCQSTRAAT
ROZEN-
1e LAURIER-DWARSSTR

D
E
F
5
4
3
2
Het Veem Theater
Oude Houthaven
VAN DIEMENSTRAAT
ROGGEVEENSTRAAT
DIRK HARTOGHSTR
HEEMSKERCKSTR
HOUTMANKADE
VAN NECKSTR
BARENTSZPLEIN
BARENTSZSTRAAT
ZOUTKEETSGRACHT
Zoutkeetsgracht
Realeneiland
TAANDWARS-STRAAT
De Gouden Reael
VIERWINDENSTRAAT
WESTELIJKE
EILANDEN
REALENGRACHT
Realengracht
ZANDHOEK
DRIEHARINGEN-BRUG
PLANCIUSSTRAAT
Prinseneiland
Bickers-eiland
TEERTUINEN
NIEUWE
PRINSENEILAND
GALGEN
STRAAT
gracht
Bickers-
BICKERSGRACHT
BICKERSSTRAAT
TOUWS-LAGERSTR
Westerdok
GROTE
ZEIL-MAKER-STR
HOLLANDSE TUIN
Eilandsgracht
HENDRIK JONKER-PLEIN
BLOK-MAKER-STR
WESTERDOKSDIJK
WESTEREDOKSDIJK
Het IJ
HAARLEMMER HOUTTUINEN
HAARLEMMERDIJK
BINNEN DOMMERS-STRAAT
MOUHAAN-STEEG
BUITEN-ORANJESTRAAT
BINNEN-ORANJESTRAAT
BROUWERSGRACHT
VINKENSTRAAT
KORTE PRINSENGRACHT
Brouwersgracht
WESTERDOKSKADE
NIEUWE WESTERDOKSTRAAT
HAARLEMMER HOUTTUINEN
HAARLEMMERSTR
BROUWERSSTRAAT
DE RUIJTERKADE
1e GOUDS-BLOEM-DWARSSTR
NOORDER-KERKSTR
Noorder-Markt
Noorder-Kerk
Star Hofje
West Indisch Huis
HEREN-MARKT
WIERINGERSTRAAT
DROOGBAK
Hogeschool van Amsterdam
STATIONSPLEIN
PRINSENGRACHT
Zon's Hofje
KEIZERSGRACHT
HERENGRACHT
ROOMOLEN-STR
LANGESTRAAT
Singel
STROMARKT
PRINS HENDRIKKADE
Open Haven
Front
Nederlands Centrum voor Ambachten
NIEUWENDIJK
KATTENGAT
Lutherse Kerk
Multatuli Museum
KORSJES-POORTSTG
KOGGESTR
TEERKE-TELSTEEG
SPUISTRAAT
NIEUWEZIJDS VOORBURGWAL
204
PRINSENSTRAAT
Prinsengracht
HERENSTRAAT
BLAUW-BURGWAL
Hotel Victoria
NIEUWEZIJDS ARMSTEEG
SINT JACOBSSTRAAT
Sex Museum
Torture Museum
Keizersgracht
Huis met der Hoofden
LIJNBAANSSTG
DIRK VAN HASSELTSSTEEG
OUDE
DAMRAK
Damrak
WARMOESSTRAAT
LELIEGRACHT
Greenpeace
Herengracht
NIEUWE NIEUWSTR
BRUGSTEEG
Beurs van Berlage
Museum Amstelkring
LANGE NIEZEL
SINT NICOLAASSTR
203
Torensluis
TOREN-STG
Nieuwe Kerk
BUERS-PLEIN
BEURSSTRAAT
OUDEKERKSPLEIN
Oude Kerk
KORTE NIEZEL
Bartolotti Huis
Theatermuseum
DRIE-KONINGEN STRAAT
GRAVENSTR
NIEUWENDIJK
KENNISSTG
SINT ANNENSTR
Magna Plaza
MOZES EN AARON STR
CENTRUM
RAADHUISSTRAAT
Koninklijk Paleis
Grand Hotel Krasnapolsky
ACHTERBURGWAL
Achterburgwal
MOLENSTG
Erotic Muse
OUD STAD
National Monument
DAM
Voorburgwal
OUDEZIJDS VOORBURGWAL
SINT JANSSTR
BLOED-STRAAT
PALEISSTRAAT
Madame Tussaud Scenerama
Tattoo Museum
Hash Marihuana Museum
BARNDE-STEEG
HARTENSTRAAT
GASTH UIS-MOLENSTG
JONGE ROELENSTG
PIJLSTEEG
DAMSTRAAT
KOESTR

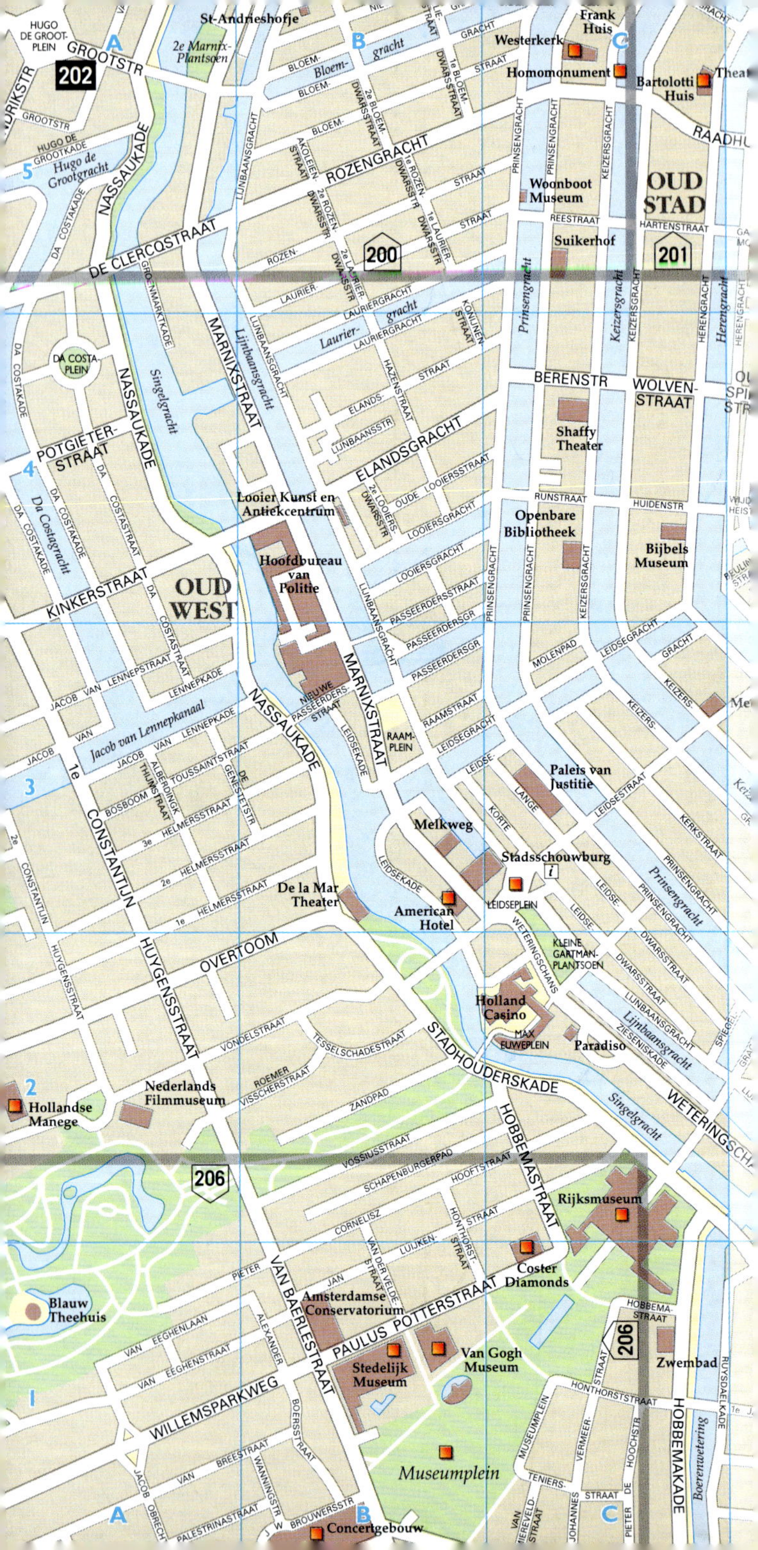

202
HUGO DE GROOT-PLEIN
GROOTSTR
St-Andrieshofje
2e Marnix-Plantsoen
Bloemgracht
ROZENGRACHT
Westerkerk
Frank Huis
Homomonument
Bartolotti Huis
RAADHUISSTRAAT
Hugo de Grootgracht
NASSAUKADE
DE CLERCQSTRAAT
200
201
Woonboot Museum
OUD STAD
REESTRAAT
HARTENSTRAAT
Suikerhof
Prinsengracht
Keizersgracht
Herengracht
Laurier-gracht
LAURIERGRACHT
MARNIXSTRAAT
Lijnbaansgracht
Singelgracht
DA COSTA-PLEIN
POTGIETER-STRAAT
Da Costagracht
BERENSTR
WOLVENSTRAAT
Shaffy Theater
ELANDSGRACHT
Looier Kunst en Antiekcentrum
Openbare Bibliotheek
RUNSTRAAT
HUIDENSTR
Bijbels Museum
Hoofdbureau van Politie
OUD WEST
KINKERSTRAAT
JACOB VAN LENNEPSTRAAT
Jacob van Lennepkanaal
LENNEPKADE
RAAMPLEIN
LEIDSEGRACHT
Paleis van Justitie
1e CONSTANTIJN HUYGENSSTRAAT
Melkweg
Stadsschouwburg
De la Mar Theater
American Hotel
LEIDSEPLEIN
KLEINE GARTMAN-PLANTSOEN
OVERTOOM
Holland Casino
MAX EUWEPLEIN
Paradiso
VONDELSTRAAT
TESSELSCHADESTRAAT
STADHOUDERSKADE
WETERINGSCHANS
Nederlands Filmmuseum
Hollandse Manege
ZANDPAD
VOSSIUSSTRAAT
206
HOBBEMASTRAAT
Rijksmuseum
Coster Diamonds
Blauw Theehuis
VAN BAERLESTRAAT
Amsterdamse Conservatorium
PAULUS POTTERSTRAAT
Stedelijk Museum
Van Gogh Museum
Zwembad
WILLEMSPARKWEG
HONTHORSTSTRAAT
HOBBEMAKADE
Boerenwetering
Museumplein
Concertgebouw
A
B
C
1
2
3
4
5

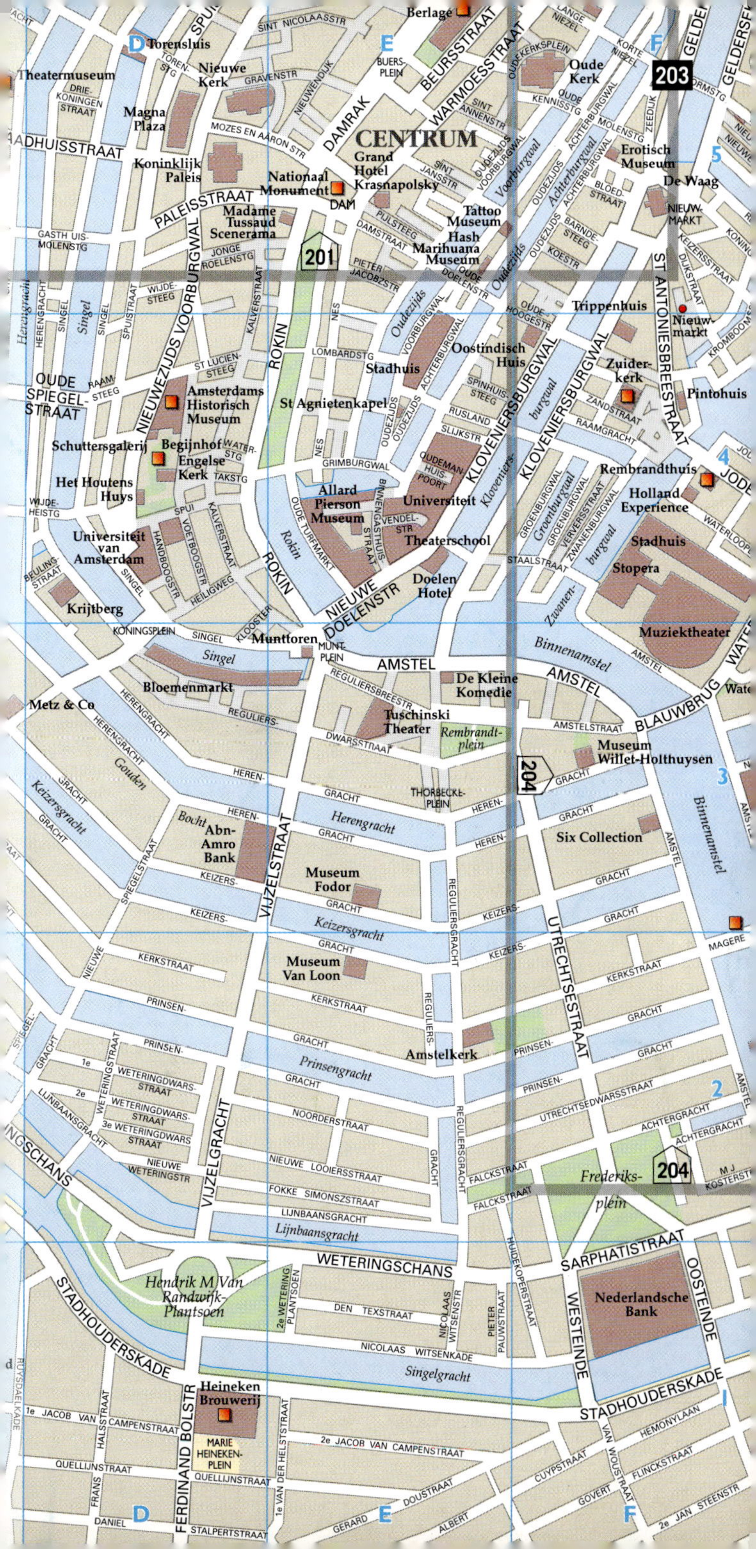

203
201
204
204
D
E
F
D
E
F
5
4
3
2
1
CENTRUM
Berlage
Torensluis
Theatermuseum
Nieuwe Kerk
Magna Plaza
Koninklijk Paleis
Nationaal Monument
DAM
Grand Hotel Krasnapolsky
Madame Tussaud Scenerama
Oude Kerk
Erotisch Museum
De Waag
Nieuwmarkt
Tattoo Museum
Hash Marihuana Museum
Trippenhuis
Stadhuis
Oostindisch Huis
Zuiderkerk
Pintohuis
Amsterdams Historisch Museum
St Agnietenkapel
Schuttersgalerij
Begijnhof
Engelse Kerk
Het Houtens Huys
Allard Pierson Museum
Universiteit
Rembrandthuis
Holland Experience
Universiteit van Amsterdam
Theaterschool
Stadhuis
Stopera
Krijtberg
Doelen Hotel
Muziektheater
Munttoren
Singel
Bloemenmarkt
Metz & Co
De Kleine Komedie
Tuschinski Theater
Rembrandtplein
Museum Willet-Holthuysen
Abn-Amro Bank
Six Collection
Museum Fodor
Museum Van Loon
Amstelkerk
Frederiksplein
Hendrik M Van Randwijk-Plantsoen
Nederlandsche Bank
Heineken Brouwerij
MARIE HEINEKENPLEIN
SPUI
SINT NICOLAASSTR
BEURSSTRAAT
WARMOESSTRAAT
DAMRAK
BUERSPLEIN
GRAVENSTR
NIEUWENDIJK
MOZES EN AARON STR
RAADHUISSTRAAT
PALEISSTRAAT
NIEUWEZIJDS VOORBURGWAL
ROKIN
KALVERSTRAAT
LANGE NIEZEL
KORTE NIEZEL
OUDEKERKSPLEIN
OUDE KENNISSTG
ZEEDIJK
GELDERSKADE
MOLENSTG
ACHTERBURGWAL
Achterburgwal
OUDEZIJDS
Voorburgwal
Oudezijds
SINT ANNENSTR
SINT JANSSTR
PULSSTEEG
DAMSTRAAT
PIETER JACOBSZSTR
OUDE DOELENSTR
OUDE HOOGESTR
BLOEDSTRAAT
BARNDESTEEG
KOESTR
NIEUWMARKT
KEIZERSSTRAAT
DIJKSTRAAT
KROMBOOMSSLOOT
ST ANTONIESBREESTRAAT
GASTHUISMOLENSTG
JONGE ROELENSTG
WIJDESTEEG
HERENGRACHT
Herengracht
SINGEL
SPUISTRAAT
ST LUCIENSTEEG
OUDE SPIEGELSTRAAT
RAAMSTEEG
NES
LOMBARDSTG
KLOVENIERSBURGWAL
Kloveniersburgwal
SPINHUISSTEEG
RUSLAND
SLIJKSTR
ZANDSTRAAT
RAAMGRACHT
GRIMBURGWAL
OUDEMANHUISPOORT
WATERSTG
TAKSTG
OUDE TURFMARKT
BINNENGASTHUISSTRAAT
VENDELSTR
GROENBURGWAL
Groenburgwal
VERVERSSTRAAT
ZWANENBURGWAL
JODENBREESTRAAT
WATERLOOPLEIN
WIJDEHEISTG
VOETBOOGSTR
HANDBOOGSTR
HEILIGWEG
BEULINGSTRAAT
STAALSTRAAT
Zwanenburgwal
NIEUWE DOELENSTR
KONINGSPLEIN
KLOVENIERSBURGWAL
MUNTPLEIN
AMSTEL
Binnenamstel
REGULIERSBREESTR
REGULIERSDWARSSTRAAT
AMSTELSTRAAT
BLAUWBRUG
HERENGRACHT
Gouden Bocht
Keizersgracht
KEIZERSGRACHT
THORBECKEPLEIN
VIJZELSTRAAT
SPIEGELSTRAAT
REGULIERSGRACHT
UTRECHTSESTRAAT
AMSTEL
KERKSTRAAT
PRINSENGRACHT
Prinsengracht
MAGERE
NIEUWE SPIEGELSTRAAT
1e WETERINGDWARSSTRAAT
2e WETERINGDWARSSTRAAT
3e WETERINGDWARSSTRAAT
NIEUWE WETERINGSTR
LIJNBAANSGRACHT
Lijnbaansgracht
NOORDERSTRAAT
UTRECHTSEDWARSSTRAAT
ACHTERGRACHT
NIEUWE LOOIERSSTRAAT
FOKKE SIMONSZSTRAAT
FALCKSTRAAT
M J KOSTERSTR
WETERINGSCHANS
VIJZELGRACHT
SARPHATISTRAAT
OOSTEINDE
WESTEINDE
2e WETERINGPLANTSOEN
DEN TEXSTRAAT
NICOLAAS WITSENSTR
PIETER PAUWSTRAAT
HUIDEKOPERSTRAAT
NICOLAAS WITSENKADE
Singelgracht
STADHOUDERSKADE
1e JACOB VAN CAMPENSTRAAT
2e JACOB VAN CAMPENSTRAAT
HALSSTRAAT
FERDINAND BOLSTR
QUELLIJNSTRAAT
1e VAN DER HELSTSTRAAT
FRANS
DANIEL STALPERTSTRAAT
GERARD DOUSTRAAT
ALBERT
CUYPSTRAAT
VAN WOUSTRAAT
HEMONYLAAN
FLINCKSTRAAT
GOVERT
2e JAN STEENSTR
RUYSDAELKADE

A
B
C
204
Centraal Station
Het IJ
IJ-TUNNEL
STATIONSPLEIN
Front
HENDRIKKADE
Centraal Station
DE RUIJTERKADE
Hotel Victoria
Sex Museum
Torture Museum
WARMOESSTRAAT
St Nicolaaskerk
Damrak
201
OUDEZIJDS KOLK
Schreierstoren
OOSTERDOKSKADE
ZEEDIJK
GELDERSEKADE
PRINS
Museum Amstelkring
LANGE NIEZEL
203
KORTE NIEZEL
GELDERSEKADE
KROMME WAAL
HENDRIKKADE
Oosterdok
Oude Kerk
STORMSTG
Scheepvaarthuis
newMetropolis
KENNISSTG
OUDE
Marionetten Theater
MOLENSTG
ACHTERBURGWAL
Waalseilandsgracht
BINNENKANT
SCHIPPERSSTRAAT
Erotisch Museum
JONKERSTRAAT
OUDE WAAL
De Waag
RIDDERSTRAAT
BLOEDSTRAAT
NIEUWMARKT
RECHT BOOMSSLOOT
OUDESCHANS
KALKMARKT
IJ-TUNNEL
BARNDESTEEG
KONINGSSTRAAT
Montelbaanstoren
201
KOESTR
KEIZERSSTRAAT
PRINS
Rapenburgwal
PEPERSTRAAT
HENDRIKKADE
ST ANTONIESBREESTRAAT
DIJKSTRAAT
Trippenhuis
Nieuwmarkt
Oudeschans
RAPENBURG
FOELIESTRAAT
KROMBOOMSSLOOT
Zuiderkerk
UILENBURGERSTRAAT
SCHIPPERSGRACHT
Bimhuis
NIEUWMARKT
RAPENBURGERPLEIN
KADIJKSPLEIN
KLOVENIERSBURGWAL
ZANDSTRAAT
Pintohuis
ANNE FRANK STR
RAAMGRACHT
203
Uilenburgergracht
Rembrandthuis
JODENHOUTTUINEN
JODENBREESTR
VALKENBURGERSTRAAT
Holland Experience
GROENBURGWAL
ZWANENBURGWAL
RAPENBURGERSTRAAT
PLANTAGE
WATERLOOPLEIN
Stadhuis
Stopera
Mozes en Aäronkerk
Nationaal Vakbondsmuseum
NIEUWE HERENGRACHT
Herengracht
WATERLOOPLEIN
MR VISSERPLEIN
Wertheim Park
PARKLAAN
HENRI POLAKLAAN
Portugees Israëlitische Synagoge
MUIDERSTRAAT
Muziektheater
KERKLAAN
Binnenamstel
AMSTELSTRAAT
Joods Historisch Museum
Hortus Botanicus
AMSTEL
Waterlooplein
Nieuwe
DR D M SLUYSPAD
Hollandse Schouwburg
AMSTEL
BLAUWBRUG
HORTUSPLANTSOEN
AMSTELSTRAAT
Museum Willet-Holthuysen
NIEUWE HERENGRACHT
WEESPERSTRAAT
PLANTAGE
KEIZERSGRACHT
Amstelhof
Keizersgracht
Binnenamstel
MUIDERGRACHT
GRACHT
Six Collection
Nieuwe
Plantage Muidergracht
KERKSTRAAT
MANEGESTR
GRACHT
ROETERSSTRAAT
UTRECHTSESTRAAT
PRINSENGRACHT
Prinsengracht
MAGERE BRUG
KORTE LEPELSTRAAT
Universiteit van Amsterdam
KRUISSTR
LEPEL
KERKSTRAAT
Nieuwe
ACHTERGRACHT
203
Koninklijk Theater Carré
WEESPERSTRAAT
Achtergracht
LEPELSTR
ONBEKENDEGRACHT
Nieuwe
AMSTELSTRAAT
VALCKENIERSTRAAT
Amstelsluizen
UTRECHTSEDWARSSTRAAT
KORTE
VOORMALIGE STADSTIMMERTUIN
ACHTERGRACHT
Weesperplein
SPINOZASTRAAT
A
B
C
SARPHATISTRAAT
Frederiks-
M J KOSTERSTR
5
4
3
2
1

D
E
F
Tosarituin
Imogiri-tuin
Taman-Sapituin
JAVAKADE
BRANTAS
GRACHT
5
4
3
2
1
Passagiers-Terminal
OOSTELIJKE
PIET HEINKADE
HANDELSKADE
IJHaven
DIJKSGRACHT
Dijksgracht
VEEMKADE
Marine-Etablissement
Oosterdok
VOC-Schip De Amsterdam
Scheepvaart Museum
KATTENBURGERSTRAAT
KATTENBURGER-KRUISSTRAAT
KATTENBURGERKADE
Kattenburgervaart
WITTENBURGERKADE
WITTENBURGERSTRAAT
WITTENBURGER-DWARSSTRAAT
WINDROOSPLEIN
Wittenburgervaart
Fabrieken
BIJLTJESPAD
KATTENBURGER-PLEIN
GROTE
KLEINE
POOLSTR
PARELSTR
WAAGAT
WITTENBURGERGRACHT
NIEUWEVAART
HOOGTE
KADIJK
LAAGTE
TUSSEN KADIJKEN
BINNENKADIJK
ENTREPOTDOK
OVERHAALS-GANG
Nieuwevaart
OOSTENBURGERVOORSTRAAT
TOUWBAAN
BOULEVARDPAD
COMPAGNIESTRAAT
ADMIRALITEIT-STRAAT
Oostenburgervaart
OOSTENBURGER-KADE
CONRADSTRAAT
Oostenburger-park
1e COEHOORN-STRAAT
PETERSTRAAT
BLANKENSTR
CZAAR
OOSTENBURGERGRACHT
CRUQUIUSKADE
Werf t' kromhout Museum
Entrepotdok
ENTREPOT DOKSLUIS
Verzetsmuseum
PLANTAGE
Planetarium
DOKLAAN
Geologisch Museum
Artis
Artis Bibliotheek
PLANTAGE MIDDENLAAN
WESTERMANLAAN
St Jacob
PLANTAGE LEPELLAAN
PLANTAGE BADLAAN
Aquarium & Zoölogisch Museum
MUIDERGRACHT
FUNENKADE
ZEEBURGER-STRAAT
De Gooyer Molen
SARPHATISTRAAT
LOUISE
WENTSTRAAT
ALEXANDERKADE
Singelgracht
MAURITSKADE
PONTANUS-STR
PIETER VLAMINGSTRAAT
VON ZESEN-STRAAT
DAPPERSTRAAT
COMMELIN-STRAAT
WAGENAAR-STRAAT
KAZERNE-STRAAT
Muiderpoort
ALEXANDER-PLEIN
VALCKENIERSTRAAT
Tropenmuseum
LINNAEUSSTRAAT
1e VAN SWINDENSTRAAT
DAPPER-PLEIN
2e VAN SWINDENSTRAAT
PIETER NIEUWLANDSTRAAT
REINWARDTSTRAAT
SPINOZAHOF
'S-GRAVESANDE-STRAAT
Singelgracht
OOST
Oosterpark
SAJETPLEIN

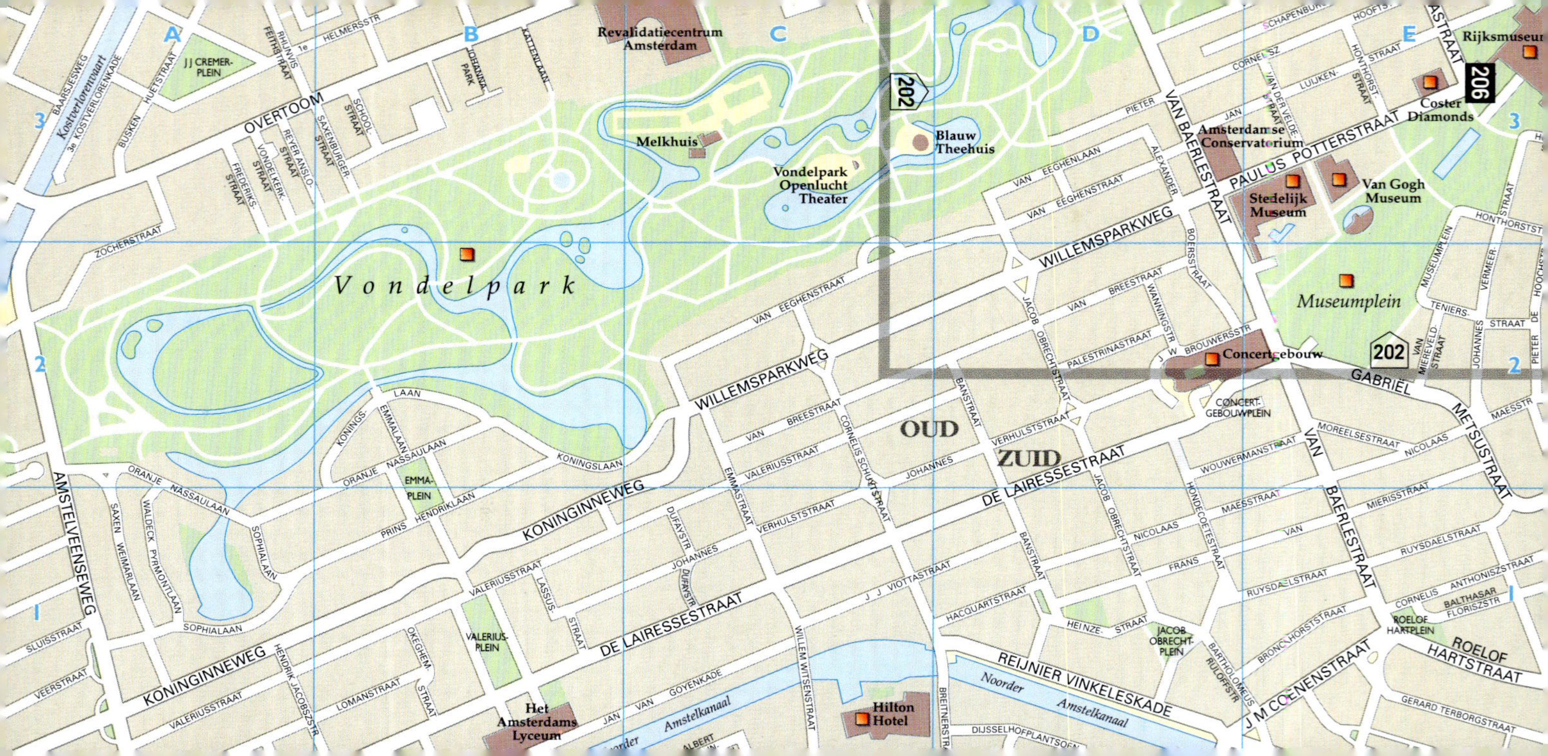
206
Vondelpark
OUD ZUID
Museumplein
Rijksmuseum
Coster Diamonds
Van Gogh Museum
Stedelijk Museum
Amsterdamse Conservatorium
Concertgebouw
Blauw Theehuis
Vondelpark Openlucht Theater
Melkhuis
Revalidatiecentrum Amsterdam
Hilton Hotel
Het Amsterdams Lyceum
202
VAN BAERLESTRAAT
PAULUS POTTERSTRAAT
WILLEMSPARKWEG
KONINGINNEWEG
DE LAIRESSESTRAAT
AMSTELVEENSEWEG
OVERTOOM
GABRIËL METSUSTRAAT
REIJNIER VINKELESKADE
ROELOF HARTSTRAAT
J M COENENSTRAAT
Noorder Amstelkanaal
Kostverlorenvaart
3e KOSTVERLORENKADE
BAARSJESWEG
BUSKEN HUETSTRAAT
J J CREMER-PLEIN
RHIJNVIS FEITHSTRAAT
1e HELMERSSTR
JOHANNA PARK
KATTENLAAN
SCHOOL-STRAAT
SAXENBURGER-STRAAT
REYER ANSLO-STRAAT
VONDELKERK-STRAAT
FREDERIKS-STRAAT
ZOCHERSTRAAT
VAN EEGHENLAAN
VAN EEGHENSTRAAT
ALEXANDER
PIETER CORNELISZ HOOFTSTR
JAN LUIJKEN-STRAAT
VAN DER VELDE-STRAAT
HONTHORST-STRAAT
SCHAPENBURG
MUSEUMPLEIN
VERMEER-STRAAT
TENIERS-STRAAT
JOHANNES
VAN MIEREVELD-STRAAT
PIETER DE HOOCHSTRAAT
MAESSTR
BOERSSTRAAT
VAN BREESTRAAT
WANNINGSTR
PALESTRINASTRAAT
J W BROUWERSSTR
CONCERT-GEBOUWPLEIN
JACOB OBRECHTSTRAAT
BANSTRAAT
VERHULSTSTRAAT
CORNELIS SCHUYTSTRAAT
JOHANNES VERHULSTSTRAAT
VALERIUSSTRAAT
EMMASTRAAT
MOREELSESTRAAT
NICOLAAS MAESSTRAAT
WOUWERMANSTRAAT
HONDECOETESTRAAT
MIERISSTRAAT
RUYSDAELSTRAAT
FRANS
HACQUARTSTRAAT
J J VIOTTASTRAAT
HEINZE-STRAAT
JACOB OBRECHT-PLEIN
BRONCKHORSTSTRAAT
BARTHOLOMEUS RULOFFSTR
CORNELIS ANTHONISZSTRAAT
BALTHASAR FLORISZSTR
ROELOF HARTPLEIN
GERARD TERBORGSTRAAT
BREITNERSTR
DIJSSELHOFPLANTSOEN
WILLEM WITSENSTRAAT
JAN VAN GOYENKADE
ALBERT
DUFAYSTR
JOHANNES DUFAYSTR
LASSUS-STRAAT
VALERIUS-PLEIN
OKEGHEM-STRAAT
LOMANSTRAAT
HENDRIK JACOBSZSTR
KONINGSLAAN
KONINGS LAAN
EMMALAAN
ORANJE NASSAULAAN
EMMA-PLEIN
PRINS HENDRIKLAAN
SOPHIALAAN
SAXEN WEIMARLAAN
WALDECK PYRMONTLAAN
SLUISSTRAAT
VEERSTRAAT
A
B
C
D
E
1
2
3

Falk Spirallo REISEFÜHRER

Leserbefragung

Ihre Ratschläge, Urteile und Empfehlungen sind für uns sehr wichtig. Wir bemühen uns, unsere Reiseführer ständig zu verbessern. Wenn Sie sich ein paar Minuten Zeit nehmen, diesen kleinen Fragebogen auszufüllen, könnten Sie uns sehr dabei helfen.

Wenn Sie diese Seite nicht herausreißen möchten, können Sie uns auch eine Kopie schicken, oder Sie notieren Ihre Hinweise einfach auf einem separaten Blatt.

Bitte senden Sie Ihre Antwort an:
Spirallo Reiseführer, Falk Verlag, Postfach 31 51, D-73751 Ostfildern
E-Mail: spirallo@mairs.de

Über dieses Buch …
spirallo Reiseführer AMSTERDAM

Wo haben Sie das Buch gekauft? ______________________

Wann? Monat / Jahr

Warum haben Sie sich für einen Titel dieser Reihe entschieden? ______________________

Wie fanden Sie das Buch?

Hervorragend ☐ Genau richtig ☐ Weitgehend gelungen ☐ Enttäuschend ☐

Können Sie uns Gründe angeben?

Bitte umblättern …

Hat Ihnen etwas an diesem Führer ganz besonders gut gefallen?

Was hätten wir besser machen können?

Persönliche Angaben

Name

Adresse

Zu welcher Altersgruppe gehören Sie?
Unter 25 ☐ 25–34 ☐ 35–44 ☐ 45–54 ☐ 55–64 ☐ Über 65 ☐

Wie oft im Jahr fahren Sie in Urlaub?
Seltener als einmal ☐ Einmal ☐ Zweimal ☐ Dreimal oder öfter ☐

Wie sind Sie verreist?
Allein ☐ Mit Partner ☐ Mit Freunden ☐ Mit Familie ☐

Wie alt sind Ihre Kinder? ____

Über Ihre Reise ...

Wann haben Sie die Reise gebucht? Monat / Jahr

Wann sind Sie verreist? Monat / Jahr

Wie lange waren Sie verreist?

War es eine Urlaubsreise oder ein beruflicher Aufenthalt?

Haben Sie noch weitere Reiseführer gekauft? ☐ Ja ☐ Nein

Wenn ja, welche?

Herzlichen Dank dafür, dass Sie sich die Zeit genommen haben, diesen Fragebogen auszufüllen.